빌어먹을 어른들의 세계

JINSEIHA, ONGAKUDEARU——LIFE IS MUSIC
by Mikako Brady
Copyright ⓒ Mikako Brady, 2022
All rights reserved.
Original Japanese edition published by Chikumashobo Ltd.
Korean translation copyright ⓒ 2024 by Dadalibro
This Korean edition published by arrangement with Chikumashobo Ltd., Tokyo, through JM Contents Agency Co.

이 책의 한국어판 저작권은 JMCA를 통해 저작권자와 독점 계약한 다다서재에 있습니다.
저작권법에 의해 한국 내에서 보호를 받는 저작물이므로 무단 전재와 복제를 금합니다.

때론 영화 같고, 때론 음악 같은

브래디 미카코 지음

김영현 옮김

Brady Mikako

다다
서재

차례

문고판 시작하며   09

머리말: 그리고 영국은 정말로 아나키가 되었다   13

1장 '밑바닥 어린이집' 시리즈의 탄생

프렌치 브랜디	21
인생은 똥 덩어리	25
어린이라는 이름의 불편함	32
사람이 죽다	39
사랑이 줄어든 느낌, 예금 잔고도 줄어들고 있지만	43
체념하는 메리	49
백발 레몬들	55
폭력배와 천사: 원숭이가 되어라	62
어디든 갈 수 있는 튼튼한 신발	68
인생은 역시 똥 덩어리	75
뭉크와 몽크	82
인생은 짧으니 사랑해라, 아저씨	88
폭력배의 보물 상자	94

브로큰 브리튼: 그 너머에 있는 것	100
등으로 우는 아웃사이더	106
주변머리 없는 여자	113
대단히 드물고 귀중한 것	119
그리울 거야	126
무직자 블루스	131
아나키스트 인 더 UK	138
올림픽 폐막식과 한여름의 칠면조	146
안녕히, 밑바닥 어린이집	156
다이아몬드 주빌리	162
당신이 내 사랑을 느낄 수 있도록	170
무지개 너머	180
노 퓨처와 휴머니즘	190
두 깃발 사이에서	200
노동자 계급의 노래	210
펭귄반의 계급투쟁	220

2장 영화와 음악으로 현실 읽기

미피의 ×와 「첫사랑」	233
영국 중부 시골의 구약성서: 「데드 맨스 슈즈」	240
우드비와 루저들: 「디스 이즈 잉글랜드 '86」	246
빌어먹을 어른이 된다는 것: 「디스 이즈 잉글랜드 '88」	256

셰인 메도우스가 그린 스톤 로지스:	
「더 스톤 로지스: 메이드 오드 스톤」	264
그 굴은 안티테제다: 「매끈매끈의 비법」	270
기억과 노쇠에 관한 다큐멘터리:	
「지구에서의 2만 일」	276
노던 소울과 라이엇 클럽	285
디스 이즈 잉글랜드 2015	294
내일은 어느 쪽이야? 이쪽이야, 이쪽:	
『가난뱅이 자립 대작전』	302
야생마와 충견: 패티 스미스 『Banga』	309
음악들의 난잡한 교미 냄새:	
앨트제이 『An Awesome Wave』	314
'불안'이라는 위험 영역:	
스콧 워커 『Bish Bosch』	320
노쇠의 록: 데이비드 보위 『The Next Day』	325
방랑자들의 노래: 샘 리 『Ground of Its Own』	332
교묘하고 대담하게 과거를 갖고 놀다:	
폭시젠 『We Are the 21st Century Ambassadors of Peace & Magic』	338
나도 녹아내립니다:	
멜트 유어셀프 다운 『Melt Yourself Down』	344

그는 변함없지만 시대가 원한다:
모리시 『World Peace Is None of
Your Business』 … 350
이 사람들이 나라에서 대체 무엇을:
앨트제이 『This Is All Yours』 … 355
고무장갑 낀 주먹을 위하여:
슬리터키니 『No Cities to Love』 … 360
진지하기 그지없는 말:
슬리퍼드 모즈 『Key Markets』 … 365
세계에 지금 필요한 것:
PiL 『What the World Needs Now』 … 371
영국에 그치지 않는 비가 내린 아침:
데이비드 보위, 편히 잠들기를 … 376
브렉시트 후의 영국을 노래하다:
제이크 버그 『On My One』 … 381

문고판 마치며 … 388

일러두기

1 이 책은 2013년 P바인(P-VINE)에서 출간한 『아나키즘 인 더 UK: 망가진 영국과 펑크 보육사 분투기(アナキズム・イン・ザ・UK: 壊れた英国とパンク保育士奮闘記)』의 후반부인 'Side B: Life Is A Piece Of Shit—인생은 똥 덩어리'에 웹진 및 저자의 블로그 글들을 추가 수록하고 가필하여 2022년 지쿠마쇼보(筑摩書房)에서 출간한 문고본 『인생은, 음악이다(ジンセイハ、オンガクデアル)』를 한국어로 옮긴 것입니다.
2 본문의 각주는 전부 옮긴이 주입니다.
3 외래어는 국립국어원 외래어 표기법을 준수하되, 일부는 일상에서 널리 쓰이는 표기를 따랐습니다.
4 본문에 언급되는 도서 중 한국에 번역 출간된 도서는 한국어판 서지 정보를 수록했습니다.
5 2장의 앨범평에서 다루는 앨범은 해당 뮤지션의 공식 유튜브 계정이 있는 경우 바로 들을 수 있도록 URL 및 QR 코드를 수록했습니다.

문고판 시작하며

"『나는 옐로에 화이트에 약간 블루』[1]로 데뷔하신 거죠?"

최근, 이런 질문을 자주 받습니다.

"아뇨, 아뇨. 사실 그건 열한 번째 책이에요."

이렇게 답하면 다들 똑같이 놀란 듯한 표정을 짓습니다.

"대체 어디 계셨던 거예요?"

그렇게 신기하다는 듯이 묻는 분까지 있는데, 저는 마음속으로 쏘아붙입니다.

아니, 아니, 나는 계속 여기에 있었고, 남몰래 착실하게 하나둘 이런저런 글을 써왔다고.

---

[1] 김영현 옮김, 다다서재 2020. 원서인 일본어판은 100만 부 넘게 판매된 베스트셀러다.

이 책은 그처럼 착실하게 쓴 열 권 중 두 번째 단행본을 바탕으로 만들었습니다. 그 단행본이란 2013년 출간되었던 『아나키즘 인 더 UK: 망가진 영국과 펑크 보육사 분투기』[2]입니다. 애초에 이 책은 순수하게 『아나키즘 인 더 UK』만 담긴 문고본[3]으로 만들어질 예정이었습니다. 하지만 단행본이 나온 뒤에도 음악 웹진 「에레킹ele-king」에 연재를 계속했는데 그 글들도 넣고 싶네요… 실은 그 웹진의 종이잡지용으로 써두었던 미수록 원고도 있어요… 제가 개인 블로그에 써두었던 글 중에도 책에 수록되지 않은 게 몇 편 있는데… 하는 식으로 차례차례 원고를 끌어오다 보니 어느새 엄청난 분량이 쌓이고 말았습니다.

아무리 그래도 이건 너무 많으니까 버릴 건 과감하게 버리자고 취사선택에 힘썼지만, 그래도 도저히 한 권에 담을 수 없는 분량이라 마침내 문고본을 두 권으로 나누게 되었습니다.

그중 먼저 나오는 이 책.

---

[2] ブレイディ みかこ, 『アナキズム・イン・ザ・UK: 壊れた英国とパンク保育士奮闘記』P-VINE 2013.
[3] 일본에서는 단행본을 출간하고 시간이 흐르면, 좀더 작은 판형에 가벼운 종이를 사용하여 저렴한 문고본으로 다시 출간하기도 한다.

에세이 같은 글을 비롯해 책, 영화, 음반 리뷰가 수록되어 있습니다.

1장은 졸저 『아이들의 계급투쟁』[4]의 전(前)일담이라고 할지, 그 책에 수록되지 않은 원고들을 엮었습니다.

2장에는 앞서 적은 대로 각종 비평들을 수록했고, 어느 뮤지션의 추도문 등도 있습니다.

베스트셀러가 한 권 나오면 그 전에 해왔던 것들은 어딘가로 날아가버리는 듯이 보이지만, 이야, 이게 말이지요, 내가 말하기는 뭣하지만 예전의 글에는 요즘 쓴 것과 비교도 안 되게 아슬아슬한 내용이 대수롭지 않게 쓰여 있어서 외려 숨이 막힐 만큼 '나다운 분위기'가 가득한 것 같습니다.

저 자신도 때때로 숨이 막혔는데, 그래도 원고 정리는 개인적으로 몹시 재미있는 작업이었습니다. 인연이 닿아서 이 책을 손에 든 여러분이 저와 마찬가지로 글들을 즐겨주시길 바랍니다.

---

[4] 노수경 옮김, 사계절 2019.

추신

다음 문고본도 머지않아 출간될 예정입니다. 예전의 저는 '정치와 음악'에 관해 쓰는 것을 퍽 좋아했던 모양인지, 그런 칼럼과 에세이가 대량으로 발견되어서 그 책에 엮었습니다.

머리말: 그리고 영국은 정말로 아나키가 되었다

「아나키 인 더 UK Anarchy in the UK」라는 섹스 피스톨즈Sex Pistols[5]의 곡이 있다.

이 곡의 가사에 쓰인 '아나키'라는 단어의 뜻을 생각해보라 하면, 누구나 처음에는 정치적인 맥락을 떠올릴 것이다. 즉, 무정부 상태.

그렇지만 실제로 영국에서 살아보고 내가 깨달은 것은 이 나라의 정부가 일본인인 내게는 놀라울 만큼 강대한 힘을 지니고 있다는 사실이다.

이를테면 영국에는 재무부 장관이 그해의 예산을 국회에서 발표하는 '버짓budget'이라 불리는 날이 있다. 그날이 되면 재무부 장관은 "금일, 오후 6시부터 담배

---

[5] 1975년 결성된 영국의 펑크 록 밴드. 펑크 문화에 지대한 영향을 미쳤으며, 이 책의 저자 또한 젊은 시절 섹스 피스톨즈에 큰 영향을 받아 일본에서 영국으로 건너갔다.

의 가격을 40펜스 인상합니다." 같은 발표를 갑작스럽게 하는데, 그러면 그 소식을 텔레비전의 국회 중계나 뉴스 속보 등으로 접한 흡연자들이 일제히 담배 가게로 달려가는 현상이 일어난다. 바로 내가 흡연자였기 때문에 버짓 당일의 거리 풍경을 똑똑히 기억하고 있다. 빈민가에는 국회 중계를 보는 사람이 드물지만 그래도 소식을 접한 사람이 있었고 그가 길에서 담배를 피우는 10대와 아저씨와 싱글 맘에게 "어이! 6시부터 담배 가격이 40펜스 오른대!"라고 알려주었다. 그러면 "뭐? 진짜?" "집에서 돈 가져올 테니까 잠깐 애 좀 봐줘." "옆집 할머니한테도 알려줘야겠어."라고 길거리의 사람들이 연계 및 협력했다. 버짓은 모두 한데 뭉쳐 담배 가게를 목표하는 공동체 정신이 발휘되는 날이기도 했던 것이다.

나는 1996년에 제 발로 일본에서 뛰쳐나온 인간이라 그 뒤의 일은 잘 모르지만, 내가 아는 한 조국에서 정부의 힘이란 애매모호해서 도대체 무슨 일을 하는지 잘 보이지 않았고 '몇 시간 뒤에 독단적으로 가격 인상'이라는 눈에 띄는 변화를 일으킨 적은 없었다. 영국이 여전히 툭하면 폭동이 일어나는 나라인 것 역시 이러쿵저러쿵해도 아직까지 강력한 지배력을 지닌 '적'이 존재하기 때문인지도 모른다.

아나키라는 말에는 정치적이지 않은 의미도 있다. 일반적인 카오스와 무질서. 이런 의미의 아나키라면 현대 영국 사회의 일부에 만연해 있다.

1990년대 후반, '쿨 브리타니아Cool Britannia'라는 말로 희망의 시대를 연출하려 했던 토니 블레어 총리의 노동당 정권이 마치 썩은 음식을 뚜껑으로 덮어버리듯이 언더클래스underclass(영국 언론은 일하지 않고 살아가는 계층을 '베네핏benefit, 생활보호 클래스'가 아니라 '언더클래스'라고 부르기로 정한 듯하다. 기존 계급에서 최하층에 자리하던 워킹 클래스working class, 노동자 계급보다도 낮은 위치에 있기에 '언더'라고. 어떤 의미로는 '베네핏 클래스'보다 차별적인 호칭이다)라고 불리는 계층을 생활보호 등으로 부양한 탓에 이 계층은 팽창하고 증식하여 커다란 사회문제가 되었다. 이런 상태를 '브로큰 브리튼Broken Britain, 망가진 영국'이라고 부르며 영국이 전통적인 보수당의 가치관으로 돌아가야 한다고 주장한 사람이 현재 영국 총리인 데이비드 캐머런이다. 그 뒤로 '브로큰 브리튼'은 아동 학대, 양육 포기, 10대 싱글 맘의 급증, 음주, 불법 약물, 폭력, 10대 폭력단, 폭력 범죄 등 거친 사회문제들을 아울러 가리키는 용어가 되었다.

나는 빈민가에 거주하는 인간이라 이른바 브로

큰 브리튼의 한복판에서 지내고 있는 셈인데, 지배자들이 '망가진 영국'이라고 부르는 세계에는 대대손손 정부의 생활보호를 받으며 화이트 트래시white trash(백인 저소득층을 가리키는 멸칭)라 불리는 집안을 비롯해 가난한 이주민 가정, 자신의 신념을 위해 스스로 노동을 거부하는 순수한 아나키스트 가정도 있다. 다종다양한 사람들이 온갖 사고방식(혹은 아무 생각 없이)과 미의식(혹은 미의식 따위 저리 꺼지라고 외치며)에 기초하여 제각각 다른 생활양식으로 살아가는 것이다.

일하지 않고 생활보호를 받으며 살아간다는 선택지가 당당하게 존재하는 세계에서는 그렇지 않은 세계의 도덕이나 가치관과는 다른 것이 생겨나는 게 당연하고, 타국의 사람들이 끊임없이 밀려들어와 거리를 점령해가는 사회에서는 종교관도 선악의 기준도 미의식도 다양해지게 마련이다. 이런 세계에 사람이 믿고 기댈 수 있는 '단 하나의 진실'이란 존재하지 않는다.

그곳에서 나를 통치하는 것은 자기 자신이다.

그곳에 있는 자유는 낭만적인 혁명으로 쟁취한 자유가 아니라 서서히 무너진 체제의 잔해와도 닮은 자유.

영국에 아나키를
그것은 언젠가 아마도 찾아올 것이다

1977년 섹스 피스톨즈의 조니 로튼Johnny Rotten[6]이 그렇게 노래했다.

지금 돌이켜보면 그 노래는 일종의 예언이었던 것 같다. '디스트로이destroy, 파괴'는 섹스 피스톨즈를 상징하는 단어 중 하나인데, 그 역시 훌륭히 이루어지지 않았는가.

오늘날 '브로큰 브리튼' 따위로 불리는 게 당연하다.

영국에 아나키를.
그것은 예언대로 어느새 찾아왔다.

영국은 겉멋이나 펑크가 아니라 정말로 아나키가 된 것이다.

---

[6] 섹스 피스톨즈의 핵심 멤버로 역할은 보컬. 조니 로튼은 예명으로 섹스 피스톨즈 해체 후에는 본명인 존 라이든(John Lydon)으로 활동하고 있다. 진보적이고 저항적인 사상을 지녀 과격한 언동을 서슴지 않았고, 영국 대중음악계뿐 아니라 사회 전반에 큰 영향을 미쳤다.

1장 ─────── '밑바닥 어린이집'
　　　　　　시리즈의 탄생

프렌치 브랜디

 이제 와서 이런 걸 선언한들 무슨 소용인가 싶지만, 나는 술고래다.
 이를테면, 요즘 같은 연말을 맞이해서 지난 1년간 내 생활을 돌이켜봐도 알코올을 전혀 입에 대지 않은 날이란 없었다. 매일 무슨 핑계로든 술을 마셨다.
 술고래인 여자를 표현하는 말로 항간에서는 '키친 드링커kitchen drinker'라는 말도 쓴다고 하는데, 나는 그렇게 부엌에 몰래 숨어서 홀짝이지 않는다. 나는 리빙 룸living room 드링커로 항상 거실에서 당당하게 마신다. 내가 번 돈으로 내가 마시는 거야, 그걸 이러쿵저러쿵하는 밴댕이 소갈머리 같은 남자는 필요 없어, 당장 짐 싸서 나가, 이 멍청이. 아이고, 데굴데굴데굴, 쿵쿵쿵, 쨍그랑. 이렇게 만취한 꼴이란 곰곰이 생각해보면 육체노동자인 내 아버지가 저녁 반주를 마시던 때와 똑같아서 역시 피는 못 속이는구나, 하고 나이를 먹을수록 감탄과 걱정을 종종 한다.

그렇게 매일 술을 마시지만, 그런 주제에 가난해서 당연히 싼 술을 골라 마신다. 맥주로는 좀처럼 취기가 돌지 않기 때문에 돈이 많이 들고, 많은 수분을 섭취하면 밤중에 몇 번이나 오줌을 싸야 해서 그리 바람직하지 않다. 와인 한 병은 하룻밤에 끝나서 싱겁다. 위스키가 가장 좋지만, 비싸다. 그래서 단골 슈퍼마켓에서 가장 싸고 오래 마실 듯한 술을 수색한 끝에 6파운드 23펜스(현재 환율로 대략 1200엔한화 약 11000원)인 '아스다ASDA 프렌치 브랜디'라는, 한눈에도 속이 꽉 찬 느낌의 수상한 병을 발견했다. 하지만 자세히 보니 이게 베스트셀러인지 인기가 엄청나서 진열대에 두 병밖에 남아 있지 않았다.

이거 보라고, 나만 밤마다 술 마시는 사람이 아니라고. 휴가 때 지중해 연안에서 가져온 치약 맛이 나는 위스키나 주말에 프랑스에서 잔뜩 사 온 싸구려 술 같은 게 떨어지면 다들 여기서 '아스다 프렌치 브랜디'를 사는 게 틀림없어. 혹시 요리할 때 쓰는 주부가 있을지도 모르지만.

그런 생각을 하면서 브랜디 두 병을 탁 붙잡고 싸구려 와인과 진도 적당히 세 병 고른 다음 묵직해진 장바구니를 들고 계산대로 갔다. 하지만 술병만 줄줄이 늘어놓으면 계산대 언니가 알코올 중독이라고 오해하지 않을까 문득 주눅이 들어서 체면치레를 위해 대충 바나나와 땅콩을 장바구니에 담았다.

그렇지만. 계산대에는 나를 뛰어넘는 강자가 있었다.

내 앞에 줄 서 있는 형씨가 아스다 프렌치 브랜디를 독점하고 있었다. 여섯 병이나. 그와 더불어 스미노프의 보드카도 두 병. 이야, 파티라도 있나 보네. 그렇게 생각했지만 아무리 가난해도 파티에 찾아온 손님에게 아스다 프렌치 브랜디를 내놓는 녀석은 없을 듯했다. 그건 아무리 좋게 쳐줘도 요리에 쓰는 술이거나 가난뱅이가 밤에 마시는 최하급 술이었다.

스물이 갓 넘었을 듯한 형씨가 뭐가 좋다고 저런 싸구려 술을 사는 걸까. 캔 맥주나 차가운 화이트와인 같은 좀더 산뜻하고 젊은이다운 선택지도 있을 텐데, 저런 싸구려 술을 저렇게 많이 마시다니 마치 알코올에 푹 절은 아저씨 같잖아. 잊고 싶은 일이 떠오르거나 어쩔 수 없이 쓸쓸할 때면 남자는 술을 마신다고 가와시마 에이고가 노래했지만, 젊은 나이에 무슨 사연인지 몰라도 무리하지 말라고, 위험하니까.

그런 생각을 하면서 계산대 언니에게 한 병 한 병 술을 건네고는 바코드를 인식한 술병들을 다시 주섬 주섬 비닐봉지에 담는 젊은 형씨를 바라보는데, 불현듯 형씨가 고개를 들어서 나와 눈이 마주치고 말았다. 싱긋. 그는 나를 향해 미소 지었다.

내 앞에 줄줄이 늘어서 있는 술병들을 보고 친근감을 느낀 걸까. 그렇게 짐작한 나도 싱긋, 하는 정도의 미소로 답해주었는데, 어째 낯이 익었다.

누구지? 누구였더라? 어디서 본 적 있는데. 대체 누구지? 눈썹이 길고 보조개가 깊어서 마치 큐피 Kewpie[1]처럼 생긴 저 금발 청년은. 풀리지 않는 의문에 골머리를 앓으며 술병들을 담은 비닐봉지를 양손에 들고 슈퍼마켓에서 나온 순간, 나는 불현듯 떠올렸다.

얼마 전 부임지에서 돌아온 이웃의 아들이었다.

심약해 보이는 미소를 짓는 청년은 영국군에 속해서 지난주까지 이라크에 주둔해 있었다.

슈퍼마켓에서 나오니 바깥은 이미 해가 완전히 저물어 있었다.

머지않아 크리스마스다.

(출처: a grumpy old woman, 2004. 12. 7)

---

[1] 미국의 작가 로즈 오닐(Rose O'Neill)이 1912년에 만든 아기 천사 캐릭터. 일본에는 해당 캐릭터를 마스코트로 쓰는 식자재 기업 큐피가 존재한다.

인생은 똥 덩어리

영국 인민 피라미드의 가장 밑바닥과 그 언저리에 있는 사람들을 지원하는 자선단체에서 내가 자원봉사를 시작한 지 약 반년이 흘렀다.

내가 일하는 단체는 브라이턴에 거점 시설을 두고 있으며, 그곳에서 무직자와 저소득자를 위해 컴퓨터, 예술 등의 수업을 무료로 진행하고 주거 및 생활필수품 제공, 정부의 각종 보조금 수급을 위한 상담 등을 해준다.

이 시설에는 부설 어린이집도 있어서 수업을 들으러 오는 사람들과 오늘 잠잘 곳도 불확실한 사람들, 소득이 너무 적어서 민간 어린이집이나 유치원을 이용할 수 없는 사람들이 아이들을 맡기며, 책임자와 부책임자를 제외하면 스태프 전원이 자원봉사자다.

내가 이 어린이집에서 일을 시작했을 때, 원래부터 그리 질 좋지 않은 동네에서 살아온 덕인지 그 세계의 분위기에는 아무런 저항감을 느끼지 않았지만, 5세 이하 밑바닥 유아들에게 둘러싸인 경험은 전혀 없었기 때문에 처음에는 3분마다 관자놀이 핏줄이 터질 듯했고, 그걸 참느라 머리에 피가 고여서 지끈거리는 바람에 이대로 뇌가 갈라져서 죽으면 어떡하지 걱정한 게 한두 번이 아니다.

"역시 이런 일은 저한테 맞지 않는 거 같아서, 그만둘게요. 애초에 저는 어린애를 엄청 싫어하고요."

그렇게 말한 내게 어린이집의 책임자가 말했다.

"우리 어린이집에는 당신 같은 사람이 어울려. 왜냐하면, 당신은 어린아이라는 존재한테 바라는 게 전혀 없으니까."

환갑을 맞이한 애니 레녹스Annie Lennox[2] 같은 풍모의 어린이집 책임자가 온화하게 미소 지었다.

"속았다고 생각하고 조금만 더 해봐."

그의 그럴듯한 말을 듣고 정말로 속아서 조금만 더, 조금만 더, 하고 그만둘 타이밍을 잡지 못한 사이

---

[2] 영국의 가수, 사회 운동가. 1980년대 혼성 듀오 유리드믹스(Eurythmics)의 보컬로 유명해졌고, 젠더 평등, 성소수자 권리, 에이즈 인식 개선 등과 관련해 적극적으로 활동하고 있다.

에 봄이 오고 여름이 되었다가 그 여름도 끝났다.

어린이집에서 일하다 주위를 둘러보면 유아들이 펼쳐 보이는 광경에서는 변함없이 미래 따위 찾을 수 없다no future.

간신히 두 다리로 설 수 있게 된 아기의 양발을 있는 힘껏 밟아서 꺄악꺄악 울리기에 "왜 그러는 거니?"라고 물어보자 "내가 하는 일에 이유는 없어." "이유가 없는 일을 하는 게 즐거워."라고 아나키스트처럼 답하고는 느닷없이 내 머리카락을 움켜쥐더니 열 가닥 정도를 뿌리째 뽑아버리는 흉포 꼬맹이 제이크(4세).

의자 등받이에 줄을 묶어서 아기 인형을 거꾸로 매달고는 그걸 겨냥해 장난감 나이프를 연달아 던지면서 "흉측한 대머리 난쟁이는 지옥에서 영원히 죽어가는 것이다."라고 중얼거리고 완전히 맛이 간 눈동자로 깔깔깔 웃는 전율의 고딕 유아 레오(5세).

"'고마워.'라고 말해봐." "퍽Fuck." "과자 먹기 전에 손 씻자." "퍽." "다 함께 그림 그릴까?" "퍽." "기저귀에서 똥이 샜어." "퍽." 어두운 눈초리로 세상 모든 것을 부정하는 반역 아기 데이지(1세).

어린이 앞에는 무한한 희망과 가능성이 있다. 이따위 일반론은 거짓부렁일 뿐이다. 영국에서는 모든 아이가 태어난 순간부터 계급이라는 것이 정해져 있다. 거기서 기어오를 수 있는 사람은 능력과 의지를 타고난 극히 일부 야심 있는 아이뿐이며, 대부분 아이들은 유한한 희망과 닫힌 가능성 속에서 성장하여 부모와 같은 계급의 어른이 된다. 그런 살벌한 현실이 이곳에 있음을 진절머리 날 만큼 잘 알고 있다.

그러던 어느 날.

알코올 의존증에 무직인 부친과 단둘이 집에 두는 것은 위험하다는 이유로 모 시설에서 보호를 받고 있는 네 살 루크가 갈색 지점토로 열심히 '용의 똥'을 빚었다.

갈색 지점토를 마련해둔 이유는 그걸 땅바닥 삼아 그 위에 동물과 식물 장난감 등을 배치해 자기만의 목장을 만들어보자, 하는 귀여운 의도가 있건만 단순히 갈색이라는 이유로 배설물을 제작하다니 그야말로 어린애답고 원숭이 같은 발상이구나, 흥. 그런 생각을 하면서 지켜보는데 루크가 말했다.

"인생은 똥 덩어리야 Life is a piece of shit."

"응?"

"우리 아빠가 맨날 그래. 인생은 똥이라고."

Life's a piece of shit, when you look at it.
인생은 똥 덩어리야, 가만 보면.

몬티 파이튼Monty Python[3]의 「올웨이즈 룩 온 더 브라이트 사이드 오브 라이프Always Look On The Bright Side Of Life」의 가사 중 일부가 불현듯 뇌리에 떠올랐다.

"그런 노래로 끝나는 영화가 있어. 네 아빠도 틀림없이 그 영화를 봤을 거야."

"흐음, 인생은 정말로 똥이야?"

"뭐, 그렇지."

"용의 똥보다도 커?"

"루크네 아빠나 내 똥은 더 클지도 모르겠네. 어른이 될수록 인생이라 부르는 똥도 커지거든."

"내 똥도 커져?"

"응, 커질 거야. 꼭."

루크는 탁자 위에 있는 모든 점토를 모아서 자기 머리만큼 커다란 용의 똥을 빚었다.

---

[3] 1969년 결성된 영국의 전설적인 코미디 그룹. 온갖 장르를 오가며 후대의 코미디에 큰 영향을 미쳤다.

"이건 뭐니?"

"용의 인생."

"응?"

그 순간, 전율의 고딕 유아 레오가 용의 똥을 펜으로 푹 찌르더니 "썩어버린 인간의 뇌를 성스러운 화살로 고문할지어다."라고 또 단테의 영향을 받은 건가 의심스러운 말을 내뱉었다. 그랬는데 이번에는 방 한구석에서 흉포 꼬맹이 제이크가 데이지의 머리카락을 잡아당겨 넘어뜨렸고, 바닥에 넘어진 데이지는 "퍽! 우아아아아앙! 퍽! 우아아아아앙앙! 퍽! 퍽!"이라고 상스럽게 오열했다.

정말이지 이 꼬맹이들에게서 불쌍함이라고는 티끌만큼도 찾을 수 없다. 아무리 미래가 유한하고 가능성이 닫혀 있어도, 이 녀석들은 언제 어떤 상황에서든 듬직할 정도로 사악하고 폭력적이고 반항적이다.

"다른 사람 머리카락을 잡아당기면 안 돼." "왜?" "아프잖아, 상대방이." "아파하는 게 재미있어." "그래도 아기가 다치면 안 되잖니." "대머리 난쟁이는 영원한 암흑 속에서 죄의 고통에 끝없이 몸부림친다." "퍽! 퍽!" "앗, 데이지⋯ 퍽은 그렇다 치고 네 등에 설사가 새어나와 있잖니. 똥 냄새." "대머리 난쟁이는 악취 풍기는 지옥에서 영원히 계속 죽는다." "데이지, 이리 와. 기저귀 갈자." "퍽! 퍽! 퍽 유!"

밑바닥 어린이집의 꼬맹이들은 오늘도 여전히 미래를 찾지 못한 채no future, 한 덩이 똥 같은 인생과 마주하면서 받아들이고 소화하려 한다. 그런 그들에게 나는 최대한의 경의를 표한다.

(출처: THE BRADY BLOG, 2008. 8. 27)

어린이라는 이름의 불편함

바로 얼마 전 우리 집 사내아이가 어린이집 데뷔를 치렀다. 모친의 벌이가 어린이집에 매일 보낼 정도는 아니라서 이따금씩 출석하게 되었는데, 1세 반의 책임자인 미인 선생님이 녀석을 마음에 들어해서 기꺼이 다니게 해주었다. 그런데 오늘 아침에는 내가 반에 데려다주고 떠나려 하자 아이가 엉엉 울었다. 왜냐하면, 오늘은 자신을 예뻐하는 미인 선생님이 없고 무뚝뚝한 얼굴로 "내가 귀찮아 Am I bothered?"(코미디언인 캐서린 테이트 Catherine Tate가 BBC의 「더 케서린 테이트 쇼」에서 반항적인 10대를 연기하며 크게 유행시킨 대사)라고 할 듯한 연수생밖에 없었기 때문이다. 어린아이는 솔직한 존재인데, 우리 집 애는 그 연수생이 싫은 모양이었다. 하지만 인생이란 그런 거야, 꼬맹아. 인생이라는 것에는 싫어하는 녀석과 함께 지내야 하는 때가 더 많단다.

연수생 혼자 아이들을 돌볼 리는 없으니 책임자는 지각이든지 뭔가 사정이 있겠지. 나는 그렇게 생각하며 울고불고하는 아이를 남겨두고 어린이집을 떠났다. 오늘 아침의 내 용건이란, 고객이 급감해서 폐업 직전 가게 같은 상태인 내 미래가 걸려 있어, 하는 느낌의 긴요한 일이라서 몇 주 전부터 오늘 이날을 위해 착실히 준비해왔다. 아직 시간이 좀 있었기 때문에 마지막 준비를 위해 카페에서 서류를 살펴보며 커피를 마시는데, 갑자기 휴대전화가 울렸다.

"여보세요, 어린이집의 클레어인데요. ○○가 중이염에 걸린 것 같아요. 귀에서 고름이 엄청 나와서 어깨로 뚝뚝 떨어지고 있어요. 저희가 맡을 수 있는 상태가 아니니까 지금 바로 데리러 와주세요."

그 연수생 언니가 노골적으로 성가시다는 듯이 말했다.

"지금 바로, 말인가요?"

"네, 네, 다른 아이들의 위생에도 좋지 않으니까요. 흐르고 있다니까요, 고름이 뚝뚝."

하필이면 이런 날에.

한순간 머릿속이 새하얘졌지만, 번뜩 정신을 차렸다. 그래. 하필이면 바로 이런 날 가장 곤란한 상황을 만드는 게 바로 어린이라는 ⓕ[4] 생물인 것이다.

"…데리러 갈게요. 지금 거기서 좀 떨어진 곳이고, 버스 시간도 있으니 30분 정도 걸릴 것 같아요."

나는 그렇게 말하고 전화를 끊었다.

우리 집은 나 혼자 육아를 맡고 있어서 이런 때 배우자의 도움은 전혀 기대할 수 없고, 기댈 수 있는 가족도 없다. 어쩔 수 없지. 나는 각오를 굳히고 전화를 걸어 오늘의 용건을 취소했다.

"아이가 아파서"라고 진실을 전하는데, 그게 왠지 내게도 빤한 거짓말처럼 들려서 영어로 말하는 동시에 연신 꾸벅거리며 고개를 숙이는 비굴한 내 모습이 카페의 거울에 비쳤다. 오래전 기업이라는 곳에서 일했던 시절에는 나도 "아이가 아파서"라는 이유로 갑자기 약속을 취소하는 여성 프리랜서들을 구제 불능이라고 여겼었다.

일거리 고갈, 폐업, 실업, 무수입, 빚더미, 지옥, 강제 추심, 야반도주. 그런 우울한 말들만 머릿속에 떠올랐다. 그러다 결국 부모 자식이 함께 목숨을 끊

---

[4] ⓕ는 'fuck'을 뜻한다.

는 것에 비하면 귀에서 고름이 나오든 말든 별로 상관없지 않나. 그렇게 내버려두고 싶은 마음도 들었지만, 그럴 수 없는 것은 이 세상에 그래서는 안 된다는 상식이라는 족쇄가 있기 때문이다.

그렇게 필연적으로 카페에서 나오니 언제부터인지 거센 비가 땅바닥을 때리고 있었다. 나는 옷을 입은 채로 브라이턴의 해수욕장에서 수영한 취객처럼 흠뻑 젖으며(이 비유는 내가 지어낸 것이 아니라 버스 운전사에게 들은 것이다) 버스 정류장으로 서둘러 갔다.

어린이집에 도착해서 한 살 아이들이 있는 방에 들어가니 우리 집 꼬맹이가 오도카니 의자에 앉아 물을 마시고 있었다. 책임자는 보이지 않았다. 오늘은 연수생 언니 혼자 한 살 꼬맹이 세 명을 돌보는 것이었다. 이래도 되는 거야? 감시기관인 Ofsted^{Office for Standards in Education, Children's Services and Skills}에 신고할까 보다. 그렇게 생각하며 연수생을 흘긋 보았는데 그는 왠지 모르게 쭈뼛거리면서 나불나불 말했다.

"어머님이 돌아가신 다음에 계속 울었고, 진정되는 데 시간이 걸렸어요. 지금은 간신히 진정했는데, 왼쪽 귀를 보세요. 저희 관리자에게 상담하니 이 상태면 맡을 수 없다고 했어요."

꼬맹이의 왼쪽 귀를 보고 나는 할 말을 잃었다.

뚝뚝 떨어질 만큼 귀에서 흘러내리는 그 많은 고름을 여태 방치해두었던 것이다. 그래서 꼬맹이의 귀는 고름으로 가득했고, 귓바퀴에서 그 액체가 넘쳐흘러 질질 떨어지는 걸 그대로 둔 탓에 어깨 위까지 노란빛이 도는 투명한 액체가 고여 있었다.

"일부러 그대로 둔 거예요. 왜 저희가 맡을 수 없다고 하는지 증거를 보여드리라고 관리자가 지시해서요."라고 연수생이 말했다.

상사가 시킨 걸 그대로 고객에게 전달하는 연수생은 보기 드문 멍청이였지만, 관리자의 판단은 사업적으로 올바른 것이었다. 어린 자식을 시설에 맡기는 부모들 대부분에게는 밥벌이 등의 사정이 있는데, 아이가 아파서 일찍 데리러 와야 하는 일이 생겨도 어린이집은 미리 지불한 보육료를 환불해주지 않는다. 그 때문에 어린이집에서 오늘은 아이를 맡을 수 없다고 하면 바로 발끈하는 부모도 있을 것이다(오늘 아침 전화를 받았을 때 나는 발끈하는 걸 뛰어넘어 미래를 비관하고 절망에 빠졌지만). 그러니 아이를 맡지 못하는 증거를 남겨두고 부모에게 보여주는 것은 어린이집의 자기 방어책으로 정답이다.

그렇지만 그럴 때, 고름이 귓속에 가득한 채로 방

치되어 귓바퀴, 목, 머리카락, 어깨 등이 끈끈하게 젖어도 아무런 조치를 받지 못한, 대단히 불쾌한 경험에 노출된 아이의 인권은 어떻게 될까.

어린아이란, 어른에게 '불편한 존재'다. 아무리 입바른 소리를 늘어놓아도 아이에게 그런 면이 있는 것은 사실이다. 육아를 본업으로 삼아 배우자라는 고용주에게 채용된 사람들은 다를지 모르지만, 육아 외에 다른 직업이 있고 배우자가 아닌 다른 고용주에게 돈을 받는 사람이라면 누구에게나 어린아이를 '불편한 존재'라고 여기게 되는 순간이 이따금씩 찾아온다.

그렇지만 오늘 아침처럼 노골적인 방식으로 그 '불편한 존재'를 서로 떠넘기는 상황을 목격하면 마음이 묵직하게 가라앉는다.

일하는 부모에게 '불편한 존재'로 여겨지고, 어린이집에서도 '이상한 병에 걸린 듯하니까.'라는 이유로 '불편한 존재'가 된 아이. 그리고 '불편한 존재'라는 사실을 증명하기 위해 이용된 귀의 고름. 작은 귀에서 방울방울 뚝뚝 떨어져 꼬맹이의 스웨터에 더러운 노란색 얼룩을 만든 고름.

나는 가방에서 물티슈를 꺼내 꼬맹이의 귀를 닦았다.

"여기에 버려도 돼요?"

쓰레기통을 가리키며 물어보자 연수생은 "버려도 돼요."라고 답했지만, 다른 아이들의 위생을 생각한다면서 이렇게 뚜껑도 없고 높이도 낮은 쓰레기통에 고름이 잔뜩 묻은 티슈를 버리라고 하면 안 되잖아, 하고 생각하면서 나는 티슈를 내 가방에 넣었다.

꼬맹이를 유아차에 태우고 밖에 나오니 빗줄기는 더 이상 아까처럼 거세지 않았다.

일거리 고갈, 폐업, 실업, 무수입, 빚더미, 지옥, 강제 추심, 야반도주.

어두운 마음으로 유아차를 미는데 "이야야아아, 꺄아아아아, 후우아아아!" 하고 앞에서 격렬하고 우렁찬 외침이 들려왔다. 유아차 안을 들여다보니, 꼬맹이가 얼굴 한가득 웃음을 머금고 나를 올려다보았다.

(출처: THE BRADY BLOG, 2008. 3. 13)

사람이 죽다

올해 들어서 유독 사람들이 죽는다. 거의 주말마다 검은 옷을 입는 것 같다.

세상을 떠난 건 모두 배우자의 친구들이다. 내 배우자는 나보다 아홉 살 연상이라 50대. 슬슬 죽을 나이가 된 것이겠지. 예전에 내가 쓴 잡문에 등장한 적 있는 사람도 눈을 감았다. 아무리 영국이 일본 같은 장수 국가가 아니라 해도, 이렇게 차례차례 사람들이 떠나면 남은 사람은 마음이 동요하게 마련이다.

배우자는 자신의 삶 전반이 "shit"이라고, 즉 똥 같다고 말한다.

사는 집도 똥, 일도 똥, 나와 아이 등 가족도 똥, 이것저것 죄다 똥인데, 내 인생은 이대로 똥처럼 끝나는 걸까 생각하면 진심으로 신물이 난다고 했다. 실제로 그렇게 말하는 그에게는 소름이 돋아 있었다.

여느 때 같은 우울증인가 싶었지만 이번에는 이상하게 오래가고 있다.

죽고 싶다. 그에게 그런 충동은 없는 것 같아서 머지않아 폴 고갱처럼 훌쩍 떠나려나 생각하며 지켜보았지만, 아직까지는 매일 귀가하고 있다.

애초부터 책임이니 가정이니 하는 것과 몇 광년은 동떨어진 사람이고 역마살까지 있다는 것을 알고 가정을 꾸렸기 때문에 나는 그가 울적해해도 별로 놀라지 않는다. 요즘처럼 당장이라도 배낭을 메고 뛰쳐나갈 것 같을 때는 더더욱 그렇다.

중년의 위기. 이것을 40대에 겪는 사람이 있는가 하면 50대에 경험하는 사람도 있다고 하는데, 육체 및 외모가 시들며 찾아오는 40대의 위기와 주위 사람들이 눈감는 가운데 문득 자신의 인생을 돌이키며 겪는 50대의 위기는 질적으로 꽤 다른 것 같다.

이렇게 말하는 나는 아직까지 그런 위기를 경험한 적이 없는 것 같은데, 살고 죽는 문제에 관해서 말하면 꼬맹이를 낳기 전에는 언제 죽어도 상관없다고 생각했었다. 내 말을 엄청 부정적으로 받아들이는 사람도 있겠지만, 그렇게 극적인 심정은 아니었다. 지금껏 내 맘대로 살아왔으니까, 정확히 말하면 가고 싶은 곳에 가고 마시고 싶은 만큼 마시며 맘대로 살아왔으니까 삶에 여한이 없었던 것이다. 계속 살아간들 노화와 연금 문제 등으로 인생이 계속 내리막길일 테니 그럴 바에는 당장 죽어도 별로 상관없어, 하는 가벼운 마음이었던 것이다.

그렇지만 꼬맹이를 낳은 뒤로 생각이 바뀌었다.

어린아이라는 존재는 부모가 있든 없든 성장하지만, 이 나라의 시설에 맡겨진 아이들이 정신적·육체적 학대를 받았다는 소식을 접할 때마다 내 아이는 되도록 그런 일을 당하지 않기를 바라면서 내 손과 돈으로 어른까지 돌보겠다고 생각하게 되었다.

생각해보니 내 경우에는 출산으로 중년의 위기를 넘어섰는지도 모르겠다. 그리고 배우자에게는 '아이의 탄생'보다 '친구의 죽음'이 절실하고 중대한 문제였다는 말이다. 그러고 보면 전에 브라이턴의 게이 동네에서 펍을 운영하는 여주인(실은 남주인)이 '남자와 죽음'을 주제로 열변을 토한 적이 있었다.

"남자라는 생물은 말이지. 죽음을 유독 큰일이라고 생각한다니까. 그래서 죽기 전에 이것만은 해내고 싶다든지 무언가를 남기고 죽겠다고 이것저것 열심히 고민하잖아. 무언가를 남기고 죽겠다니, 나 참. 나는 절대 그렇게 생각 안 해. 살아가는 것만으로도 이렇게 부끄러운데, 뭘 남기고 죽겠다는 걸까. 내가 사라진 뒤에도 이 세상에 나와 관련된 무언가가 남아 있다고 생각하면 소름이 돋아. 인간이란 망신을 당하면서 오래 살다가 죽을 때는 아무 흔적 없이 깨끗하게 사라지면 되는 거야. 그뿐이라고."

정말이지 그뿐이라고 나도 생각한다.

(출처: THE BRADY BLOG, 2008. 4. 12)

사랑이 줄어든 느낌,
예금 잔고도 줄어들고 있지만

 새 학기부터 밑바닥 어린이집에서 일하는 날이 하루 늘어났다. 아아, 싫다, 싫어, 대체 어째서 이렇게 되어버린 걸까, 애초에 나는 이런 곳에서 무얼 하고 있는 거지. 이런 어두운 기분으로 놀이터의 모래밭에 앉아 있는데, 전율의 고딕 유아로 유명한 레오가 소형 유아차 장난감의 부속품인 아기 인형의 몸체에서 머리와 팔다리를 뽑아내는, 그의 말을 빌리면 "지옥의 해체 작업"에 열중하고 있었다.
 "왜 그렇게 다 조각내는 거야? 아기가 불쌍하잖아."
 별생각 없이 말을 걸었더니 여느 때처럼 중후한 대사를 토했다.
 "추악하고 저능한 난쟁이는 신의 손에 해체당하는 것이다."
 그리고 토막토막 나뉜 인형의 각 부위를 다양한

각도로 늘어놓기 시작했다. 호오, 왠지 한스 벨머Hans Bellmer[5] 같네. 그렇게 생각하며 바라보는데, 이번에는 각 부위를 모래에 묻고는 자신의 가슴 앞에서 손으로 십자가를 그리며 "흉측한 대머리 난쟁이는 영원히 봉인되었다."라고 섬뜩한 미소를 실실 지었다.

좋게 말하면 개성이 풍부하고, 나쁘게 말하면 도가 지나친 아이들이 많은 밑바닥 어린이집에서도 레오의 개성은 유달리 강렬했기에 나는 애니 레녹스(를 닮은 어린이집 책임자)에게 물어보기도 했다.
"레오가 이상할 만큼 아기 인형에 집착하는데, 대체 왜 그럴까요?"
"그건 말이죠. 그의 아버지 쪽 집안에 아기가 태어났기 때문이에요."
"그 말은, 레오의 어머니와 헤어진 아버지가 새로 결혼했고, 그 집안에서 아이가 태어났다는 건가요?"
"아뇨, 사정은 좀더 복잡해요."
그렇게 입을 뗀 애니가 설명하기 시작했다.

---

[5] 독일의 화가, 조형작가. 마네킹과 동판화 등을 이용해서 병적인 에로티시즘을 기묘하게 표현했다.

애초에 레오는 게이 커플의 아이로 태어났다(당연히 게이 커플이 낳은 것은 아니고, 누군가의 난자와 대리모를 통해 체외수정으로 출산한 것이겠지만). 하지만 레오의 부모父母, 아니 부부父父는 2년 전에 갈라섰다. 파국의 원인이란 레오의 부친 중 한 명이 여성과 사랑에 빠져서 이제 게이는 그만두고 이성애자가 되겠다며 인생에 대개혁을 일으켰기 때문인데, 작년에 동성 파트너를 버리고 여성과 결혼한 그의 집에 아기가 태어났다고 한다.

레오와 함께 사는 또 다른 부친은 파트너와 파국을 맞은 후 정신적으로 현저하게 불안정해진 탓에 디자이너로서 일도 제대로 못 하고 술독에 빠져 지냈는데, 요즘은 밑바닥 어린이집이 있는 자선시설에서 자원봉사로 예술 강좌를 열고 생활을 재건하려 힘쓰고 있다.

영국의 게이 수도라고 불리는 브라이턴의 아이다운 일화이긴 하다. 섬뜩할 만큼 하얀 피부에 아름다운 외모를 지닌, 그래서 오싹함도 배가되는 전율의 고딕 유아 레오는 그런 사정이 있어 갓난아기 인형에 집요할 만큼 악의를 드러내는 것이다.

사랑이 줄어든 느낌.

타락천사 루시퍼가 신을 배신한 이유는 그것이었어.

약 20년 전 신주쿠에서 사이비 종교의 홍보에 넘어가 합숙 세미나까지 참가했던 친구가 멍한 눈빛으로 그런 말을 한 적이 있었는데, 레오가 갓난아기를 벌할 수밖에 없는 이유도 아마 그런 것이지 싶다.
"사랑이 줄어들었다고 느끼는 거니?"
숙취에 시달리며 자원봉사를 나간 아침, 나는 무심히 레오에게 물어보았다.
"사랑은 언제나 계속 줄어들다가 죽음에 이른다."
"그렇지 않아. 늘어날 때도 있어."
"사랑은 언제나 줄어들 뿐이다."
"아니야. 어떻게 하면 늘어나는지 가르쳐줄까?"
나는 술김에 레오의 볼에 성스러운 뽀뽀 세례를 퍼부었다.
"그만둬. 그만하라니까."
레오는 얼굴을 찌푸리고 손발을 버둥버둥 몸부림치며 괴로워했다.
나는 경찰이 아동 성희롱으로 체포해도 할 말이 없을 만큼 억지로 레오를 꼭 끌어안았다.
"그만둬, 그만둬, 이 망할 암소가!"

고딕풍 말투가 사라지고, 어린애다운(물론 밑바닥 어린이집의 아이다운) 표현이 튀어나왔다.

"사랑이 늘어났지?"

"안 늘었어. 역겹기만 해."

레오는 내 손을 뿌리치고 방 한구석까지 달려가서 분노와 원한과 증오가 뒤섞인 듯한 뭐라 표현하기 어려운 표정으로 나를 노려보았다.

"우후후, 레오의 약점을 알았어. 뽀뽀랑 끌어안기구나."

"나는 아줌마가 정말 싫어."

"나는 네가 정말 좋은데."

"나는 아줌마가 정말 싫어."

"상관없어, 싫든 말든. 널 좋아하는 건 내 맘이야."

전날 밤(정확히는 당일 아침)까지 마신 술 덕분에 수다쟁이가 된 나는 다섯 살 꼬맹이한테 끊임없이 사랑을 고백했다.

레오는 "이 미치광이 할망구!"라면서 내 사랑을 전면적으로 거부하고 결국에는 낮잠 자는 방으로 도망가 다시 돌아오지 않았다.

사랑이 줄어드는 건, 어른에게도 슬픈 일이야.

동성애니 이성애니 인생의 대개혁이니 하는 어른의 사정과는 아무 관련도 없는 어린아이에게 새로운 가정에서 아기가 태어나자마자 만나주지 않는 아버지의 돌변은 대체 얼마나 사랑이 줄어들었다는 느낌을 주었을까.

그렇지만 사랑이 줄어들었다는 느낌은 그저 시작에 불과하다.

어른이 되면 훨씬 심각하게 줄어드는 게 생기니까.

예금 잔고, 냉장고 속 식료품, 일자리.

이 문제들은 마음먹기에 따라서 늘어나는 주관적인 것이 아니기 때문에 적어도 사랑 정도는 늘어났다고 생각하며 살아가는 인생의 생존술을 익히면 좋겠다. 그와 같은 실용적인 관점에서 나는 특히 숙취가 심한 아침에는 묻지도 따지지도 않고 뽀뽀 및 끌어안기 방식으로 사랑이 늘어난 느낌을 주려고 하는데, 아직까지 레오의 인형 괴롭히기 버릇은 나아지지 않았다.

머지않아 나도 연옥의 어둠 속에서 정죄의 불꽃을 두른 화살에 정수리든 어디든 꿰뚫려서 영원히 봉인될지도 모른다.

(출처: THE BRADY BLOG, 2008. 9. 2)

체념하는 메리

밑바닥 어린이집의 명물. 그렇게 불리는 망할 꼬맹이들 중에 제이크라는 네 살짜리 아이가 있다. 이 어린이집에서 일할 생각이 있는 사람은 일단 아이들에게 걷어차이고, 아이들이 던진 물건에 맞고, 아이들에게 머리카락이 잡아 뽑히는 것 등을 각오해야 하는데, 제이크의 경우에는 그런 행위들을 쉴 틈 없이 계속한다는 점에서 이채롭다. 그리고 계속되는 신체적 폭력에 익숙해질 만하면 다음 관문이 앞을 막아선다.

바로 욕설이다.

영어의 욕설에는 'fuck'(F워드F-word라고 불리는 서민의 욕), 'cunt'(C워드C-word라고 불리며 F워드보다 상스러운 말), 'bloody'(앞선 두 가지와 비교해 훨씬 품격 있는, 왕실 여러분이 입에 담으시는 욕) 등이 일반적으로 유명한데, 영국의 밑바닥 주변을 어슬렁거리면 그 외에도 수많은 욕설이 존재한다는 것을 알 수 있다. 그래서 영국에서는 이주한 지 얼마 안 된 외국인이 자기가 욕설을 들었다는 사실조차 모른 채 멍하니 눈만 끔벅이는 애처로운 상황이 종종 벌어진다. 그리고 그처럼 외국인은 잘 모르는 밑바닥 욕설을 탁월하게 구사하는 욕쟁이가 바로 네 살 꼬맹이 제이크다.

심지어 제이크는 사람을 골라서 욕설을 내뱉는 (즉, 외국인 앞에서만 말한다는 말이다) 지능범인데, 그가 최근 표적 삼아 우롱하는 대상은 가나 출신의 메리다.

메리는 보육사 과정을 밟고 있는 늦깎이 학생으로 모국에서는 교사였다고 한다. 영국에서는 사회생활 중인 성인이 파트타임 보육사 과정을 수료한 후 대학교에 편입해 초등학교 교사가 되거나 사회복지 또는 아동심리학을 더 공부할 수도 있다. 그처럼 이미 사회에 진출한 성인을 대상으로 하는 교육 과정이 많은 덕에 진득한 나이에도 이것저것 공부하는 사람들이 꽤 많은데, 메리는 보육사 자격을 발판 삼아 영국에서도 교사 자격을 취득하려 했다.

영국에서 20년 동안 살며 브라이턴에서 두 자녀를 키워낸 느긋하고 온화한 기독교인인 메리는 시종일관 브라이턴의 빈민가에서 살아왔음에도 기적적일 만큼 영국 밑바닥 계급에 물들지 않았다. 틀림없이 제이크가 내뱉는 상스럽기 그지없는 말을 쓰는 동네 사람들과는 별로 어울리지 않고 지금껏 교사 출신의 예의 바른 이주민으로서 조용히 살아왔을 것이다.

메리를 표적으로 삼은 제이크는 최근 들어 상대방의 상냥한 성격을 이용하여 욕설뿐 아니라 "메리, 왜 그렇게 피부가 까매?" "메리는 선크림을 바르지 않아도 되겠다. 이미 충분히 까마니까." 등 문제적인 발언도 내뱉기 시작했다.

"왜 그렇게 피부가 까매?"라는 질문이 어린아이다운 소박한 의문이라고 주장하는 스태프도 있지만, 그건 성가신 문제를 만들지 않으려 하는 궤변일 것이다. 중산층의 흐리멍덩한 도련님이나 아가씨라면 모를까 보릿고개에 가시밭길에 사회복지과에 가정법원까지 웬만한 어른보다 훨씬 인생 경험이 풍부한 밑바닥 어린이집의 꼬맹이들이 흑인의 피부를 보고 어머, 신기해, 하며 순박하게 감탄한다니, 그런 목가적인 사정이 있을 리가 있나.

다 같이 인종차별적인 말을 하며 낄낄거리는 빈민가의 어른들을 보고 자란 제이크는 그런 농담을 내뱉는 사람이 쿨한 줄 알고 그대로 따라 하는 것이 틀림없다. 실제로 이 나라에서 중산층 이상 계급의 사람들은 지성이 없는 야만인이나 인종차별적인 발언을 한다고 생각하지만, 그와 반대로 밑바닥 주변에서는 인종차별적인 발언을 하는 인간을 통쾌한 영웅으로 받아들이는 경향이 있다. 영국이라는 나라에서는 계급에 따라 '쿨'의 정의도 다른 것이다.

그런 사정이 있어 밑바닥 어린이인 제이크가 화이트 트래시라고 불리는 동네 어른들과 비슷해지려고 매일매일 정진할수록 메리를 향하는 인종차별적 발언도 점점 질이 나빠지고 있는데, 정작 메리는 제이크에게 화를 내지도 훈계하지도 않고 언제나 싱글거리면서 그의 곁에 있다.

보다 못한 어린이집의 부책임자가 어느 날 오후 제이크의 정면에 앉아서 "제이크, 세상 사람들의 피부에는 많은 색깔이 있어. 나와 제이크의 피부는 하얗지? 그런데 메리는? 그래, 검은색이야. 캐리는 무슨 색이야? 그렇지, 하얀색. 하지만 저기, 미카코를 봐. 피부가 무슨 색이야? 하얘? 아니지. 봐, 미카코는 조금 노랗잖아."라고 설명하기 시작했다. "하양, 검정, 말차, 팥, 커피, 유자, 벚꽃…." 오래전 일본에 그런 가사의 노래가 흐르는 과자 광고가 있었는데, 영국의 교육 현장에서 이뤄지는 인종 교육도 기껏해야 과자 광고의 범주를 벗어나지 않는 것이다.

도대체 이 색깔 저 색깔 그러모아 나열한다고 무

엇이 달라진다는 말인가.

 영국 정부의 주도로 올해 가을부터 실시되는 새로운 유아 교육 지침에 따르면, 인종 교육은 '다양성 diversity'과 '포용성inclusion'이라는 주제에서 가장 우선해야 하는 과제 중 하나지만, 겨우 다양한 색깔의 인형과 다양한 피부색의 주인공이 등장하는 그림책 따위를 교육 현장에 비치해두는 정도로 어떻게 할 수 있는 문제가 아니라는 사실은 다양한 피부색의 일원으로 현장에서 일하는 종사자라면 누구나 알고 있다.
 어린이집에서 일을 마치고 함께 퇴근하던 날, 메리에게 물어보았다.
 "제이크가 오늘도 이상한 소리를 했지?"
 "걔도 꽤 집요한 애야."
 메리는 눈을 가늘게 뜨며 웃었다.
 "어떻게 그렇게 웃을 수 있어? 나라면 한참 전에 뚜껑이 열렸을 거야."
 "이미 익숙해졌는걸."
 "그래? 나는 아무래도 제이크한테는 익숙해질 수 없어."
 "아니, 그게 아니라."
 "응?"

"이 나라 사람들한테 익숙해졌다, 그 말이야."
따뜻한 눈빛으로 메리가 말했다.
"벌써 20년이나 겪었는걸."

그 몽글몽글 부드러운 표정과는 대조적인, 묵직하고 단단한 납 같은 체념이 그에게 있었다.
용서. 그 말의 진정한 의미는, 체념. 그런지도 모르겠다.
잠시 신학적인 생각을 하면서 도로 건너편으로 걸어가는 메리의 뒷모습을 배웅했다.
내 뒤에는 자선시설에서 나온 저지 차림 청년, 노년 펑크, 히피, 더 이상 인간다운 형상조차 아닌 사람 등 밑바닥 영국인들의 무리. 무리, 무리, 무리. 그들이 우두커니 서 있는 나를 지나쳐 걸어갔다.

(출처: THE BRADY BLOG, 2008. 10. 10)

백발 레몬들

"어른이 어린아이의 시중을 들어서는 안 됩니다. 그들이 독립적인 인간으로 살아갈 수 있게끔 도와주어야 합니다."라고 말한 사람은 이탈리아의 고명한 교육자 마리아 몬테소리Maria Montessori다.

이탈리아 최초의 여성 의학 박사였던 몬테소리는 발달장애가 있는 아동들의 치료교육으로 크나큰 성과를 거두었고, 그것을 발전시킨 독자적인 교육법을 만들어냈다. 그는 20세기 초반 자신의 교육법을 일반 교육 현장에 도입했는데, 로마 빈민가의 어린이집에서 밑바닥 유아들을 대상으로 시작했다.

그처럼 사회 밑바닥에서 태어났다고 할 수 있는 몬테소리 교육법은 훗날 전 세계로 퍼져 나갔다. 하지만 일본에서는 몬테소리 교육법을 도입한 유치원이 '초등학교 입시 대책'[6]으로 인기가 높다고 하며, 미국 등지에는 '한 번이라도 대변을 못 가린 아이는 퇴학(또는 퇴원)' '선생님 말을 이해하지 못하는 아이나 따르지 않는 아이는 퇴학(또는 퇴원)'이라는 비정하기 그지없는 규칙을 내걸며 완벽히 엘리트 조직이 되어버린 유치원이 수없이 존재한다고 한다.

영국에도 몬테소리 교육을 도입한 유치원과 학교는 '중산층 이상의 아이들이 다니는 곳'이라는 인식이 있으며, 내가 사는 브라이턴의 몬테소리 학교 역시 조용한 고급 주택가에 자리하고 있다. 하지만 그곳에는 좀 다른 점이 있는데, 교장이 "빈민가에서 시작된 몬테소리 교육의 원점으로 돌아가 가난한 집의 아이들이 다닐 수 있도록 몬테소리 학교를 공립화하자"고 운동을 시작한 것이다. 그 운동은 「가디언」과 「인디펜던트」 같은 언론을 끌어들이며 점점 확대되었고 약 2년 전에는 영국의 첫 공립 몬테소리 학교가 브라이턴에 건설되기 직전까지 다다랐지만, 결국 자금 조달에 문제가 생겨 무산되고 말았다.

한편으로 "어른이 유아를 위해 무엇이든 해줄 필요는 없어. 우리 어린이집에는 하루라도 빨리 자립해서 살아가야 하는 아이들이 오니까 타인에게 기대지

---

6 일본에서는 명문 초등학교 입학을 위해 필기와 면접 등을 치러야 하며, 많은 비용을 들여 사교육을 받는 등 대학교 입시 못지않게 준비한다.

않고도 살아갈 수 있는 기술과 힘을 길러주는 게 진정한 의미로 아이들을 돕는 거야."라고 말한 사람은 우리 밑바닥 어린이집의 책임자인 백발의 애니다.

마치 로마 빈민가에 있었던 시절의 몬테소리 같은 사람이네. 나는 처음 애니의 말을 듣고 그렇게 생각했는데, 그도 그럴 것이 애니는 국제몬테소리협회가 공인하는 교육자 자격을 지니고 있다는 모양으로 자신이 원하면 밑바닥 어린이집 같은 난폭한 장소가 아니라 몬테소리 학교나 유치원에서 부유한 집안의 자제분들을 돌보며 많은 급여를 받을 수 있는 사람이었다.

애니는 자신의 이력을 수다스럽게 떠드는 사람이 아니라서 그와 몬테소리의 관계를 아는 사람은 밑바닥 어린이집에 거의 없다. 내가 그 사실을 아는 이유는 브라이턴의 몬테소리 학교 교장에게 들었기 때문이다.

보육사 과정에서 마리아 몬테소리에 관해 배운 나는 브라이턴의 몬테소리 학교를 견학하게 되었다. 그때 교장이 내게 "보육사 과정의 실습은 어디서 하고 있어요?"라고 물었다. 내가 밑바닥 어린이집의 이름을 대자 그가 말했다.

"흠, 당신의 상사랑 나는 아는 사이예요. 젊었을

때 몬테소리 교사 양성 학교에서 같이 공부했거든요."

야윈 체형의 애니와는 대조적으로 포동포동하고 혈색이 좋은 교장은 의미심장하게 미소 지었다.

"우리는 절친했던 적도 있어요."

언제나 빛바랜 청바지에 구깃구깃한 티셔츠를 입고 추운 날에는 아들의 가죽 재킷 따위를 걸치는 애니와 로라 애슐리에서 팔 법한 우아한 옷에 진주 목걸이를 한 몬테소리 학교의 교장이 절친했다니 별로 와닿지 않았다. 하지만 돌이켜보니 내가 몬테소리 학교에 견학을 간다고 말했을 때 한순간 애니의 안색이 변했던 것 같았다.

"벌써 30년 가까이 만나지 않았네. 안부 잘 전해 줘요."

교장은 발음에서 기품이 넘쳐흐르는 영어로 그렇게 당부하고는 자신의 사무실로 들어갔다. 어린 시절 절친했다는 두 60대 여성은 오랜 세월 정반대라고 할 수 있는 경력을 쌓아왔다.

한 사람은 몬테소리의 방식과 형식을 굳게 지키며 몬테소리라는 간판을 내걸고 일을 해왔다. 다른 한 사람은 몬테소리라는 틀에서 뛰쳐나와 창시자의 정신만을 잇고 있다. 그런데 그처럼 정반대인 두 사람에게서 왠지 비슷한 분위기가 풍겼다.

"안부 잘 전해달라고, 그렇게 말씀하셨어요."

밑바닥 어린이집의 애니에게 보고했는데, 평소에는 아무리 바빠도 반드시 말을 건 사람을 보며 답하는 그가 드물게도 서류에서 눈을 떼지 않고 고개를 숙인 채 말했다.

"견학은 어땠어?"

"유치부 교실을 볼 수 있었는데, 아이들이 예의 바르고 의젓해서 깜짝 놀랐어요. 날뛰기는커녕 큰 소리를 내는 아이도 없던데요."

"거기는 그런 아이들이 다니는 곳이니까."

"그런데 뭐랄까… 부족하다는 느낌이 들었어요."

"우리랑 다르게 조용해서 그랬겠지."

"그런데 거기 교장 선생님, 지금도 영국 최초의 공립 몬테소리 학교를 만드는 운동을 하고 있는 것 같아요. 한 번 실패했지만 포기하지 않았다고 말씀하시던데요."

"…."

"실현되면 대단하겠어요."

내가 그렇게 말한 순간 애니는 스태프의 부름에 다른 방으로 갔다.

"부유한 집안의 아이들뿐 아니라 가난한 아이들도 이런 교육을 받을 수 있게 되면 좋겠습니다." 마하트마 간디가 런던의 몬테소리 교사 양성 학교에서 강연했을 때 남긴 말이다. 이 말을 자신의 학교 웹사이트에 내걸고 몬테소리 학교 공립화 운동을 시작했을 때, 그 교장의 뇌리에는 밑바닥 어린이집에서 일하는 오래전 친구의 모습이 떠올랐을까.

21세기인 지금도 영국은 뚜렷한 계급 사회다. 그런 나라에서 밑바닥 어린이들에게 계급을 뛰어넘을 수 있는 능력을 길러주고, 나아가 아이들이 계급 자체를 파괴할 수 있도록 도와주려는 사람들이 있다. 그런 백발 여성들의 정신은 이 세상의 불공평을 저주하거나 비웃는 펑크 로커보다 훨씬 아나키라 할 수 있다.
"이 어린이집에 다니는 아이들이 공립 몬테소리 학교에 입학할 수 있게 된다면 정말 멋지겠어요."
다른 방에서 돌아온 애니에게 말했는데, 그는 대답을 하지 않았지만 이번에는 똑바로 내 눈을 바라보며 미소 지었다.
그 미소는 마치 가지이 모토지로梶井基次郎가 묘사한 레몬의 색처럼 맑고 시원했다.[7]
백발 레몬들.

두 여성의 공통점은 바로 나이 들지 않은 그 맑은 정신이다.

(출처: THE BRADY BLOG, 2008. 10. 14)

7 20세기 초반 활동한 소설가 가지이 모토지로의 단편소설 「레몬(檸檬)」의 한 구절을 차용한 표현이다.

폭력배와 천사: 원숭이가 되어라

최근 몇 년 동안 빈민가의 젊은(엄밀히는 어린) 여자들을 보면서 깨달은 사실이 있는데, 피부가 살짝 거무스름한 아이를 데리고 걷는 하얀 10대 소녀들이 급증했다는 것이다. 저지 운동복 패션, 전신 타투와 피어스 패션, 킹스크로스 유흥가 패션(영화 「런던에서 브라이턴까지」[8] 패션이라고도 한다), 하드코어 × (펑크+소울+레게) = 영국 밑바닥 길거리 믹스 패션 등 다채로운 차림을 한 젊은(엄밀히는 어린) 어머니들이 줄줄이 밑바닥 어린이집에 흑인과 백인 혼혈아를 데려오고 있다.

그런 아이들 중에서도 유달리 눈에 띄는 아이가 바로 리애나라는 두 살짜리 여자애다. 리애나는 그 누

---

[8] 포주에게서 도망치기 위해 브라이턴으로 향하는 성매매 여성과 가출 소녀의 처절한 여정을 담은 영화.

구보다도 발군으로 힘이 세고 난폭하다.

다른 아이가 갖고 노는 장난감에 흥미가 생기면 상대방을 주먹으로 때리거나 옆구리를 걸어차서 장난감을 빼앗고, 어른이 자기보다 어린 갓난아기만 돌보고 있으면 생후 15개월인 아기의 머리를 수조에 푹 담가버리거나 갓난아기의 사랑스러운 고사리손에 연필을 꽂아서 질투를 드러냈다. 마치 폭력배 같은 아이인 것이다.

리애나가 웬일로 어린이집을 쉬어서 이튿날 "어디 좋은 데 다녀왔니?"라고 물어보자 "감옥."이라고 살벌하게 답한 적이 있다. "무슨 일일까요?"라고 어린이집 책임자인 애니에게 물어보니 아무래도 정말로 교도소에서 아버지를 면회하고 온 모양으로 그답다라고 할까, 역시 폭력배다웠다.

온몸에 문신을 하고 여기저기 피어스를 매단 리애나의 어머니는 왼뺨에 커다랗게 꿰맨 흉터가 있다. 듣기로 리애나의 아버지는 몹시 폭력적인 사람이고, 리애나의 어머니를 때리고 걸어차는 등 폭력을 휘두른 탓에 현재 가정폭력범으로 복역 중이라고 했다.

그처럼 유혈이 낭자한 폭력적인 현장을 집에서 일상적으로 보았기 때문인지 리애나는 폭력의 한도라는 것을 몰랐다. 그래서 리애나는 타인과 자기 자신을 돌이킬 수 없을 만큼 상처 입힐 가능성이 있었고, 그 때문에 항상 직원 한 명이 그 아이를 전담하게 되었다.

내가 리애나를 맡게 된 어느 날, 리애나가 자꾸 한 아이에게 접근하는 바람에 나는 간담이 서늘해졌다. 리애나가 표적으로 삼은 듯한 아이는 알렉스였다.

9월부터 어린이집에 다니고 있는 알렉스는 밑바닥 어린이집의 다른 아이들과 출신부터 다르다. 싱글맘인 알렉스의 어머니는 자신이 일하는 낮 동안 전前 대학 교수이자 현現 연금 생활자인 아이의 할아버지에게 아이를 맡겼는데, 그 할아버지가 병으로 쓰러진 친구 대신 자선시설의 글쓰기 교실에서 임시 강사로 자원봉사를 하게 되면서 알렉스는 일주일에 하루, 두 시간만 밑바닥 어린이집에서 지내게 되었다.

제대로 된 어른들에게 제대로 사랑을 받고, 만져도 되는 것만 만지면서 피해야 하는 것으로부터는 보호를 받은 두 살 어린이 알렉스는 무럭무럭 성장하고 있다. 알렉스를 보면 비슷한 연령의 밑바닥 어린이집 아이들에게 무엇이 부족한지 알 수 있다.

타인을 보면 겁먹고 느닷없이 공격적으로 변하는 밑바닥 어린이집의 아이들과 달리 타인을 믿고 너그럽게 미소 짓는 알렉스는 마치 천사 같다. 하지만 그런 동시에 매우 위태롭다.

아니나 다를까, 리애나가 갑자기 알렉스를 밀어서 쓰러뜨리고는 알렉스가 쥐고 있던 장난감 자동차를 뺏고 바닥에 쓰러진 알렉스의 다리를 걸어차기 시작했다. 알렉스는 처음에 무슨 일이 일어났는지도 모르는 듯이 멍한 표정이었지만, 이내 폭발하듯이 울음을 터뜨렸다.

"리애나, 그만해."

내가 리애나를 붙잡아 말리는 것과 동시에 애니가 뛰어들어 알렉스를 안고 다른 방으로 데려갔다. 나는 리애나의 정면에 쭈그리고 앉아 말했다.

"리애나, 발로 찰 필요는 없잖아. 다른 아이한테서 물건을 빼앗는 것도 나쁘지만, 이미 쓰러진 사람을 아프게 하는 건 더욱 나쁜 일이야."

두 살이 된 아이를 꾸짖으면서 이런 이야기를 해 봤자 전혀 알아듣지 못하겠지. 늘 그렇게 생각하지만, 리애나의 경우는 다르다. 어디다 대고 같잖게 잔소리야, 망할 할망구가. 이렇게 말하는 10대처럼 리애나는 이죽거리면서 나를 올려다보는 것이다.

이래서야 소용없네. 나는 그렇게 생각하면서도 일단 형식뿐인 설교를 마치고 리애나를 탁자로 데려가 점토 놀이를 시켰다. 점토를 반죽하고 두드리면서 폭력 충동을 발산하게 할 셈이었지만, 단 5분 만에 질린 리애나는 다시 일어나 옆방으로 걸어갔다.

옆방에서는 알렉스가 애니 옆에 앉아서 바닥에 놓인 칠판에 분필로 그림을 그리고 있었다. 집요한 리애나는 알렉스를 발견하고는 다가가서 그의 정면에 앉았다. 무언가 폭력을 휘두르고 싶지만, 옆에 애니가 있어서 할 수 없어. 그렇게 생각하는 듯한 초조한 눈빛으로 리애나는 알렉스를 노려보았다.

그런데 무슨 생각을 했는지 갑자기 알렉스가 자신이 쥐고 있던 분필을 리애나에게 내밀었다. 방금 전의 폭력 소동을 겪고 아예 때리기 전에 넘겨주려는 건가? 그렇게 생각하는데 그다음 순간, 알렉스는 양팔을 활짝 벌리고는 기쁜 듯이 밝게 웃으며 리애나를 끌어안았다.

리애나는 대체 무슨 영문인지 모르겠다는 표정으로 안겼는데, 알렉스가 자신의 몸에서 손을 떼자 주뼛거리면서 그를 바라보았다. 알렉스는 변함없이 싱글거렸다. 한동안 알렉스를 응시한 리애나는 이윽고 그 미소에 이끌리듯이 웃음을 지었고, 둘은 함께 분필로 그림을 그리기 시작했다.

눈앞에서 벌어진 광경에 살짝 압도된 나에게 애니가 말했다.

"우리는, 리애나에게 항상 '저건 안 돼.' '이러면 못써.'라고만 말해. 즉, '노no'라고 부정만 하는 거야. 하지만 정말로 리애나에게 필요한 건 지금 알렉스가 보여준 대로 '예스yes'라고 긍정해주는 건지도 몰라. 다르게 말하면 '사랑'이랄까."

유아들에게 둘러싸여 일하다 보면 이따금씩 엄청난 장면을 목격할 때가 있다.

"네 원수를 사랑하라."는 것은 예수 그리스도가 인간에게 부과한 해결 불가능한 과제 중 하나인데, 원숭이나 마찬가지라 자신의 엉덩이조차 스스로 닦지 못하는 유아가 그 과제를 해결한 것은 인간이 원숭이만 못한 동물이라는 증거이며, '사랑하라'는 말은 곧 '원숭이가 되어라'라는 뜻인지도 모르겠다.

알렉스가 자신의 존재를 전면적으로 긍정해준 뒤로 리애나는 그와 가장 친한 친구가 되었다. 천사 같은 알렉스에게 그네 위에서 뛰어내리거나 미끄럼틀에서 머리부터 미끄러져 내려오는 등 위험천만한 것만 가르쳐서 살짝 문제가 되고 있지만.

(출처: THE BRADY BLOG, 2008. 10. 25)

어디든 갈 수 있는 튼튼한 신발

영국의 빈민가에 자리 잡고 얼마 지나지 않았던 무렵, 내가 몹시 궁금해했던 것 중 하나는 "어째서 영국 소녀들은 미혼인데도 아이를 여러 명 낳을까?" 하는 것이었다.

내가 나고 자란 나라를 예로 들면, 10대 소녀가 의도치 않게 임신을 한 경우에는 ① 친구의 소개 등으로 병원을 찾아 임신 중지를 하거나 ② 부모가 임신 중지를 권유하는 식으로 어쨌든 낳지 않는 것이 일반적인 대처법이다. 하지만 이 나라의 빈민가에서는 보통 수정된 아이는 일단 낳고 본다.

그렇게 된 이유로는 ① 정부에서 무직 싱글 맘에게 주거할 집과 각종 보조금을 제공하기에 일하지 않아도 먹고살 수 있으며, ② 썩어도 준치라고 영국은 엄연히 기독교 국가라는 점이 거론된다. 그렇다 해도 대낮에 유아차를 밀면서 빈민가를 배회하는 어린 어머니들의 수는 심상치 않을 정도다. 유럽 각국 중 10대 임신율이 가장 높은 나라가 영국이라는 사실을 들으면 절로 고개가 끄덕여진다.

영국의 지식인들께서 아프리카에 가서 현지 여성들에게 '피임의 중요성과 여성의 권리'를 가르치는 것도 좋지만 자국의 소녀들은 어떻게 하려는 걸까 이따금씩 생각하는데, 아무래도 이 나라의 부유층은 자국의 빈민가보다 아프리카를 가깝게 여기는 모양이다. 자택에 침입하거나 자동차 유리창을 깨뜨려서 나에게 직접 피해를 입힐 가능성이 없는 먼 나라 사람들과는 "하나의 사랑One love. 하나의 세계One world." 따위를 말하며 하나가 된 듯한 기분을 느끼기 쉽기 때문일 것이다.

밑바닥 어린이집에 아이를 맡기는 스텔라 또한 스물한 살 나이에 자식이 여러 명 있는 여성이다. "젊었을 때는 말이지(그는 지금도 충분히 젊다). 애를 낳으면 정부가 먹고살 수 있게 생활을 보장해주니까 일하지 않아도 된다고 쉽게 생각했어. 그렇지만 이 나이가 되니까 아무래도 미래를 진지하게 고민하게 돼."라고 스텔라는 말하지만, 그는 20대에 돌입했을 때 이미 네 아이의 어머니였다.

그래도 그 젊은 나이에 네 차례 임신·출산을 한 것은 대단히 귀중한 경험이다. 나는 스텔라에게 "자격증을 따서 조산사가 되면 어때?"라고 조언하는데, 모친의 장래는 제쳐두고 당장 걱정스러운 것은 아이들의 삶이다.

첫째부터 자선시설에서 무료로 제공하는 헌옷을 입고, 그걸 동생들이 차례로 물려받다 보니 막내가 입을 때가 되면 옷이 있는 대로 바래고 해져 있다. 또한 장남이 입던 걸 여동생들에게도 입히는 탓에 스텔라의 딸들은 하늘하늘한 분홍색 옷을 입은 여자아이들을 뚫어지게 바라보고는 한다.

나 역시 가난한 집안에서 자랐기에 어린 시절의 사진에는 맨몸에 털실로 짠 바지만 입고 거리를 활보하거나 배꼽이 훤히 드러나는 깡똥한 스웨터를 입고 있는 등 야성미 넘치는 장면들만 찍혀 있는데, 스텔라의 아이들이 바로 그런 차림이다. 하지만 1960~70년대의 일본 빈민가라면 몰라도 요즘 영국에 그런 아이들은 없다.

스텔라의 아이들이 어린이집에서 소꿉놀이를 하면 그들의 식탁 사정도 폭로된다. "그건 뭐야?" "감자튀김." "냄비로 뭘 데우는 거야?" "통조림 콩." "그 샌드위치에는 뭐가 들어가 있어?" "소시지." 이런 대화로 그들의 집에 감자튀김과 통조림 콩과 소시지 외에 다른 음식은 존재하지 않는다는 것을 알 수 있다.

채소가 듬뿍 들어간 파스타와 쌀밥 같은 건강식품, 영국에서 그런 건 상류층의 먹거리다. 값비싼 신선 식품을 살 수 없는 집에서는 통조림 콩과 냉동 감자튀김과 소시지로 끼니를 때운다. 이 나라에서 인민 피라미드의 밑바닥으로 갈수록 비만인 사람이 많은 것은 그 때문이다.

정부가 기초생활보장 수급자에게 제공하는 주택이라는 것도 천차만별이라 이를테면 얼마 전에는 런던에서도 집값 비싼 동네인 첼시의 시가 3억 엔약 27억 원에 달하는 고급 주택이 싱글 맘에게 제공되었다는 사실이 밝혀져서 "세금 낭비"라고 보수계 신문들이 비판하기도 했다. 스텔라에게는 그런 행운이 찾아들지 않았다. 그의 가족은 계량기에 동전을 넣어야 가스를 사용할 수 있는, 어쩐지 그립기까지 한 구식 공영단지에서 살고 있다.

그래서 동전을 갖고 있지 않거나 돈이 전부 떨어진 달에는 가스를 사용하지 못하는데, 그러면 아이들도 샤워를 할 수 없기에 스텔라의 자녀들에게서 은은하게 냄새가 날 때도 있다. 머리카락 또한 감지 못하기 때문에 기름기 가득한 더벅머리라 할까, 두피에 딱

지가 생긴다고 할까, 아무튼 네안데르탈인의 어린이처럼 된다.

이처럼 문명에 역행하는 아이들이 거리를 싸돌아다니면 어떻게 될까. 아무래도 문명사회에서는 기이한 존재로 보이게 마련이라 스텔라의 집에도 사회복지사가 드나들기 시작했고, 그의 자녀들은 '당국의 보호가 필요할지 모르는 요주의 아동 목록'에 이름을 올리게 되었다.

지방자치단체가 친부모에게서 아이들을 거둬들이는 이유는 학대와 방임만이 아니다. 관계 당국은 결코 인정하지 않지만, '빈곤'이 주요 원인이었을 것이라 생각할 수밖에 없는 사례도 적지 않다. 의식주를 비롯해 아이에게 기본적으로 필요한 것들을 충족시킬 수 없는 보호자는 당국에 찍히기 쉽다. 힘없는 부모는 아이를 키우지 마라. 그렇게 말하는 것이다.

그런데 스텔라의 아이들에게도 딱 한 군데, 부자 못지않는 부분이 있다. 어째서인지 그 아이들의 발에는 언제나 말쑥하니 좋은 신발이 신겨 있는 것이다. 스텔라가 아이들을 신발 가게에 데려가서 점원을 통해 제대로 발 사이즈를 재고 신발을 사주는 모양이었다. 언제나 할인 매장 아니면 슈퍼마켓에서 10파운드짜리 신발만 사는 나로서는 눈부셔서 똑바로 보기도 힘든 클락스Clarks[9]의 신발을 네 아이들이 모두 신고 다닌다.

"좋은 신발 신고 있네."

얼마 전, 자선시설의 식당에서 스텔라의 둘째 아들에게 말을 걸자 곁에 있던 스텔라가 쑥스러운 듯이 말했다.

"신발만은, 그렇죠. 아이들이 자기 발로 여기저기 갈 수 있으면 해서요. 나는 어디에도 데려가줄 수 없으니까… 좀 이상하게 보일지도 모르지만요."

문득 아래쪽을 보니 식탁 아래에 있는 스텔라의 발은 나와 같은 6파운드짜리 싸구려 부츠를 신고 있었다.

힘없는 부모는 아이를 키우지 마라. 설령 신이라 해도 이런 말을 할 수는 없다.

인간은 툭하면 타인의 사랑에 대해 잘못되었다는 둥 적절하다는 둥 심사하고 비평하려 드는데, 진정한 윤리란 그렇게 ○ 또는 ×로 정리할 수 있는 문제가 아니다.

---

[9] 1825년 영국에서 창업한 신발 브랜드. 질 좋은 가죽으로 편한 신발을 만들어 유명하다.

스텔라의 발을 내려다보다 이상하게 눈 속이 뜨거워지고 시야가 흐려져서 고개를 들었는데, 네안데르탈인 어린이들은 오늘도 야만스러운 함성을 지르며 식당 안을 뛰어다니고 있었다.

한 아이 한 아이 모두 편안하면서도 튼튼해 보이는 반들반들한 신발을 신고.

(출처: THE BRADY BLOG, 2008. 11. 19)

인생은 역시 똥 덩어리

무스타파라는 세 살 어린이가 밑바닥 어린이집에 다니기 시작했다.

그는 생후 6개월이 된 여동생과 함께 어머니의 손에 이끌려 이집트에서 영국으로 건너온 직후라 영어를 한 마디도 못 하는, 홀쭉하게 야윈 흑인 소년이다.

어린이집에 다니기 시작한 아이는 낯을 가리고 울면서 엄마를 찾는 등 불안정한 게 당연하지만, 무스타파가 그러는 모습은 몹시 보기가 애처롭다. 왜냐하면 그가 세 살이면서도 말없이 그저 울기만 하기 때문이다.

첫날과 둘째 날, 전속 보육사처럼 무스타파를 담당하게 되었다. 퍼즐로 즐겁게 잘 노네, 하고 안도하다가 문득 그의 얼굴을 보니 커다란 눈물방울이 볼 위를 주룩주룩 흐르고 있었다. '어린애 주제에 조용히 울지 마. 끼야아 하든 우와악 하든 소리치라고. 보는 사람이 너무 속상하잖아.'라고 나도 모르게 혼낼 뻔한 것은 틀림없이 내가 그런 남자에게 약하기 때문이다.

　무스타파가 똥그란 눈으로 무언가를 필사적으로 호소해도 나는 무슨 소리인지 전혀 몰라서 그가 대소변을 싸버린 게 한두 번이 아니다. 그래서 무스타파의 어머니에게 "'팬티에 쌌어?'는 뭐라고 하나요?"라고 우스꽝스러운 보디랭귀지로 묻거나 오줌싸개 동상 같은 자세까지 취하며 "'오줌 쌀래?'는 어떻게 말해요?"라고 물어서 배웠다. 말할 줄 아는 아랍어가 "화장실 가고 싶어?"와 "속옷에 쌌어?"라는 것밖에 없어도 괜찮은가 싶지만, 그 두 문장만은 원어민 수준이라고 칭찬받을 만큼 발음을 숙달했다.

　전혀 모르는 나라에 와서 알아듣지 못하는 언어를 말하는 사람들에게 둘러싸인 상황임에도 어떻게든 이곳에서 살아가야 하는 무스타파는 이집트에서도 고생이 이만저만 아니었던 모양이다. 가난, 그리고 목숨 걸고 타국으로 도망쳐야 할 만큼 처자식을 학대한 부친. 무스타파가 오줌을 싸서 옷을 갈아입힐 때, 허리부터 엉덩이에 걸쳐 몽둥이 같은 것으로 두들겨 맞아서 생긴 듯한 여러 흉터들을 볼 때마다 나는 그의 축축한 바지를 머리에 뒤집어쓰고 헤드뱅잉을 하면서 조용히 투덜거리고 싶다.

인생이란 결국 똥 덩어리야Life is a piece of shit after all.

10월의 어느 날 오후에 있었던 일이다.
병원에 다녀온 내 배우자가 밝게 말했다.
"나 말이야. 악성 림프종에 걸렸대."
 집에 들어온 배우자는 긍정적이었지만, 그가 집 앞에 멈춰 서서 15분 정도 가만히 집을 노려보았음을, 나는 부엌 창문으로 보았기 때문에 알고 있다.

 암은 진행 단계에 따라 1기부터 4기까지 나뉘는데, 배우자는 4기라고 하니 이미 마지막 단계까지 전이가 진행되었다는 뜻이었다. 그렇다면 지금껏 힘들거나 기운 없다고 느낀 적도 꽤 많았을 테지만, 애석하게도 그 역시 무스타파처럼 아픔을 드러내지 않는 사람이다.
 배우자의 귀 옆에 응어리가 생겨서 주치의를 세 차례 찾아가도 계속 "걱정할 것 없어요."라고 말할 뿐이었는데, 반년이나 방치한 응어리가 점점 커져서 얼굴이 혹부리 영감처럼 되어서야 그럼 한번 검사해볼까요, 하는 말을 꺼냈다. 절차가 복잡하고 느리기로 악명 높은 영국의 NHS(국가가 제공하는 무료 의료 서비스)답게 당연히 그 뒤로 석 달이 흘렀고, 간신히 검사를 받아보았더니 그런 결과가 나왔다는 말이다.

추운 바깥에 우두커니 서 있는데, 또다시 무스타파가 침묵을 지키며 통곡하기 시작했다.
무스타파가 타고 놀던 장난감 자동차를 폭력배 리애나가 강탈한 것이다. 느닷없이 옆쪽에서 얻어맞고 억지로 자동차에서 끌려 내려온 무스타파는 앉은 채로 고개를 숙이고 땅바닥에 눈물을 뚝뚝 흘렸다.
'이 새끼가 뭐 하는 짓이야!' '까불면 혼난다, 멍청이가!' 등 하고 싶은 말이 머릿속에 소용돌이칠 텐데, 그는 아무 말도 할 수 없었다. 애당초 그는 이런 나라에 오고 싶어하지도 않았다. 모국에서 고통스러운 일을 겪다가 도망쳤는데 이번에는 알 수 없는 말만 내뱉는 인간들에게 둘러싸여서 흉포 꼬맹이와 폭력배 꼬맹이에게 매일매일 휘둘려야 한다니, 이래서야 어디를 가도 그의 인생은 지독할 뿐이지 않은가.

인생이란 결국 똥 덩어리야Life is a piece of shit after all.

그날, 배우자는 그렇게 말했다.
'이렇게 성가신 병에 걸린 거 무너지기 직전인 똥 같은 집과 가족은 버리고 훌쩍 떠나 어느 나라에서든 목숨이 다하면 길바닥에 쓰러져 죽자.' 또는 '똥 같은 집에 머물면서 똥 같은 인생을 살 수 있을 때까지 살자.' 하는 선택지가 힘겨루기를 하는 시간이었다고. 그, 집 앞에 서서 저주스러운 눈빛으로 집을 뚫어지게 보았던 15분이.

"그 공, 차봐."

유아용 축구공을 끌어안고 난감한 표정을 짓는 무스타파에게 내가 말했다.

"킥kick, 킥."이라며 내가 공을 차는 시늉을 하자 그는 공을 하늘 높이 던졌다.

"던지는 게 아니라 땅에 둔 채로 차는 거야."

그렇게 말했지만 영어를 모르는 무스타파는 높이 던진 공이 땅에 떨어지기 전에 차려고 했다.

저래서야 발로 배구를 하는 셈이야. 저 아이가 굳이 복잡하게 공을 차려 하는 이유는 지금까지 축구라는 걸 해본 적 없기 때문이겠지.

그렇게 생각하며 바라보았는데, 갑자기 무스타파가 공중에 떠 있는 공을 차서 무시무시한 발리슛을 날렸다. 저런 신체 능력이 있다니. 세 살 꼬맹이가 헛발질도 안 하고 지면으로 떨어지는 공을 찼다.

"이야, 너 프로축구팀에 스카우트될지도 모르겠다."

그렇게 감탄한 내 영어를 그가 이해했을 것 같지는 않지만, 무스타파는 기쁜 듯이 큰 소리로 꺄꺄 웃으며 다시 공을 높이 던졌다. 저 아이가 저렇게 웃는 건 처음 본다고 생각하는데, 축구공과 함께 하늘에서 진눈깨비가 내렸다.

인생이란 결국 똥 덩어리야Life is a piece of shit after all.

똥이라도 살아간다.
똥인데도 살아가려 한다.
어째서 인간은 그토록 어리석은 짓을 하는 걸까.

진눈깨비 따위는 개의치 않고, 무스타파는 웃고 소리치며 축구공을 쫓아 뛰었다.

뭔가 재미있어 보이는데, 한번 때려눕힐까. 그런 욕심이 가득한 눈빛으로 흉포 꼬맹이와 폭력배 꼬맹이가 뒤에서 한 발 한 발 접근하는 것도 모르고.

틀림없이 무스타파는 또다시 얻어맞고 쓰러져 공을 빼앗기고 고개를 숙인 채 통곡하겠지.

틀림없이 배우자는 화학요법 때문에 토하고 벌벌 떨며 말 그대로 똥 같은 기분으로 세상을 저주하겠지.

피부가 얼었나. 얼얼하네. 나는 그렇게 생각하면서 무스타파를 향해 전속력으로 달려갔다.

(출처: THE BRADY BLOG, 2008. 12. 9)

뭉크와 몽크

　경비 절감을 꾀하는 영국의 국가 의료 제도 NHS는 심각한 인프라 부족을 겪고 있다. NHS가 여비와 숙박비를 부담하며 환자를 프랑스의 병원으로 보내서 수술을 받게 하는 부조리한 상황까지 벌어지고 있다. 그 때문에 암 환자도 최대한 통원하며 화학요법을 받도록 하는데, 첫 번째 치료 때만 부작용이 있는지 확인하기 위해 입원하고 그마저도 보통 하룻밤만 병원에서 지낸다.

　"겨우 하루니까 병원에 오지 마."라고 배우자가 여러 차례 당부했지만, 그가 병원 화장실에서 정신을 잃는 바람에 며칠 더 입원하게 되어서 갈아입을 속옷과 잠옷을 가지고 로열 서식스 컨트리 병원의 암 병동(당연히 영어로 그렇게 직접적인 명칭은 아니고, 전원 지방의 민박집이 떠오르는 목가적인 이름의 병동이다)에 가게 되었다.

기분이 푹 가라앉았다.

왜냐하면, 예전에 그 병원에서 말문이 막히는 광경을 목격했기 때문이다.

나는 임신 중에 유산할 뻔해서 그 병원 산부인과의 응급초음파실에 간 적이 있는데, 그 당시 대기실에서 본 것은 그야말로 이 세상 광경 같지 않았다.

"오오오오, 내 아기이이이이! 아아아아기기기이이이이!"

"안 돼에에에에! 안 돼에에에에에! 제발 신이시여여어어어어!"

그런 비명이 주위에 가득했고, 자기 차례를 기다리는 사람도, 초음파 검사를 마치고 유산이 확정된 사람도, 그렇지 않은 사람도, 아무튼 모든 임산부가 함께 온 남자에게 매달리고, 서로 끌어안고, 안겨서 울고불고했다.

나는 대기실 구석에 앉아 몸을 단단하고 작게 웅크렸다. 그 광경이란 정말이지 일본에서 건너온 내가 보기에 이상하다고 할 수밖에 없는 것이었다.

내 몸속에 있던 생명이 사라지는 건 당연히 몹시 슬픈 일이다.

그렇지만 영국인 여성들의 "꺄아아아아아!" 하는

외침은 뭐라고 할까, 내게 현실감이 없을 만큼 극적이었다.

그토록 극적인 장면을 다른 사람들 앞에서 펼쳐 보이는 것은 일본인에게 도저히 하지 못할 일이다. 극적으로 행동할 수 있는 능력이 부족하다기보다는 그런 행동을 하기에 앞서 그런 행동을 하는 자신을 상상하면 마음이 차갑게 가라앉기 때문이다.

암 병동이라 하면 그곳에서는 산부인과보다 훨씬 큰일이 벌어지고 있을 게 분명하고, 에드바르 뭉크 Edvard Munch의 작품「절규」같은 아비규환의 병동일 게 틀림없기 때문에 마음을 굳게 먹고 병원으로 갔다. 하지만 막상 병동에 도착하고 보니 프란체스코회의 수도원처럼 정적이 가득했다. 아니, 침대에 누워 있거나 일어나 있는 사람들의 헤어스타일을 고려하면 사찰이라고 하는 게 적절할지도 모르겠다.

내 배우자의 옆 침대에 누워 있는 중년 남성 역시 뭉크는커녕 '몽크 monk, 수도승' 같은 느낌을 물씬 풍겼고, 영국인인데도 웃으면 일본의 유명한 스님과 닮아 보였다.

그는 브라이턴 근교의 작은 마을에서 일하는

NHS 의사였다. 시골 의사로서 매일매일 동네 사람들의 병을 진단했는데, 어느새 자신의 고환에 암이 생겨 있었다. 화학요법은 이번이 4차라는데, 경과가 좋지 않아 다음 주부터 호스피스에 입원한다고 했다.

"일본 분이시군요. 저는 일본에 흥미가 있어서 좋아하는 작가가 있어요."

일본 스님을 닮은 의사가 일어나 앉아서 내게 말했다.

들으나 마나 '무라카미 하루키'나 '오에 겐자부로'라고 요즘 유럽에서 인기 있는 작가를 꼽으리라 짐작했지만 그는 "다자이 오사무를 좋아해요."라고 말했다.

"서양인은 이국적인 미시마 유키오 등을 좋아하는 경우가 많지만, 저는 다자이가 좋아요. 그는 전통적인 기독교인이죠. 실제로 그렇지 않다고 해도요."

일본 스님을 닮은 푸른 눈의 의사 옆에는 책이 몇 권 쌓여 있었다.

나중에 배우자에게 들은 이야기에 따르면 그는 약물 부작용으로 밤중에 몇 번씩 구토하면서도 마치 고행자[10]처럼 뚫어져라 책을 읽었다고 한다.

"나 같은 덤프트럭 기사가 죽어도 세상에는 아무런 손실이 없지만, 의사는 세상을 위해 사람들을 위해 필요한 사람이잖아. NHS 주치의는 1년에 10만 파운드를 번다고. 내 똥 같은 인생과는 쌓아온 게 달라."

통원하며 화학요법을 받고 있는 배우자는 그렇게 말하고는 자리에서 일어나 우리 집 화장실에 토하러 갔다.

그 의사의 아내가 보낸 메일을 읽은 것이었다.

메일에는 크리스마스카드와 일본인 작가의 영어판 책을 보내주어서 고맙다는 내용이 정중하게 쓰여 있었다.

그리고 메일 말미에 덧붙이듯이, 깜빡하고 빠뜨린 내용을 추가하듯이, 그가 지난주에 호스피스에서 눈감았다고 쓰여 있었다. 그 사실을 배우자와 나에게 알릴지 말지 고민한 것 같았다. 열세 살 아들을 위해 크리스마스에 기타와 앰프를 사두었다고 말하며 꾸깃꾸깃한 미소를 지었던 남성은 더 이상 이 세상에 존재하지 않는다.

---

10 불교에서 몸으로 견디기 힘든 일을 겪으며 수행하는 사람을 가리키는 말이다.

'삶'이라고 하면 거창하게 들리지만, 실은 이토록이나 가볍다. 많은 것을 쌓아온 인생도, 아무것도 쌓지 않은 인생도, 마찬가지로, 동등하게, 갑자기 뚝 끊겨서 끝난다. 의미 있는 인생을 살아온 인간도, 그냥 저냥 우물쭈물 살아온 인간도, 마찬가지로, 동등하게, 어느 날 홀연히 사라진다.

올해 크리스마스는 춥다고 한다.
배우자의 토사물이 물속으로 뚝뚝 떨어지는 소리가 들린다.

(출처: THE BRADY BLOG, 2008. 12. 22)

인생은 짧으니 사랑해라, 아저씨

내 배우자가 의사에게서 암 선고와 함께 향후 치료 일정을 듣고 돌아온 날의 일이다.

"그래서 치료는 언제부터 한대?"

내 질문에 배우자가 답했다.

"치료는 다다음 주부터인데, 그 전에 해머스미스Hammersmith의 병원에 세 번 다녀와야 해."

"왜? 거기에서밖에 못 하는 검사가 있어?"

"아니, 그런 건 아닌데…."

그렇게 말한 배우자는 슬며시 히쭉거리다가 갑자기 입술에 힘을 꾹 주었다.

"그러면 왜 굳이 런던까지 가야 하는데?"

"아니, 그게…."

잡스럽게 구는 배우자에게 내가 말했다.

"뭐야, 징그럽게."

"아니, 그게 해머스미스의 병원에서 정자를 냉동

보존하라는 말을 들었거든."

"어?"

"화학요법을 받으면 정자가 쓸모없어지니까."

"나는 더 이상 애 안 낳을 거야. 이 나이에 무슨."

내 말에 배우자는 쑥스러운지 뭔지 기분 나쁜 엷은 미소를 지으며 말했다.

"그래도 내가, 너한테 질릴지도 모르잖아."

그 말을 들은 나는 급속하게 그의 사정을 이해하고 의미를 음미했다.

"그것도 그렇네. 아니, 정말 그렇네, 하하하하하하하."

크게 웃는 나를 배우자는 겸연쩍은 듯한 미소를 지으며 바라보았다.

"응, 확실히 보존해두는 게 낫겠어. 나랑 헤어지고 젊은 여자랑 살 수도 있고, 그 여자가 아이를 원할 가능성도 있고, 그럴 때 쓸 수 있는 정자가 없으면 곤란할 테니까."

자신의 생각이 그대로 언어화되어 타인의 입에서 나오는 것을 들은 배우자는 내 기분 탓인지 볼을 붉게 물들이며 말하는 것 같았다.

"그렇지? 인생에서 선택지는 되도록 많은 게 좋으니까."

남자라는 생물에게 생사生死와 생식이 밀접하게 연결되어 있는 듯하다는 건 예전부터 알고 있었다. 하지만 이 지경이 되어서 무슨 생각을 하는 거야, 이 멍청이는. 뭐가 선택지야, 나 참. 어이없기도 하고, 감탄스럽기도 하고, 웃기기도 한데, 그래도 그때 내 심정은 도버해협을 바라보며 먹는 우동처럼 근원적 온기로 가득했다.

최근 자식뻘인 코러스 가수와 사랑에 빠져 만취한 채 길거리에서 껴안고 자는 모습을 파파라치에게 찍힌 폴 웰러Paul Weller[11]나 자기 아들의 전 애인과 눈이 맞아 멍청한 변태 할배라고 비웃음을 받는 브라이언 페리Bryan Ferry[12]를 신문에서 보았는데, 색정에 미친 아저씨들을 바라보는 세간의 시선이 어찌나 차가운지. 나는 그들이 그걸로 계속 살아갈 수 있다면 그래도 괜찮지 않을까 생각한다.

오랫동안 함께한 여자나 아이들과 죽을 때까지 떨어지지 않고 아아, 성실한 남자야, 제대로 된 인간이야, 하는 타인의 평가를 양식 삼아 살아가는 아저씨가 있는가 하면, 추악한 변태, 배은망덕한 인간, 나이도

---

[11] 영국의 싱어송라이터. 밴드 더 잼(The Jam)의 리더.
[12] 영국의 싱어송라이터. 밴드 록시 뮤직(Roxy Music)의 리더.

지긋한데 정신 차려, 하고 세상 사람들에게 욕을 먹으면서도 처자식을 버리고 젊은 여자와 사랑에 빠짐으로써 살아남는 아저씨들 역시 있는 것이다. 그들이 제각각 무언가에 의지하고 무언가를 꽉 껴안아야 살아갈 수 있다면, 그 무언가의 방향성에 우열 따위가 있을까.

"당신 말이 전부 맞아. 좋은 게 나오도록 정자 채취 기간에는 건강식을 차릴게."
그렇게 전면적인 지원 체제를 갖추고 배우자를 해머스미스의 모 병원에 보냈는데, 런던에서 돌아온 배우자는 어쩐지 의기소침했다.
"다음에는 언제 가?"
"아니, 나는 이제 안 와도 된대."
"왜?"
"정자를 세 번 채취하는 건 젊은 사람만이라네. 나는 벌써 쉰이 넘었으니까 한 번이면 충분하지 않냐고…."
'뭐라고! 그런 차별이 어디 있어?'라고 말하려다 입을 다물었다. 그때 배우자의 어깨는 어떤 의미로 암 선고를 받은 날보다 심하게 처져 있었기 때문이다.

시간이란 참 쏜살같아서 그로부터 벌써 석 달이 흘렀다.

현재 배우자는 화학요법의 부작용 탓에 완전히 득도한 듯한 민머리가 되었다. "이거 안 되는데. 나는 우익도, 게이도, 지식인도 아닌데 말이야."라고 너스레를 떠는 그는 토하기도 고열에 시달리기도 구내염에 걸리기도 하면서 여전히 덤프트럭을 운전하고 있다.

하루 종일 누워 있으면 정신이 이상해질 것 같아서 한계까지 일하고 싶다는 것이었다.

이따금 우리 집 꼬맹이가 텔레비전 리모컨을 가지고 놀다가 유료 포르노 채널의 광고를 켤 때가 있다.

두 살이 된 꼬맹이는 그 광고의 유로비트 계열 음악을 정말 좋아해서 언제나 방방 뛰며 춤추는데, 그걸 옆에서 보는 배우자는 언제나 히죽거리면서 "으음, 좋네, 특히 오른쪽이." 같은 의견을 내뱉는다. 그 광경은 지금도 똑같다.

나의 안녕을 위해서 일부러 그런 말을 내뱉는 건지도 모르지만.

인생은 짧으니 사랑해라, 아저씨.
얼핏 경쾌해 보이는 이 문장이 그토록 무거울 수

가 없다.

사랑이든 뭐든 상관없으니 끈질기게 살아줘, 부탁한다고, 아저씨.

토해도 토해도 끝이 없는 배우자의 등을 문지르면서 화장실 창문으로 보는 좁다란 하늘은 순수한 잿빛.

너무나도 순수해서 알기 쉬운 탓에 오히려 웃음까지 치밀어오른다.

(출처: THE BRADY BLOG, 2009. 1. 23)

폭력배의 보물 상자

영국의 어린이집 안은 보통 물놀이, 모래놀이, 점토놀이, 미술놀이, 소꿉놀이 등으로 구역이 나뉘어 있고, 아이들이 좋아하는 활동을 골라서 할 수 있다. 밑바닥 어린이집도 일단은 여러 구역이 있는데, 아무래도 험악한 아이들이 놀다 보니 집어던지고 때려 부수는 등의 파괴 행위가 일어나는 탓에 여기가 대체 무슨 놀이를 하던 곳인지 전혀 알 수 없는 것이 평상시 상태다. 하지만 한 곳만은 불가사의하게도 지속 가능한 상태로 남아 있다.

이유는 모르지만, 바로 미술놀이 구역이다.

그 구역에는 그림 그리기, 콜라주, 공작 등을 할 수 있도록 탁자와 도구가 마련되어 있다. 내가 밑바닥 어린이집에서 일하면서 알게 된 사실이 있는데, 문제가 있는 가정에서 자라는 아이들 중에는 대단히 창조적인 아이가 많다는 것이다.

나는 보육사 과정의 일환으로 일반 어린이집도 몇 군데 견학했는데, 그런 곳에 다니는 아이들이 만든 결과물은 그야말로 판에 박은 듯한 유아의 작품인데 비해 밑바닥 어린이집의 꼬맹이들은 때로 대단히 기발한 발상을 떠올려서 어린아이의 서툰 작품이 아니라 파괴를 주제로 한 개념예술 같은 힘이 느껴지는 걸 만들어내기도 한다.

얼마 전에도 내가 미술놀이를 담당하게 되어서 '각자 자신의 보물 상자를 만들자'는 주제를 전달하기 위해 "자, 오늘은 다 같이 보물 상자를 만들 거야. 다들 자기 보물 상자에 뭘 넣고 싶니?"라고 교육방송의 진행자 언니처럼 명랑하게 질문을 던졌지만, 어두운 눈빛으로 나를 올려다보는 아이들은 "내 방귀" "돈" "똥" 같은 답을 돌려주었다.

뭐, 평소 같네. 나는 그렇게 생각하면서 "다양한 상자를 준비해두었으니까 좋아하는 상자를 골라서 색칠을 하거나 그림을 그리거나 색종이랑 천을 붙여서 나만의 보물 상자를 만들어보자."라고 설명을 이었지만, 아이들은 듣지도 않고 맘대로 작업에 착수했다.

느닷없이 상자를 싹둑싹둑 자르는 아이가 있는가 하면, 상자를 머리에 뒤집어쓰고 허리를 씰룩씰룩 흔들며 춤추는 아이도 있었다.

가위로 상자를 잘라 활짝 펼친 폭력배 꼬맹이 리애나에게 "상자를 잘라서 어떡하려고?"라고 물어보자, 그는 뭘 당연한 걸 묻느냐는 표정으로 말했다.

"나는 내 상자를 만들고 있어!"

오오, 슈퍼마켓에서 구한 시리얼과 티백 상자로는 만족하지 못하고, 처음부터 내 손으로 나만의 상자를 만들려는 거구나. 이것을 창조성이 아니면 무엇이라고 부를까.

상자를 뒤집어쓰고 춤추는 스탠리에게 "뭐 하는 거야?"라고 물어보니 그는 진지한 표정으로 말했다. "나는 춤을 좋아해. 내 보물은 춤이야!"

오오, 확실히 그건 상자 안에 가두기 어려운 보물이네.

그 외에도 상자를 작은 파편이 될 때까지 갈가리 찢고는 공중에 흩뿌리며 "나는 보물 따위 없으니까 상자는 필요 없어!"라고 선언하는 허무주의자 세 살 펠릭스와 "박스Box. 퍽Fuck. 박스. 퍽."을 주문처럼 되뇌며 빈 초콜릿 상자에 열중하는 한 살 데이지 등 아이들은 각자 자기만의 생각을 품고 작업에 열중했다.

예술적 작업에는 억압된 감정을 해방하는 치료적 효과가 있다고 하는데, 이 녀석들을 보면 정말 그렇다고 체감할 수 있다. 모두 유아라고는 믿기지 않을 만큼 집중력을 발휘하는데, 그 모습은 진지한 동시에 엄청나게 즐거워 보인다.

활짝 펼친 상자를 둥글게 말기 시작한 폭력배 꼬맹이 리애나에게 "상자 모양이 특이하네."라고 말을 걸자 나를 올려다보았다. "이거, 망원경." "망원경? 상자는 그만둔 거야?"라고 물어보니 리애나는 돌돌 만 종이를 눈에 대고 창밖을 보았다.

"뭐가 보여?" "아빠." "아빠는 뭐 하고 계셔?" "담배 피우면서 텔레비전 봐." "재밌어 보여?" "응."

리애나의 부친은 복역 중이니 교도소에서 담배를 피우며 텔레비전을 볼 리는 없겠지만, 리애나는 둥글게 만 종이를 셀로판테이프로 고정하고 거기에 분홍색과 노란색 날개를 달아 꾸미기 시작했다.

리애나의 창조성에는 종종 놀라곤 한다. 보육사 과정의 교과서에는 "타인과 다르게 하는 것"이 인간이 지닌 창조성의 싹이라고 쓰여 있는데, 그에 따르면 리애나는 싹을 마구 틔운 아이나 마찬가지다. 발상의 회로가 다른 아이들과 좀 다른 것이다. 심지어 연령에 비해서 놀라울 만큼 손재주가 좋은데, 유아기의 두뇌 발달과 손끝 움직임이 밀접하게 관련되어 있음을 고려하면 대단히 똑똑한 아이라는 사실은 틀림없다.

"그저 폭력적이기만 한 아이는 아냐. 리애나만큼 지적이고 창조적인 두 살은 본 적이 없어."라고 애니가 말하기도 했다.

드래그 퀸[13]의 망원경 같은 컬러풀한 작품을 완성한 리애나가 말했다.
"이게 내 보물 상자. 내 보물은 아빠니까."
오오, 상자 안을 들여다보면 내 보물을 볼 수 있다니, 그야말로 궁극의 보물 상자 아닌가.
어린이집의 하원 시간이 되어서 자신을 데리러 온 어머니에게 리애나가 작품을 보여주었다.
"보물 상자." "상자? 이게?" "응, 이걸로 아빠를 보는 거야. 아빠는 내 보물이니까."
망원경을 눈에 대고 뽐내는 말투로 말하는 리애나를 보며 그 어머니는 차갑고 쓸쓸한 미소를 지었다. 요즘처럼 날이 추워지면 그의 뺨에 있는 흉터가 자주색으로 변하며 선명하게 드러난다. 자신의 얼굴에 선명하고 커다란 상처를 남긴 남자는 이미 경찰에 신고했을 때 결별한 사람이었다. 리애나의 어머니에게는.

---

13 화려한 헤어스타일과 화장에 과장된 의상을 입고 '여성적 이미지'를 연기하는 남성을 가리키는 말이다.

아이들이 모두 집에 돌아가고 여느 때처럼 청소를 마친 뒤 본관의 화장실에 갔는데, 세면대 옆 쓰레기통에 낯익은 화려한 물체가 눈에 띄었다. 어머니가 가방에 넣어 집에 가져갔어야 하는 폭력배 꼬맹이의 보물 상자가 쓰레기통에 버려져 있었다.

가까이 다가가서 살펴보니 무참하게 반으로 접힌 그것은 '이런 거 필요 없어.'라는 듯이 억지로 뒤틀려 있었다.

리애나는 울었을까. 격하게 화냈을까. 난폭하게 날뛰었을까.

인간 중에는 하고 싶어서 창조하는 사람과 하지 않으면 살아갈 수 없어서 창조하는 사람이 있다고 한다.

쓰레기통에 버려져서 생리용품과 대변이 묻은 기저귀에 둘러싸여 있는 화려한 보물 상자는 리애나가 지닌 창조성의 원천을 상징하는 듯했다.

그 장래가 너무나 기대되어서 아줌마는 미소를 참을 수 없었다.

(출처: THE BRADY BLOG, 2009. 2. 16)

브로큰 브리튼: 그 너머에 있는 것

13세 소년의 아이가 태어났다, 하는 뉴스와 17세 소녀가 세쌍둥이를 출산했다, 하는 뉴스가 잇따르고 있는 영국에서 유행하는 말이 있으니 바로 '브로큰 브리튼'이다.

10대 임신율과 임신 중지율과 출산율이 유럽 1위인 이 나라에서 어린 나이에 자식을 낳는 아이들이 왠지 이제 와서 문제시되고 있는 것이다. 왜냐하면 그들이 평범하게 일하는 부모의 자식들이 아니라 언더클래스의 자녀들이기 때문이다.

'13세에 아버지가 된 소년'이 12세에 섹스한 상대방은 15세 소녀였다. 그 소녀는 기초생활보장을 수급하는 집안의 아이로 소년이 자유롭게 소녀의 방에 드나들며 밤새 머물러도 상관하는 사람이 없었다고 하는데, 실은 다른 소년들도 그 방에 자주 묵었으며 실제로 누가 갓난아기의 부친인지는 DNA 검사를 해봐야 알 수 있다고 한다.

그리고 이미 아이가 있는데도 세쌍둥이를 낳은 17세 소녀의 어머니 역시 세 남자와 사이에서 아이를 여섯 명 낳은 기초생활보장 수급자였다. 그의 17세 딸까지 네 아이가 있는 싱글 맘이 되어서 가족 열한 명이 모두 기초생활보장을 수급하며 생활하고 있다는 사실이 알려지자 영국 국민들이 격분했다.

이러한 상황에 대한 국민의 분노를 이용하여 '브로큰 브리튼'이라는 표어를 내세우며 정치적 반격을 꾀한 것은 바로 보수당이다. 일본인의 피가 흐르는 전 당 대표 이언 덩컨스미스와 영국인인데도 묘하게 옛 일본 귀족을 닮은 당 대표 데이비드 캐머런이 "영국인의 도덕은 어디로 사라졌는가!" "노동당 정권이 낳은 붕괴 가정의 문화!"라고 외치는 것을 볼 때마다 아아, 영국은 결국 보수당의 시대로 돌아가는 건가, 하고 체감한다.

'브로큰 브리튼'이 만들어진 배경으로 지목받는 것은 1960년대부터 이어진 '자유와 평등이 가장 중요'하다는 이념이다. 그 이념이란 피부가 무슨 색이든, 돈을 얼마나 벌든, 무엇을 하며 살아가든, 인간은 평등하게 자유로워야 하며 모든 기회가 균등하게 분배되어야 한다는 것이다.

영국이 이 '리버럴liberal함'을 (적어도 겉으로는) 중시한다는 점은 내가 밟고 있는 보육사 과정에서도 두드러진다. 무엇보다 논술 과제에 매번 "평등, 기회 균등의 사상을 반영한 보육에 관해 논하시오."라는 주제가 있는 것이다. 지난달에도 썼잖아, 그 이상 뭘 더 쓰라는 거야. 그런 푸념이 나오는 내용을 반복해서, 또 반복해서 쓰게 한다. 0~5세 대상의 유아 교육에서도 이 정도이니 영국의 온갖 부분에서 이 이념이 (겉으로는) 중시되는 것은 틀림없는 사실이다.

그렇다면 13세 소년이 기초생활보장을 수급하는 가정의 소녀와 아이를 낳았다고, 그리고 기초생활보장을 수급하는 모친의 딸이 17세에 세쌍둥이를 낳았다고 해서 '도덕에 어긋난다'든지 '망가졌다'든지 비방하는 것도 웃긴 일인데, 어째서 그런 말을 영국 언론과 정치가가 시작했는가 하면, 바로 세상이 불황에 빠져 있기 때문이다.

성실하게 일하며 살아온 사람들도 사용자에게 해고를 당하고 먹고살기 어려운데, 웃기지 마라. 궁지에 몰린 사람들의 분노가 앞서 예를 든 언더클래스의 사람들에게 집중되고 있는 것이다.

밑바닥 어린이집이 있는 밑바닥 생활자 지원시

설만 해도 개인적으로는 '대불황이 현실로 나타난 2009년에는 몹시 분주해지지 않을까.'라고 예상했지만, 실제로는 그렇게 되지 않았고 그저 짓궂은 항의 전화와 담벼락의 낙서와 대낮에 들이닥쳐 고함치고 난동 부리는 사람만 늘어났다.

대불황으로 언더클래스가 되어버린 사람들은 그 전부터 언더클래스였던 사람들을 인정하지 않는다고 할까, 아니면 몹시 싫어한다고 할까, 아무튼 자기도 직업을 잃었지만 그렇다 해서 호황이었던 시절부터 무직이었던 사람들의 공동체에 몸담을 생각은 하지 않았다.

그런 이유로 최근 경비를 강화하고 있는 밑바닥 생활자 지원시설은 그에 더해 기부까지 크게 줄어 자금 부족에도 시달리고 있다.

불황이 되니 기부하는 사람들도 기부할 단체를 고르는 것이다. 학대를 당한 아이들과 동물을 지키기 위한 기부, 난치병으로 고통 겪는 사람들을 돕기 위한 기부와 비교하면 언더클래스 지원시설 따위에 하는 기부는 왠지 장난치는 것처럼 여겨진다. 그 때문인지 기업들도 '브로큰 브리튼'을 규탄하는 외침이 큰 최근의 분위기를 고려하여 밑바닥 생활자 지원시설에 하는 기부는 처음부터 반려하는 듯싶다.

수면 아래에서 그처럼 위기감이 감돌아도 겉보기로는 여전히 느긋한 분위기의 밑바닥 생활자 지원시설에서는 오늘도 흉포 꼬맹이와 폭력배 꼬맹이가 식당에서 폭행·공갈 행위를 벌여서 자신들의 어머니에게 호되게 혼이 나고, 21세인 스텔라의 네 자녀들이 흡사 네안데르탈인 같은 원시적인 차림으로 뛰어다니고, 한쪽 눈만 있는 자원봉사자 존이 노란 고무장갑을 끼고 양동이를 든 채 정처 없이 어슬렁거리고 있다.

　　경기가 좋을 때는 진보정당의 정치가들과 함께 사진을 찍고 선전에 이용되었던 그들이 불황이 되자마자 보수정당으로부터 사회의 치부이자 모든 악의 근원이라고 공격을 받고 있다.

　　돈의 유무에 따라 기준이 달라지는 도덕성 따위에 방귀만큼이나 효용 가치가 있을까 보냐.

　　북부에서는 외국인 배척을 부르짖는 패거리까지 나타났다고 하는데, 앞으로 언더클래스를 향한 국민의 분노가 더욱 거세지면 밑바닥 생활자 지원시설은 가장 먼저 표적이 될 것이다. 돈에 쪼들릴수록 인간의 분노가 아래로, 더욱 아래로 향하는 것은 보편적인 사실이지만, 이토록 세상이 살벌해지니 귓가에 오래전 나사렛의 일용직 목수[14]가 했던 말이 맴돈다.

　　"인간에게는 도덕과 신앙보다 중요한 것이 있다."

낙오자는 구원받을 자격이 없다고 생각하는 사람들에게는 그 '중요한 것'이 없는 것이다.

너희는 쓸모없는 인간들이야, 쓰레기야. 그 말 너머에 있는 것. 그것이 바로 그 '중요한 것'이다.

(출처: THE BRADY BLOG, 2009. 2. 20)

---

14 예수를 가리키는 표현이다.

등으로 우는 아웃사이더

작년부터 밑바닥 어린이집에 다니기 시작한 이집트 출신의 무스타파가 곧 네 살이 되는 것을 계기로 밑바닥 어린이집 외에 다른 프리스쿨preschool에도 다니게 되었다. 하지만 아무래도 그곳에서 완전히 외톨이가 되었는지 전혀 말을 하지 않는다고 한다.

무스타파는 영국에 건너온 지 몇 달밖에 안 됐기 때문에 또래 아이들에 비하면 영어 실력이 절대적으로 뒤처지는 게 당연하다. 그래도 밑바닥 어린이집에서는 그 나름 기본적인 표현을 써먹으며 의사 전달을 시도하는데, 프리스쿨에서는 입을 꾹 다문 채 누구와도 터놓고 지내지 않는 것이다.

그 때문에 프리스쿨에서 지방자치단체의 유아교육시설 지원부에 연락해서 무스타파를 위한 통역을 파견해달라고 요청한 모양이었다.

"여기서는 그런 거 필요 없었는데. 영어로 잘 말

하잖아."

그렇게 고개를 갸웃거리는 애니의 지시를 받은 나는 무스타파가 다니는 프리스쿨에 견학을 다녀왔다.

프리스쿨이 어떤 곳인지 대략 설명하면 어딘가의 주민 센터나 교회의 강당 등을 빌려서 운영되는, '초등학교 생활을 준비하는 놀이 교실' 같은 곳이다. 대부분은 오전반, 오후반으로 나뉘어 있고, 주로 2~4세 아이들이 다닌다. 왜 4세까지 다니는가 하면, 영국의 초등학교에는 리셉션 클래스 reception class라고 불리는 유아부가 있어서 공립학교에 입학하는 아이들 대부분이 4세부터 학교에 다니기 때문이다.

그래서 '우리 애는 세 살밖에 안 됐는데.' 같은 태평한 소리를 할 수는 없고, 대부분 부모들이 얼른 아이를 어딘가로 보내서 집단생활을 경험하게 해야 한다고 생각하며, 그런 부모들 중 맞벌이는 아침부터 저녁까지 맡아주는 어린이집에, 시간 여유가 있는 경우에는 프리스쿨에 아이를 보낸다.

아무튼 무스타파는 프리스쿨을 다니는데, 하필이면 그 프리스쿨이 브라이턴에서도 손꼽히는 고급 주택지에 자리하고 있다. 남편을 피해 도망쳐온 무스타파의 어머니가 영국에서 의탁한 친척 할아버지의 집이 그 동네에 있기 때문인데, 청소부로 일하다 현재 연금으로 먹고사는 그 할아버지는 동네가 각광받으며 고급 주택지가 되기 훨씬 전부터 그곳에 살았다고 한다.

그런고로 무스타파의 프리스쿨에는 얼굴에 윤이 흘러 한눈에도 부유해 보이는 도련님들이 다니고 있다. 아이들의 피부색을 따져보면 압도적으로 하양이 많고, 그야말로 고급 브랜드 같은 아동복을 입은 인도·파키스탄 계통 아이들이 몇 있을 뿐이다. 비쩍 마른 몸에 밑바닥 생활자 지원시설에서 무료로 나눠주는 헌옷을 입은 흑인 어린이 무스타파는 얼핏 봐도 그곳에서 아웃사이더다.

"계급을 운운하는 건 어른뿐이야. 어린이들은 그런 걸 모르고 신경 쓰지도 않아."

때때로 그런 몽상 같은 말을 하는 지식인이 있지만, 아이들은 분명하게 자신의 배경을 인식하고 있다. 상황을 설명하는 '계급'이라는 용어를 모를 뿐, 오히려 어른보다도 강하게, 그리고 본능적으로 타인과 자신의 차이를 느낀다고 해도 지나치지 않다.

한 조사에 따르면 이 나라의 중산층 어린이와 노동자 계급 어린이가 일상에서 접하는 어휘의 수는 5000개에서 1만 개까지 차이가 난다고 한다. 꼬맹이 주제에 유달리 어려운 단어를 사용하는 모 프리스쿨 아이들의 영어는 발음도 얄미울 정도로 아름답다. 아는 어휘가 빈약한 데다 그 대부분이 욕설이고 각 단어의 마지막 소리까지 제대로 발음하지 않는 밑바닥 어린이집 아이들의 영어밖에 들은 적이 없는 무스타파에게는 같은 언어라고 믿지 못할 만큼 다르게 들릴 것이다.

그와 더불어 무스타파는 세상 온갖 쓴맛을 본 어린이다. 이집트에서는 아버지가 폭력을 휘둘렀고, 영국에 건너온 뒤로는 밑바닥 생활자 지원시설에서 대낮부터 이상한 걸 흡입하고 인사불성이 된 어른이 괜히 시비를 걸거나, 흉포하고 폭력배 같은 꼬맹이들이 심심하면 주먹질에 발길질을 해댔다. 그런 무스타파가 어른이 읽어주는 그림책을 얌전히 앉아서 볼 뿐 아니라 진심으로 웃고 깜짝 놀랄 줄 아는, 좋은 환경에서 성장한 아이들과 이제 와서 실실 웃으며 잘 어울릴 수 있을 리가 없지 않은가.

무스타파는 프리스쿨에서 항상 등을 돌리고 있었다. 그를 놀이에 참여하게 하려는 보육사에게 손이 잡혀 끌려가는 기운 없는 뒷모습. 볼일을 보고 싶다는 말을 제대로 전하지 못한 탓에 옷에 싸버리고 화장실로 연행되는 풀 죽은 뒷모습. 어째서인지 내 인상에는 무스타파의 뒷모습만 남았다.

"무스타파는 무척 조용했고, 다른 아이를 방망이로 때리거나 나이프로 위협하는 등의 행위도 전혀 없이 표면적으로는 무척 착하게 지냈어요."

밑바닥 어린이집의 애니에게 그렇게 보고하자 애니가 되물었다.

"표면적으로는?"

"네, 착하고 얌전했는데, 항상 등을 돌리고 있었어요. 이 어린이집에서 다른 아이를 상대로 자신이 당했던 학대를 재현하는 무스타파는 소름이 끼칠 만큼 나쁜 아이지만, 제대로 앞을 보고 있어요. 착한 아이나 나쁜 아이 같은 표면적 판단보다 무스타파가 향하고 있는 방향이 저는 신경 쓰였어요."

내 말에 애니는 의미심장한 웃음을 흘리며 말했다.

"미카코, 정말 아이 속으로 들어갔다 왔네. 1년 전에만 해도 내가 왜 여기 있을까 하는 한심한 표정으로 일했는데."

얼굴을 붉게 물들이고 입을 다문 내 발밑으로 무스타파가 축구공을 차며 달려왔다.

"축구하자아아아아아!Let's play footbaaaaaaaal!"

이거 봐. 무스타파는 영어로 잘만 말한다니까.

그 지역에서 살아가는 이상 무스타파는 프리스쿨에서도 초등학교에서도 아웃사이더일 것이다. 그가 사는 동네에는 학교 순위에서 상위를 놓치지 않는 공립학교가 있고, 자녀를 입학시키기 위해 그 학교 인근에 집을 구입하려는 부모들이 끊이지 않아 불황임에도 불구하고 집값이 떨어지지 않고 있다.[15] 가난한 주제에 그런 인기 학교를 다닐 수 있는 점은 무스타파에게 행운일지도 모른다. 하지만 '나는 아웃사이더'라는 인식은 앞으로 그가 보낼 학교생활의 토대가 될 것이다.

"난 축구가 좋아. 난 여기가 좋아. 그리고… 난 아줌마가 좋아."

무스타파는 그렇게 말하고는 내가 던진 축구공을 다시 차서 내게 돌려보냈다.
이거 봐. 무스타파는 영어로 잘만 말한다니까.

---

[15] 영국에서는 매년 언론사를 통해 전국 공립학교의 순위가 공개된다. 보호자는 공립이라도 자녀가 입학할 학교를 선택할 수 있는데, 순위가 높은 학교에 지원자가 몰리면 학교와 집이 가까운 순서대로 입학을 승인한다. 그렇기에 인기 학교 근처는 자녀를 입학시키려는 부자들이 몰리면서 집값이 치솟고 있다. 『나는 옐로에 화이트에 약간 블루』 참조.

다른 곳에서 보았던 그의 쓸쓸한 뒷모습을 떠올리면, 상관없잖아, 계급 따위, 올라가지 않아도, 계속 여기서 같이 축구나 하자, 하는 생각이 들기도 한다.

그렇지만 아마도, 아니, 절대로, 그럴 수는 없다.

지지 마, 무스타파.

내가 질타와 격려의 마음을 담아 걷어찬 축구공이 무스타파의 다리 사이를 빠져나가 모래밭으로 굴러갔다.

공을 뒤쫓아 달려가는 무스타파의 등에 봄날의 햇빛이 눈부시게 비쳤다.

(출처: THE BRADY BLOG, 2009. 3. 29)

주변머리 없는 여자

"이제 안 되겠는데." 배우자가 말했다.

약한 소리를 하지 않는 남자가 마침내 그런 말을 내뱉은 걸 보니 어지간히 힘들어진 모양이었다.

21일 주기로 이뤄지는 화학요법이 5차가 될 동안 담당 의사가 "네? 아직도 일한다고요?"라고 놀랄 만큼 고집스럽게 매일 트럭에 올라타며 화물을 싣고 내리는 등의 육체노동을 해낸 인간이 "몸이 움직이지 않아."라고 선언할 정도이니 치료를 받으면서 평소 같은 생활을 하는 건 더 이상 무리한 일이다.

"매일 집에 있으면 정신이 이상해질 것 같으니까 지금까지 하던 대로 살고 싶어."

배우자는 계속 그렇게 말해왔는데, 그토록 애쓰는 이유 중에는 3월 말까지 일하면 만근 보너스를 받을 수 있다는 경제적 사정도 있다. 그는 기어서라도 출근한다고 고집을 부리며 오늘도 일을 나갔다.

보너스라고 해도 일본과는 사정이 달라서 20만 엔에도 미치지 않는 금액인데, 그 돈을 위해 암 환자가 쉬지 않고 일하는 것은 바로 나에게 주변머리가 없기 때문이다.

배우자는 스테로이드도 처방받고 있어서 날마다 기분이 심하게 오르락내리락하는데, 암 병동에서 일하는 의사나 간호사라면 잘 알겠지만, 기분이 가라앉을 때는 주위에 마구 분풀이를 한다. 내 배우자도 그런 경우에 해당하는데, 그럼에도 내 주변머리 없음에 관해서만은 건드린 적이 없어서 그 점을 고려하면 나는 한층 더 면목이 없고 마음이 울적해진다.

지금까지 적었듯 가난뱅이의 암이란 그다지 극적이지도 않고 문학적이지도 않다.

우리 집을 예로 들면 초기부터 대단히 현실적이고 사무적인 대화가 오고 갔다.

"당신, 혹시 모르니까 그 일만은 꼭 처리해둬."

"2년 전에 너한테 돈 빌렸잖아. 지금 돌려줄게. 죽으면 못 갚으니까."

이렇게 건조한 대화가 펼쳐질 뿐이다.

"죽으면 안 돼." 혹은 "사랑해." 같은 말은 한 번도 주고받은 적이 없다.

그렇지만 암이라는 단어는 당사자가 아닌 타인의 인생을 드라마틱하게 만드는 효과가 있는지 작년 말부터 배우자에게 연락하는 사람이 급증한 탓에 배우자가 "암이 나를 스타로 만들었어."라고 말할 정도였다.

"너는 혼자가 아니라는 사실을 잊지 마. 나는 언제나 너를 위해 여기에 있어."

"매일 너의 회복을 바라며 아내와 함께 기도드리고 있어. 예수의 평화가 내 친구와 함께하기를."

몇 년이나 만나지 않았음에도 이런 극적인 메시지를 첨부하여 꽃다발을 보내는 지인들까지 있었는데, 아무래도 암을 발견하고 5개월 정도 지나니 다들 질렸는지, 우리 집의 전화벨이 울리는 횟수는 눈에 띄게 줄어들었고 생활도 여느 때 같은 일상으로 돌아갔다.

그건 배우자에게도 좋은 일이었다. 왜냐하면, 지인들에게 몇 번씩이나 암에 관해 설명해야 하는 것을 배우자가 질색하기 때문이다. "이번 주는 어땠어?" "치료는 잘되고 있대?" 같은 질문을 피하기 위해 종종 내가 전화를 받아 "지금 집에 없어요."라고 거짓말을 둘러대기도 했는데, 그러면 그 대신 내가 질문 공세에 시달렸고 '네 벌이가 시원찮으니까 녀석이 아직도 일하는 거야.' 같은 말을 에둘러서 하는 사람도 있어서 그때마다 나는 어쩔 수 없이 격노했다 침울해졌고, 그 탓에 한때 전화 공포증에 빠지기도 했다.

선의와 호기심은 전혀 다른 것 같지만, 실은 소름 끼칠 만큼 닮은 것이다.

예를 들어 최근 영국의 텔레비전에서는 몇 주밖에 살 수 없다는 선고를 받은 말기 암 탤런트에 관한 소식이 시끌벅적하다. 천하의 BBC 뉴스까지도 그 탤런트의 일거수일투족을 다루고 있다. 그 탤런트는 리얼리티 예능 프로그램에 출연해 유명해진 일반인으로 그저 유명한 것이 직업인 사람인데, 암으로 몇 주밖에 살 수 없다는 것을 알고는 두 자녀에게 돈을 남기기 위해 애인과 결혼식을 올리고 결혼사진을 게재할 권리를 수백만 파운드를 받고 모 가십 언론에 팔았다.

영국인은 그 보도에 기묘할 만큼 관심을 기울이고 있다. 아는 사람이 죽는다는 것 때문이겠지만, 만약 그가 죽지 않으면 어떻게 될까. 의사의 진단과 달리 그가 장수하기라도 하면, 사람들은 '뭐야, 안 죽잖아.'라고 화를 낼까. 아니면 '빨리 죽어.'라고 매도할까.

'정말로 죽는다'는 것을 밑천 삼아 벌 만큼 벌겠다고 선언하고는 수백만 파운드의 이익을 거둔 20대 탤런트가 있는가 하면, 20만 엔도 안 되는 보너스를 받기 위해 출근하는 5차 화학요법에 돌입한 암 환자도 있다.

인생이 사람마다 다르듯이, 암도 모두 다르다.
"나는 금방 죽지는 못할 것 같아. 지금까지 인생을 돌이켜보면 그렇게 운이 좋지는 않았으니까."
말기 암 탤런트의 뉴스를 보면서 배우자가 말했다.

지금까지 인생의 경위, 성질 등을 고려하면 배우자는 정말로 애간장을 태우는 장기전을 치를 것 같다. 그리고 그처럼 세상의 많은 암 환자들이 '암에 걸렸습니다. 금방 눈감았습니다.' 하는 극적인 과정으로 떠나가지 않고, 조용히 궁상맞게 버티는 중일 것이다.

"보통 병이란 건 치료가 진행될수록 기분이 좋아지잖아? 이 병은 치료를 하면 할수록 기분이 더러워져."라고 배우자는 말한다.
아무래도 암이란 그런 병인 모양인데, 몸속에 독을 주입해서 연명하고 있는 셈이니 기분이 더러워지는 것도 당연하지 싶다.

애도를 받으며 죽는 사람. 독에 찌들며 연명하는 사람.

어느 쪽이 취향이냐고 묻는다면, 나는 압도적으로 후자다.

배우자의 민머리에 일부만 머리카락이 다시 돋아나기 시작했다.

"백발? 금발?" 배우자가 물었다. "반짝반짝하는 걸 보니까, 금발."

"오오오, 그레이이이이트!"

오랜만에 기뻐하며 웃는 배우자의 머리카락을 나는 면도칼로 밀었다. 면도칼에 달라붙은 약 5밀리미터의 가느다란 머리카락은, 사실 새하얬다.

주변머리 없는 여자.

자自조적으로 내뱉어온 이 말이, 이토록 타他조적으로 와닿은 적이 없다.

(출처: THE BRADY BLOG, 2009. 3. 6)

대단히 드물고 귀중한 것

지붕보다 노오옾으으은 고이노보리鯉幟. 커어다란 검저어어엉 잉어는 아빠.[16]

이런 동요를 흥얼거리면서 잉어 모양 깃발을 만드는 데 힘쓰는 이유는 어린 아들 때문이 아니다.

밑바닥 어린이집에서 다 함께 고이노보리를 만들어보려 하는데, 그곳의 꼬맹이들은 좋게 말해 독창적이고 나쁘게 말하면 제멋대로라 사람 말을 질서 있게 따르지 않기 때문에 일본의 어린이집처럼 처음부터 완성품을 목표로 설정해두고 거기에 도달할 수 있도록 종이를 미리 잉어 모양으로 잘라두거나 생선의 눈알

---

16 고이노보리는 일본의 풍습으로 매년 5월 5일에 남자아이의 건강한 성장을 기원하며 지붕 위에 매다는 잉어 모양 깃발이다. 주머니처럼 생긴 잉어 깃발을 여러 개 매다는데, 그중 가장 큰 검정 잉어를 맨 위에 단다. 이 두 문장은 일본 동요 「고이노보리」의 가사 중 일부다.

을 준비해서 모두를 똑같은 목표로 이끄는 방식은 통하지 않는다. 그렇다면 어떤 재료를 어떻게 준비해서 각자 하고 싶은 대로 맡기면 될까. 술을 들이켜면서 이래저래 시행착오를 거듭하는 중이다.

나는 세시 풍속 따위 별로 신경 쓰지 않는 편인데, 그래도 밑바닥 어린이집에서는 아이들과 함께 히나인형雛人形[17]을 만들어봤고, 정월에는 연을 만들어 하늘에 날리기도 했다.

당연하지만 밑바닥 어린이집답게 상복처럼 새카만 옷을 입은 히나인형 세트를 만드는 녀석이 있는가 하면, 인간과 양을 짝지어 금단의 포르노 같은 히나인형을 만드는 꼬맹이도 있었고, 스스로 연이 되어 온몸에 실을 칭칭 감은 채 뛰어다니는 녀석이 있는가 하면, 그 아이가 몸에 감은 실을 잡아당겨서 타인의 육체를 힘껏 옥죄며 기뻐하는 사디스트sadist 꼬맹이도 있었다.

영국은 다양성을 교육의 주요 방침 중 하나로 삼고 유아 교육 현장에서도 여러 나라의 문화를 소개하길 장려하는데, 내게도 아이들에게 일본을 소개하는

---

[17] 화려한 차림새를 한 일본의 전통 인형으로 매년 3월 3일인 '히나마쓰리(雛祭り)'가 되면 여자아이의 행복을 기원하고 성장을 축하하기 위해 갖가지 히나인형과 음식을 장식하는 풍습이 있다.

것은 재미있는 일이다.

예를 들어, 작년에는 일본의 어린이날인 5월 5일에 신문지로 종이 투구를 만들어 보여주었다.

"왜 남자아이를 위한 날[18]이라고 해서 남자가 그런 걸 써야 하는 거야? 남자아이들이 전부 슈퍼히어로가 되고 싶어하는 것도 아니고, 사무라이 투구를 촌스럽다고 생각하는 패셔너블한 남자애도 있을 텐데."라고 당시 다섯 살이던 레오가 말했다. 그는 디자인 계통의 일을 하는 게이 커플 아래에서 자란 만큼 사무라이 인형이니 뭐니 하는 세계가 어처구니없었을 것이다.

또한 히나인형을 만들 때는 여자아이 메이가 남색 펠트로 의상을 만들기에 "왕자님의 옷을 먼저 만드는 거야?"라고 물어보았더니 다음처럼 답했다.

"공주 옷이야. 왕자 옷은 분홍색으로 만들 거야. 파란색을 보고 무조건 남자애의 색이라고 하는 어른은 망할 멍청이fucking stupid라고 엄마가 말했어."

말투는 단정적이고 과격하지만, 메이와 그 어머니는 맞는 말을 한 것이다.

---

[18] 일본의 어린이날은 성별 상관없이 모든 어린이를 위한 날이지만, 전통적으로 남자아이를 위한 날이던 단오와 날짜가 같다. 일본의 전통에서 여자아이를 위한 날은 3월 3일이다.

빈민 진보주의. 이런 사상이 존재하는지는 모르겠다. 하지만 ① 체면이니 평판이니 도덕이니 하는 것에 방귀만큼도 가치가 없는 (정확히 말해 그런 것으로는 배고픔을 전혀 달랠 수 없는) 세계에서 생활하는 사람들의 생각, 그리고 ② 스스로 선택하여 사회 밑바닥으로 떨어진, 물질적인 것이 아니라 정신적인 것을 중시하며 살기로 한 사람들이 꿈꾸는 이상향적인 자유세계, 이 두 가지는 사실 대단히 가깝다. 그렇다는 것은 ①과 ②에 해당하는 보호자들의 아이들이 뒤섞여 노는 밑바닥 어린이집에서 일하면 잘 알 수 있다.

그곳 아이들이 공통적으로 말하는 것은 '정상(보통)'이라는 개념에 대한 의문, 그리고 거부이기 때문이다.

아빠 엄마가 있고 아이가 있는 가정이 정상. 왜?

양친이 남녀로 구성된 가정이 정상. 왜?

부모가 근면하게 일하며 그 수입으로 생활하는 가정이 정상. 왜?

실제로 ② 보호자 중에는 정부의 교육 제도를 신뢰하지 않아서 '홈 에듀케이션home education' 제도[19]를 선

---

[19] 영국에서는 아이가 학교 다니는 것이 부적절하다고 보호자가 판단할 경우 관계 당국의 심사를 거쳐 집에서 교육하는 것을 선택할 수 있다.

택하여 아이를 학교에 보내지 않는 사람도 많다. 밑바닥 어린이집의 유아 중에는 그처럼 학교를 다니지 않는 아이들의 동생들도 있어서 '아이는 매일 학교를 다녀야 정상'이라는 생각에도 "왜?"라며 의문을 품는 유아가 적지 않다.

그들이 '망가졌다'고 말할 수도 있겠지만, '시야가 넓다'고도 할 수 있다.

'무릇 인간이란 이래야 한다.'는 관념에서 이토록 자유롭게 해방된 아이들도 드물 것이다.

노동당 정권이 내걸고 있는 교육의 큰 주제는 '사회적 포용 social inclusion'이다.

신체적·정신적 능력이 어떠하든, 인종이 무엇이든, 성적 지향이 어떠하든, 종교와 신념과 사상이 무엇이든, 사회적·경제적 계급이 무엇이든, 모든 사람들을 동등하게 받아들이며 포용하는 사회를 만들자. 이런 사회적 포용의 이념이 교육에도 반영되어 있는 것이다.

이런 사고방식의 기초에는 '정상의 기준은 사람마다 다르며, 반드시 이래야 한다는 기준은 존재하지 않는다. 그러니 모든 사람에게 사회에 참가할 권리가 있다.'라는 생각이 있다.

영국이 이런 이상을 진심으로 추진하게 된 데에는 국내(특히 런던)에 외국인이 급증했다는 사정이 있다.

영국인이 '교양 있고 관용적'인 국민성을 지니고 있다고 (특히 미국을 의식하며) 자인하는 사람들이 상층부에 많기 때문이기도 하다.

하지만 현재 상황을 보면 사회적 포용은 완전히 물 건너갔다고 할까. 가령 10대 백인에게 칼로 찔린 적이 있는 우리 동네 담배 가게의 인도인 사장에게 사회적 포용이라는 용어와 이념을 알려주면 폭소와 분노 중 하나를 터뜨릴 것이다.

그래도 우리 밑바닥 어린이집에 오는 꼬맹이들의 빈민 진보주의를 접할 때마다 이 어린이집만큼 사회적 포용이 이뤄진 곳은 없지 않을까 하는 생각이 든다. '무릇 인간이란 이래야 한다.'는 기준 바깥의 세계에서 살아가는 아이들은 기성관념에 맞춰 타인을 보지 않기 때문에 누구든지 받아들일 수 있는 커다란 도량을 지니고 있다.

얼마 전, 영국 정부의 유아교육시설 감시기관인 Ofsted의 직원이 밑바닥 어린이집에 감사를 나왔다. 그 기관이 밑바닥 어린이집에 대해 작성한 보고서를 인터넷으로도 열람할 수 있는데 "사회적 포용의 추진이 이 시설의 가장 큰 강점이며, 그것은 그들이 행하는 모든 보육의 기반에 있다."라고 쓰여 있다.

"남자아이의 날에는 사무라이 인형을 전시하는데, 왜 여자아이의 날에는 결혼하는 왕자와 공주 인형을 장식하는 거야? 혹시 일본의 여자애들은 결혼해야 행복해진다고 믿는 거야? 그렇다면… 일본의 여자애들은 몽상가들이네."라고 메이는 말했다. 이런 말을 내뱉는 다섯 살 어린이가 일본의 보육시설에도 있을까.

거칠고 가난하기만 한 아이들이 아니다. 그들의 내면에서는 대단히 드물고 귀중한 것이 자라고 있다.

그런고로 올해 5월 5일에는 종이와 천과 끈과 물감만 준비하고 나머지는 전부 될 대로 되라는 식으로 꼬맹이들에게 맡기려 한다.

잉어 같은 건 따분하다면서 돼지를 매다는 녀석에, 물감을 자기 얼굴에 칠하고는 잉어처럼 입을 뻐끔거리는 녀석에, 만들기의 의도 따위 싹 무시하고 종이에 묵묵히 풍경화를 그리는 녀석 등이 속출해서 뭐가 뭔지 전혀 모를 상황이 벌어지겠지.

그래도 괜찮다. 아니, 그래서 좋다.

'무릇 인간이란 이래야 한다.'는 관념은 없는 것이다.

(출처: THE BRADY BLOG, 2009. 5. 2)

그리울 거야

한동안 보이지 않았던 앨리스가 오랜만에 밑바닥 어린이집에 나왔다. 그런데 애니가 앨리스에게 보내는 작별 인사 카드를 건네주며 한구석에 인사말을 쓰라고 했다.

"네? 오랜만에 나오나 싶었는데, 이제 아예 안 나오는 거예요?" "요크셔로 이사하게 되었어. 앨리스의 어머니가 그쪽에 친척이 있는데, 아이 돌보는 걸 도와준다고, 자기도 거기로 이사하는 게 일자리를 찾기 쉽다고." "꽤 멀리 가네요…."

나는 카드에 인사말을 적었다.

그리울 거야! 많은 사랑을 담아, 미카코가 I'll miss you! Lots of love from Mikako.

흔해빠진 말이다.

세계 전체를 두려워하는 듯한 동시에 얕보는 듯

한, 그 이상하리만치 커다란 눈동자를 지닌 은발의 여자아이에게 보내는 말로는 너무 평범해서 아쉬웠다.

이튿날 아침, 어머니와 손을 잡고 어린이집에 나타난 앨리스는 분홍색 새 원피스에 다양한 색상의 꽃이 수놓인 연두색 카디건을 입고 반짝이는 분홍색 가죽구두까지 신고 있었다.

언제나 밑바닥 생활자 지원시설에서 무료로 제공하는 낡을 대로 낡은 헌옷을 입고, 그마저도 모친이 사이즈가 전혀 맞지 않는 옷을 개의치 않고 입히는 탓에 셔츠의 소매가 너무 길어 허수아비처럼 되거나 바지가 너무 짤따래서 다리가 훤히 드러났던 앨리스를 떠올려보면 극적인 변화였다.

그렇지만 어머니가 입힌 대로 새 옷을 빼입은 앨리스의 모습은 어딘지 조화롭지 않고 묘하게 슬펐다.

"숙모가 사는 곳은 작은 마을로 양과 토끼와 말이 돌아다니는 곳인데, 그런 곳이 아이의 양육을 위해서도 좋을 것 같아서…."

앨리스의 어머니는 큰 목소리로 이사하는 이유를 애니에게 이야기했다.

"최고의 환경이네요. 어머님의 아이들에게요." 애니는 미소를 머금고 그렇게 답했다.

"미카코도 그렇게 생각하지 않아?"

"네, 앨리스는 토끼를 무척 좋아하니까 틀림없이 이사 간 곳을 금방 좋아하겠네요."

막힘없이 시원시원한 대화였다.

그렇지만 지금 시원시원한 대화 말고 무엇을 할 수 있다는 말인가.

"꼭 공주님 같네, 앨리스. 머리를 옷에 어울리게 해볼까? 거울 앞으로 가자!"

야생동물 같은 차림을 하고도 거울 앞에서 액세서리 차는 걸 무척 좋아했던 앨리스에게 내가 말했다.

앨리스는 내가 이끄는 대로 거울 앞에 섰다.

어둡고 깊은 동굴 같은 검고 커다란 눈동자로 자신의 모습을 뚫어지게 바라보았다.

전보다 더 야위었다.

얼굴이 작아진 만큼 눈이 차지하는 비율은 더 커져서 마치 하늘하늘한 옷을 입은 해골 같았다.

"이게 귀엽지?"라며 분홍색 털 장식이 달린 머리핀을 건네주었는데, 앨리스는 그걸 바닥에 내팽개쳤다.

"아냐!"

"그럼, 이건 어때?"라며 빨강과 하양 줄무늬가 그려진 리본이 붙은 머리띠를 앨리스에게 둘러주었다.

"아냐!" 이번에도 앨리스는 불쾌하다는 듯이 머리띠를 내팽개쳤다.

나와 함께 거울 앞에서 미용실 놀이를 했던 건 이미 잊어버렸겠지. 두 살 아이에게 석 달은 긴 시간이다.

그런데 갑자기 앨리스가 말했다.

"나는 못생겼어."

"아냐, 그렇지 않아. 앨리스는 예뻐."

"예쁜 옷을 입어도, 나는 못생겼어."

"그렇지 않아. 왜 그렇게 생각해?"

"…그런 말을 들었으니까."

"누가?"라고 물었지만 앨리스는 입을 꾹 다물었다.

"이번 이사가 저와 아이들에게 당당한 새 출발이 될 거예요."

앨리스의 어머니는 몇 번이나 그렇게 말하고는 밝게 웃으면서 어린이집을 나갔다.

어머니의 모습이 보이지 않는 것과 동시에 앨리스는 모자와 액세서리가 들어 있는 상자에서 내용물을 모조리 꺼내 바닥과 벽에 던지기 시작했다.

아이는 고뇌하고 있었다. 그리고 그럴 때 앨리스

의 행동은 대체로 다른 아이들을 향한 무차별 폭력으로 변한다.

앨리스가 맹수로 돌변할 것을 대비해서 주위를 기어다니는 갓난아기들을 안아 들고, 탁자 위에 놓인 가위를 슬며시 높은 장소로 옮기는데, 내 곁으로 앨리스가 다가왔다. 앨리스는 레이스 장식이 달린 머리띠를 내게 내밀고 고개를 갸웃거리며 말했다.

"이걸 달고, 거울을 보렴."

내가 항상 앨리스에게 했던 말이었다.

나는 앨리스가 시킨 대로 거울 앞에 앉았다.

하늘하늘한 레이스가 달린 머리띠를 한 44세 아줌마의 우스꽝스러운 모습이 눈에 들어왔다.

"너는 예뻐. 너는 정말 예뻐."

내가 그 아이에게 그랬듯이 앨리스는 내 등을 쓰다듬으며 말했다.

"고마워, 앨리스."

앨리스는 커다란 눈으로 거울 속의 나를 똑바로 바라보면서 말했다.

"그리울 거야 I'll miss you."

흔해빠진 말이, 내 마음을 박살 냈다.

(출처: THE BRADY BLOG, 2009. 5. 2)

무직자 블루스

"당신, 아직도 여기에 있어?"

슬슬 나도 그런 말을 듣는 처지가 되었다.

아주아주 적어도 돈을 벌어서 세금을 내는 나는 엄밀히 말해 언더클래스에 속하는 사람이 아니지만, 오랫동안 이어진 빈곤 생활 때문에 온몸에서 '루저 loser'의 향기가 뿜어져 나오는 것인지 밑바닥 생활자 지원시설에 모여드는 사람들과 완전히 동화되었다.

"당신, 아직도 여기에 있어?"

언제나 이렇게 빈정거리듯이 내게 말을 거는 사람은 50대 후반의 자원봉사자 리처드다. 그는 식당의 설거지 및 카페 부문(말은 그럴듯해도 티백으로 홍차를 내리거나 인스턴트커피를 탈 뿐이지만) 담당으로 무더운 여름날에도 눈 내리는 겨울날에도 쉬지 않고 반드시 자신의 자리를 지킨다.

그 역시 10년 넘게 돈을 받는 일자리를 가진 적 없는 골수 무직자 중 한 명으로 세간의 소문에 따르면 원래는 자기 회사를 경영하던 사업가였지만 사업이 잘 풀리지 않아 파산하고 언더클래스가 되었으며, 정나미가 떨어진 처자식에게도 버림받아 홀몸이 된 뒤로는 딱히 일해야 할 이유가 없어서 이 시설에 십수 년이나 하염없이 드나드는 중이라고 한다.

그런 패배와 그 뒤의 고독한 생활을 경험하면서 그는 대단히 인품 좋은 어르신이 되었다, 하고 마무리할 수 있다면 무척 아름다운 이야기겠으나 현실에서 그런 역경은 인간을 뒤틀리게 하는지, 이 아저씨는 참으로 짓궂기 그지없다.

내가 밑바닥 어린이집에서 자원봉사를 시작했을 무렵, 말단으로서 스태프들의 홍차와 커피 주문을 취합해 카페 카운터의 리처드에게 전하면, 그는 반드시 주문과 다르게 음료를 내주었다. 그래서 "이 커피에는 우유를 넣고 설탕은 두 스푼이라고 했잖아요."라고 말하면 "네 영어 발음이 지독해서 몰랐어."라면서 이기죽거렸고 "다시 만들어주세요."라고 요청하면 "시설의 물자를 네 발음 때문에 낭비할 수는 없어."라면서 입술을 잘근 깨문 내 얼굴을 보며 낄낄낄 웃어댔다.

 리처드가 내게만 그런 태도를 취하는 것은 아니었고, 외국인 스태프에게는 모두 그러는 듯했다. 하지만 더욱 자세히 관찰해보니 그의 짓궂음은 외국인에게도 영국인에게도 평등하게 적용되고 있었다.

 추운 겨울날, 집 없이 길에서 생활하는 사람들이 밑바닥 생활자 지원시설의 식당 앞에 모여서 무료 빵과 과일을 슈퍼마켓 비닐봉지에 담는 걸 보던 리처드.
 "당신 말이야, 그렇게 먹어대니까 길바닥에서 사는 것치고는 야위지가 않는 거야. 야위지 않으니까 구걸해도 돈을 못 받는 거라고. 나 참, 진짜 멍청하네."
 그렇게 한 홈리스에게 말해서 격분시킨 적이 있다. 보호소에서 보호소로 옮겨 다니느라 제대로 샤워도 하지 못한 모자에게는 이렇게 말했다.
 "냄새 나네, 당신들. 가까이 오지 마. 나는 웬만한 건 다 참을 수 있는데, 냄새만은 아니거든."
 빈자끼리 우애하는 정신이라는 것이 그에게는 없다.
 올해 밑바닥 어린이집의 크리스마스 파티에서는 리처드가 식당 카운터를 담당한다. 그렇게 정해진 순간부터 그 인선이 잘못되었다는 것은 명백한 사실이었다. 파티 날 식당의 카운터에는 샌드위치와 소시지 등 음식이 놓이고, 산타클로스 모자를 쓴 카운터 담당은 살갑게 아이들에게 음식을 나눠준다. 예년에는 그런 방식이었다.

그렇지만 올해의 배급 담당은 예상대로 산타클로스 모자는 쓰지도 않고 무뚝뚝한 태도로 "뭐어? 뭘 달라고? 똑바로 말을 해야 알아듣지."라고 아직 더듬더듬 말할 뿐인 유아를 겁주었다.

"뭐야, 그게 부탁하는 태도야? '그것 좀 주시겠어요 May I have that one please.'라고 똑바로 말해. 나 참, 요즘 애들은 말하는 예절도 몰라."

아직 'may' 같은 조동사는 쓸 줄 모르는 어린아이들을 붙잡고는 해결 불가능한 과제를 내기도 했다.

'상냥한 산타클로스 오빠'는커녕 '화만 내는 영감'이 배식을 하는 바람에 줄 서 있던 아이들도 차례차례 물러서기 시작했고, 결국 카운터에 놓인 음식들이 전혀 줄어들지 않았다.

"저건 최악의 인선일지도 모르겠는데."

내가 다른 스태프에게 그렇게 말했는데, 뒤에서 내 말을 들은 애니가 한숨을 내쉬며 말했다.

"올해는 저거밖에 형편이 안 됐어."

"망할 영감탱이, 죽어버려!"

마침내 흉포 꼬맹이 제이크가 리처드를 향해 샌드위치를 던졌다.

누군가 시작하길 기다렸다는 듯이 다른 아이들도 팝콘에 케이크 등을 던지기 시작했다.

"얘, 얘들아, 그만둬. 리처드를 공격하지 마."

올해 파티에서 식당 정리를 맡은 나는 아이들을 진정시키려 했지만, 녀석들의 마음은 이해할 만했다. 폭동이 바람직한 것은 아니지만, 그래도 이해가 되는걸. 왜냐하면, 이 아줌마는 펑크 출신이니까. 그렇게 내적 갈등을 겪는 내 머리 위로 종이접시에 신발에 기저귀 등이 날아다녔다.

"한꺼번에 달려들어서 한 사람을 공격하는 건 그만두렴. 불만이 있으면 1대1로 말할 것. 우리 어린이집의 규칙을 잊었니?"

애니가 시원한 목소리로 정론을 펼쳤지만, 집단으로 흥분한 아이들이 그리 쉽게 가라앉을 리 없었다. 결국 리처드가 파티장에서 사라진 뒤에야 서서히 폭동이 수습되었다. 양말과 장난감 등의 폭격을 받은 음식은 비위생적으로 뒤죽박죽이 되어 먹을 수 있는 상태가 아니었다.

그렇게 여느 때보다 뜨거웠던 파티가 끝나고 어질러진 바닥을 청소하는데, 어디에선가 리처드가 돌아왔다.
"선물은 좀 남았어?"
리처드가 물어보았다. 애초에 여분을 좀 준비해 두어서 남은 선물은 있지만, 왜 그런 걸 물어볼까. 내가 궁금해하는데 애니가 다가와서 말했다.
"응, 가져가도 돼."
애니가 빨간 포장지로 감싸인 선물을 두 개 건네자 리처드는 웬일로 얌전하게 "고마워."라며 인사하고는 나갔다.

"손주들한테 주는 선물인가 봐. 매년 저렇게 남은 걸 가져가."
아이들이 던진 케이크의 크림이 덕지덕지 묻은 유리창을 닦던 베테랑 스태프가 알려주었다.
"그래도 손주들이랑 만나나 보네요."
"그건 아니고. 결국 올해도 못 만났다고 하면서 크리스마스가 지난 뒤에 선물을 돌려줘. 매년 같은 일을 반복해."

바닥을 닦으면서 창밖을 내려다보니, 비탈길을 내려가는 리처드가 보였다.

양 옆구리에 선물을 끼고 있는, 성격이 삐뚤어진 산타클로스의 등으로 가랑눈이 내렸다.

그 뒷모습에 어울리는 건 징글벨이 아니라 블루스다.

(출처: THE BRADY BLOG, 2009. 12. 21)

아나키스트 인 더 UK

 오랫동안 나는 밑바닥 생활자 지원시설을 싫어했다. 그곳을 소재 삼아 블로그에 계속 글을 써왔지만, 싫어했던 것이다.
 밑바닥 어린이집과 밑바닥 생활자 지원시설을 분리해서 생각하려 했는데, 뭐랄까, 그곳에 느긋하게 감도는 분위기라고 할지 묘한 연대감이라고 할지, 아무튼 그런 것에 한번 침식당하면 더 이상 사람 구실을 못하게 될 것이라고 생각했다.
 "아무것도 없는 사람들을 지지해주고 무언가 시작할 수 있게 해주는 이 시설은 정말 굉장해."
 "공동체 정신이 최고야."
 이런 말을 뜨겁게 늘어놓는 녀석이 보일 때마다, 일을 안 하니까 아무것도 없는 거야, 다들 빈둥거리니까 마음이 평화롭고 서로 돕자는 생각도 들겠지, 하며 차가운 눈빛으로 바라보는 동양인. 그게 나였다.

얼마 전 말콤 맥라렌Malcolm McLaren[20]의 장례식을 보았다.

"(우리를 속였던 때의) 현금, 챙겼어? 관 속에 넣었어? 내일 무덤에 돌아와서 파내도 될까?"라고 '상투적'인 추도문을 보낸 스티브 존스Steve Jones. 말콤 맥라렌 버전의 「유 니드 핸즈You Need Hands」[21]에 맞춰 노래한 폴 쿡Paul Cook. 동네의 싹싹한 아저씨 같은 풍모로 교회에 앉아 있던 글렌 매틀록Glen Matlock. 장례식에 자리하지 않음으로써 깊은 인상을 남긴 전前 조니 로튼, 현現 존 라이든까지 섹스 피스톨즈 멤버들은 제각각 확실하게 자신의 역할을 연기했다.

그렇지만 멍하니 텔레비전을 보는 내 시선을 사로잡은 것은 말콤의 관을 실은 마차를 보려고 길거리에 모여든 1970년대 펑크풍 사람들이었다.

말쑥한 펑크 남성들(돌이켜보면, 일본의 펑크는

---

[20] 영국의 록밴드 매니저, 패션 디자이너, 기업가, 음악가. 섹스 피스톨즈와 비비안 웨스트우드 등의 성공에 지대한 영향을 미쳤다. 하지만 섹스 피스톨즈 해체 후 멤버들은 말콤이 자신들을 속여서 돈을 가로챘다며 소송을 걸었고 승소하여 돈을 되찾기도 했다.

[21] 밴드 해체 후인 1979년 개봉한 영화 「더 그레이트 로큰롤 스윈들(The Great Rock 'n' Roll Swindle)」의 사운드트랙 앨범에 수록된 섹스 피스톨즈의 곡으로 말콤 맥라렌이 보컬을 맡았다.

99퍼센트 이런 스타일이었다. 30년 전에도.) 사이에 섞여서 뭐라고 할까, 의욕이라고는 없다고 할지, 이제는 반쯤 인간을 벗어났다고 할지, 30년 전부터 같은 옷을 한 번도 빨지 않고 계속 입은 듯한 오물·악취계 펑크와 전혀 펑크가 아닌 옷차림이지만 지나치게 재활용하다 아예 찢어진 옷을 걸친 바람에 도저히 평범한 사회인으로는 보이지 않는 사람들도 있었다.

아아, 저 사람들한테서는 밑바닥 생활자 지원시설의 분위기가 물씬 나네. 그런 생각을 하며 밥을 먹는데, 정말로 아는 사람이 있었다.

"브라이턴에서 왔다. 아이들에게 최고의 교육이 될 거라 생각한다."

세 아이와 함께 길바닥에 앉아서 그렇게 말한 사람은 코에 피어스를 매달고 있는 아나코페미니스트 anarcho-feminist[22] 여성이었다.

아나코펑크.
아나코페미니즘.
아나코마르크스주의.

---

[22] 'anarcho-'는 '아나키즘적인'을 뜻한다.

아나코채식주의.

밑바닥 생활자 지원시설에는 '아나코 머시기'의 행사 홍보물과 포스터가 범람하고 있다.

지금까지 나는 블로그에서 그들을 '자신의 의지로 밑바닥까지 내려온 지식인·히피'라고 가리켜왔다. 하지만 사실 별로 쓰고 싶지 않은 말이긴 한데, 이런 부류의 밑바닥 생활자 지원시설 이용자들은 '아나키스트 anarchist'인 것이다.

섹스 피스톨즈의 '아나키 anarchy'는 반체제적인 '마음가짐'이었다. 그들이 노래한 '아나키'란 어디까지나 '마음의 아나키즘'이었고, 반역자적 태도와 스타일을 통칭하기 위한 대중적인 구호였다. 그래서 회사원이나 공무원이 아나키스트여도 상관없었다. 마음의 아나키스트는 정부에 세금도 냈다.

하지만 아나코 머시기를 신념으로 내건 분들은 그런 어중간한 태도를 바람직하게 여기지 않는다. 그들은 정말로 아나키스트이기 때문에 세금도 내지 않고, 더러운 비즈니스 세계에도 참가하지 않으며, 환경을 파괴하는 슈퍼마켓 따위에서는 목에 칼이 들어와도 장을 보지 않는다. 밭을 일궈서 자급자족하는 것이다.

자신의 사상을 위해 금전이 유통되는 생산과 소비의 시스템 바깥에서 살아간다. 이렇게 쓰면 멋있어 보이지만, 까놓고 말해서 그들 역시 언더클래스라고 불린다. 아나코 머시기 방면의 사람들은 아이를 낳아도 국가 정책으로 운영되는 학교 등에 보내지 않고 재택 교육을 하는데, 기초생활보장 수급자가 아이를 학교에 보내지 않으면 사회복지사도 개입하는 등 현실적으로 이래저래 어두운 측면이 있다.

아나키스트지만 먹고살고 있으니 사회복지사에게 아이를 빼앗기고 싶지 않다. 이렇게 생각하는 사람들이 소문을 듣고 의지하러 찾아가는 사람이 우리 밑바닥 어린이집의 애니다. 그래서 밑바닥 어린이집에는 보호자가 아나키스트인 아이들이 꽤 있다.

별로 적고 싶지 않지만, 우리 밑바닥 어린이집을 '아나코어린이집'이라고 부르는 사람들도 있다.

그렇다면, 그곳에서 일하며 보육사 자격을 취득한 나는 '아나코보육사'인가?

불현듯 그런 생각을 떠올린 나는 몸을 뒤로 젖히고 크게 웃었다.

나는 전혀 아나코 머시기가 아니고, 그랬던 적도 없다.

마음의 아나키스트도 아니고, 이제 그런 건 아무래도 상관없다.

그래서 아나코페미니스트 엄마와 세 아이들이 말콤의 관을 보려고 길바닥에 앉아 있는 걸 텔레비전에서 발견하고 '아아, 애들을 데리고 방송에 나와서 저런 말을 하면 어떡해. 사회복지사가 보면 어떻게 생각하겠어. 그런 걱정은 안 하나.'라고 열받았던 게 기억난다.

레즈비언에 가까운 양성애자인 그 아나코페미니스트 엄마는 불법 약물을 남용한 과거도 있어서 사회복지사가 꽤 심각하게 그 가족에 개입하고 있다. 그의 아이 중 생후 19개월 된 남자아이는 어린이집에서 나를 잘 따르고 무척 귀엽다. 뚜껑이 열리면 연령에 어울리지 않는 흉포성을 발휘하지만, 밑바닥 어린이집에는 그런 아이가 많아서 딱히 대단한 문제아도 아니다.

그 남자아이와 엄마 사이에는 애착 관계가 형성되어 있지 않다고 전문가가 판단했다고 한다.

첫인상과 자신의 '직감'을 믿고 부모 자식 관계를 판단하는 건 위험하다. 특수한 어린이집에서 일하며 잘 알고 있는 사실이다. 그럼에도 애니는 "아동 보호 문제에서 최종적으로 기댈 수 있는 건 역시 '직감'(애니는 'gut feeling'이라고 했다. 직역하면 '내장 감각'. 좋은 말이다.)밖에 없어."라고 말했는데, 나는 최근 들어 애니가 그렇게 말한 이유에 공감하고 있다.

나는 그 아나키스트에 양성애자에 페미니스트인 엄마와 생후 19개월인 막내아들의 관계를 믿는다. 나 자신의 내장으로 그렇게 느끼고 있다. 그래서 지자체가 점점 그들을 갈라놓는 것이 몹시 슬프다. 아나코어린이집은 생각보다 슬픈 직장인 것이다.

다시 돌아가서, 말콤 맥라렌의 장례식.

런던의 캠던을 통과해서 묘지로 향하는 마차와 장례식 참석자들을 태운 초록색 2층 버스. 1970년대의 펑크풍 형씨들이 뒤쪽에 뛰어 올라탄 2층 버스의 목적지는 노웨어 nowhere, 어디도 아닌.

이처럼 시종일관 피스톨즈다운 장례식은 존 라이든이 타계해도 열리지 않을 것이다.

"아이들에게 애정은 느끼지 않았다." 말콤은 공언했지만, 친아들과 의붓아들이 어렸을 적에는 여느 부모처럼 잠자리에서 이야기를 들려주었다고 한다.

"아버지가 들려주는 이야기는 언제나 컬러풀했고, 멋졌지만, 완결되지는 않았다. 뒷이야기는 스스로 생각해보라고 했다. 그는 무언가를 시작할 뿐 스스로 끝내는 법이 없었다. 그것이 나와 많은 사람들에게는 그의 전설이다. 뒤잇는 것은 우리다."

비비안 웨스트우드가 데려온 아이인 의붓아들이 말콤을 추도하며 한 말이다.

'마음의 아나키스트'를 관철하며 살아가는 사람.
이제 그런 건 아무래도 상관없는 사람.
진심으로 아나키스트가 된 사람.
아나키스트라서 정부에 아이를 빼앗길 위기에 처한 사람.

피스톨즈가 들려준 이야기는 여러 방향으로 발전하여 때로는 멋지게, 때로는 정말 한심하게 현재도 이어지고 있다.
문득, 나 자신이 이어가는 시원찮은 이야기에 대해서도 생각해봤다.
무슨 인과인지, 아나코보육사라니.
도망쳐도 도망쳐도, 나를 잡아 끌어내리는 무언가가 있는 모양이라고 최근에는 자포자기하고 있다.

말콤 맥라렌의 관을 실은 마차의 창문으로 'ⓐ'와 비슷하게 생긴 아나키즘의 상징을 본뜬 꽃장식이 언뜻 엿보였다.

(출처: THE BRADY BLOG, 2010. 4. 27)

올림픽 폐막식과 한여름의 칠면조

 그에 관해서는 전에도 글에 썼던 것 같다.
 지나치게 잘생긴 탓에 쓸쓸한 중년을 보내고 있는 내 배우자의 친구를 말하는 것이다.
 배우자의 출생지, 런던의 레이턴스톤Leytonstone이라는 곳은 일본의 모 언론이 "원래 이 근처는 슬럼가였다."라고 표현하는 올림픽 공원 근처에 있다. 데이비드 베컴David Beckham과 조너선 로스Jonathan Ross[23]가 나고 자란 곳으로도 유명하다.
 배우자의 잘생긴 친구 M은 지금도 레이턴스톤에 살고 있다. 지나치게 잘생긴 탓에 건실한 일자리를 찾을 생각은 하지 않고 인기 없는 밴드의 프런트맨이니 텔레비전 드라마의 단역이니 하는 일만 하면서 불특정

---
[23] 영국의 유명 방송인, 영화 평론가, 배우.

다수의 여성과 섹스에 빠져 지냈다. 그런 인생이 젊은 시절에는 꽤 행복했다고 한다.

그렇지만 마흔을 넘어 용모가 점점 시들면서 그의 인생에도 비애의 색채가 번지기 시작했다. 젊은 여성들은 '시대에 뒤처진 장발 아저씨'라며 비웃기에 그는 푸짐하게 살찐 동네 마담들과 섹스에 몰두했다.

그런 목가적인 이야기로 끝난다면 그나마 다행이겠지만.

그게 끝이 아니었다. 어느새 그의 동네에서는 영국인 여성이 사라졌다.

거리를 다니는 여성이라고는 머리에 빙글빙글 천을 두르고 있는 무슬림, 영어로 말을 걸면 눈을 부라리며 침묵하는 폴란드인만 가득해졌다. 흑인 여성도 많지만, 비욘세처럼 모국어는 영어에 피부색은 커피우유 같은 흑인이 아니라, 방금 전에 아프리카에서 도착한 듯한 이주민 여성들이 대부분이었다.

브라이턴은 어쨌든 지방도시라서 영국인이 거주자 중 대부분을 차지한다. 하지만 런던 동부의 레이턴스톤은 거리를 다니다 열 사람과 지나친다면 그중 피부가 하얀 영국인은 한 명 있을까 말까 하다.

애초에 레이턴스톤은 냄새부터 다르다. 그 숨이

막힐 듯 거리를 꽉 채운 향신료 냄새는 유럽에서 맡을 수 있는 것이 아니다. 그런 곳에 젊은 시절 잘생겼었노라 회상하는 50대 영국인 독신 남성이 있어 봤자 동네의 여유 있는 마담들에게 인기 있을 리가 없다.

"우선, 말이 안 통하니까."

M이 말했다.

"식당도, 슈퍼마켓도, 은행도, 종업원이 전부 외국인이라서 내 코크니cocnkey[24]를 못 알아들어. 런던의 이스트엔드에 살면서 코크니를 쓸 수 없는 시대가 올 거라고는 30년 전만 해도 전혀 상상하지 못했을걸."

쓸쓸한 표정으로 말하는 M 옆에서 올림픽 폐막식을 보던 배우자가 말했다.

"이런 쇼를 보고 있으면 런던에 돌아가고 싶다는 생각이 들긴 하는데, 그냥 그리움이지."

"뭐, 그렇지. 하지만 그리움에라도 기대지 않으면 살아갈 수 없을 때가 있으니까."라는 M의 말에 나와 배우자는 입을 다물었다.

암 진단을 받은 인간의 입에서 나오는 말에는 건강한 인간의 말과 다른 무게가 있기 때문이다.

---

24 런던의 노동자 계급 토박이들이 사용하는 영어 사투리.

정말이지, 50대란 암 세대인 것일까. 배우자, 배우자의 두 누나, 친하게 지내는 배우자의 동료. 최근 수년 동안 암 치료를 받는 사람이 주위에 끊이지 않았는데, 이번에는 M의 차례다.

후두암 진단을 받은 M은 자신이 돌보던 아버지를 2년 전에 여의고 현재는 혼자 살고 있다. 타이에 여행을 갔을 때 현지 바에서 만난 젊은 여성을 영국으로 불러 한동안 함께 살았지만, 왠지 공허해져서 여성을 고국으로 돌려보냈다.

"후두암 진단을 받았을 때, 병원에서 문진표를 받고 대기실에서 적었는데, 구강성교를 몇 번이나 했는지, 지금까지 몇 명을 상대로 섹스를 했는지, 하는 질문이 있었어. 아무리 그래도 500명 전후라고 적기는 좀 그래서 자릿수를 하나 줄였어."라고 M은 웃으며 말한다.

배우자는 한동안 연락이 끊겼던 M이 암 진단을 받았다는 소식을 듣고 순식간에 결심했다.

"런던에 가자. 암 치료는 혼자 고독하게 받든지, 친한 사람들에게 의지하며 받든지, 둘 중 하나야. M은 고독하게 치료받을 수 있는 성격이 아니야. 수화기 너머 목소리도 나한테 기대는 느낌이었어. 당신은 M

이 좋아하는 크리스마스 저녁 메뉴를 만들어줘. 암 치료가 시작되면 음식 맛도 달라져서 좋아하는 거고 뭐고 전부 소용없어지니까. 다 같이 음식을 먹으면서 올림픽 폐막식을 보자."

네 살부터 M과 알고 지냈다는 배우자의 판단이 옳았던 것 같다. 주말에 갑자기 방문한 우리를 보았을 때, M은 짐짓 젠체하며 민폐라는 듯한 반응을 보였지만, 눈가가 살짝 촉촉하니 기뻐 보였다.

그런 연유로 한여름에 칠면조를 굽고 소스까지 직접 만든 나는 레이턴스톤에서 런던 올림픽 폐막식을 시청했다.

"이런 걸 보여주면 우리가 '역시 쿨한 나라에서 살고 있어.'라고 감격이라도 할 줄 안 거야? 롤링 스톤스 The Rolling Stones[25]는 어디 간 거야?"

"런던이 주제라면 스톤스보다는 섹스 피스톨즈 아냐? 멤버 전원은 몰라도 글렌 매틀록[26]은 출연 요청을 받았을 텐데."

---

[25] 1962년 결성하여 현재까지 활동 중인 영국의 록 밴드. 다양한 장르를 넘나들며 전 세계적인 인기를 모은 밴드다.
[26] 섹스 피스톨즈의 베이시스트. 조니 로튼과 갈등 등을 이유로 1977년 밴드에서 탈퇴했지만(그 대신 시드 비셔스가 베이시스트로 합류했다), 1996년 섹스 피스톨즈 재결성 때 다시 합류했다.

"나오미 캠벨Naomi Campbell[27]은 뭔데. 트위기 Twiggy[28]가 나와야지. 그 나이에 그런 외모를 유지하고 있으니까 트위기가 전설이라고. 나오미는 그냥 대머리잖아. 타블로이드에서 사진 봤어?"

칠면조를 먹는 M은 신나 보였다.

"롤링 스톤스랑 데이비드 보위David Bowie[29]는 필요 없어. 중산층 냄새 난다고."

"어째서 존 레넌John Lennon을 신격화하는 거야. 케이트 부시Kate Bush[30]라면 몰라도."

"아냐, 레넌은 그럴 만하지."

"또 그러네. 너는 아일랜드계 영국인이라서 바로 레넌을 편들지.[31] 레넌은 지나치게 과대평가를 받고 있다고. 아니, 그것보다 지금 저 행사는 영국인의 시선으로 만든 게 아냐. 어디까지나 외국인이 상상하는 영

---

27 영국 출신으로 전세계적인 인기를 누린 패션모델.
28 영국 출신 패션모델. 1960년대를 대표하는 모델 중 한 명이며, 그로 인해 모델계에서 중성적이고 깡마른 이미지가 유행하기 시작했다.
29 영국의 음악가. 글램 록의 대부라고 불리며 대중음악 역사상 가장 큰 영향을 미친 음악가 중 한 명이다.
30 1958년 태어난 영국 출신의 싱어송라이터. 영국을 대표하는 대중음악가 중 한 명이다.
31 존 레넌 역시 따지고 보면 아일랜드 계통이다.

국인의 시선이지."

배우자와 M의 말싸움이나 다름없는 대화를 들으면서 나는 생각했다.

암 선고라는 일생일대의 사건과 직면했지만, 이만큼 뜨겁게 이야기할 것이 있다면 괜찮지 않을까, 하고. 그냥 입 다물고 지나칠 수 없는 것이 있으니 괜찮지 않느냐고.

틀림없이 영국인이란 이런 난국을 음악으로 헤쳐 나온 사람들인 것이다.

그렇게 생각하니 속물적이고 상업적인 폐막식에서도 다른 의미가 읽혔다.

"죽은 사람은 됐다고. 프레디 머큐리가 뭐야."

"너는 고집스럽게 게이를 부정하는데, 혹시 너한테 그런 경향이 있어서냐?"

"아냐, 나는 펫 숍 보이즈Pet Shop Boys[32]는 높이 평가해. 남모르게 모리시Morrissey[33]도."

"진짜? 그 맨체스터의 멍청이를?"[34]

---

[32] 1981년 결성한 영국의 남성 듀오. 전 세계에서 인기를 모으며 신스팝과 디스코에 큰 영향을 미쳤다. 두 멤버가 모두 게이다.
[33] 모리시는 영국의 록 밴드 더 스미스(The Smith)의 리더로 밴드 해체 후에도 음악가로 활발히 활동하고 있다.
[34] 모리시는 맨체스터에서 태어났다.

"무슨 소리야. 강렬함이라는 점에서는 맨체스터가 런던보다 쿨하다고."

"이러니까 맨체스터나 아일랜드랑은 말이 안 통해. 네놈들은 근본적으로 쿨의 의미를 몰라. 촌놈들이라서."

바로 얼마 전 말기 암 선고를 받은 M은 그야말로 생기 넘치게 이야기했다.

폐막식의 대미를 장식하기 위해 더 후The Who[35]가 등장하자 M도 배우자도 조용해졌다.

"아아, 저놈들, 진짜 나왔어…."

"응, 카이저 치프스Kaiser Chiefs[36]가 나왔을 때, 이제 끝나나 싶었는데."

그렇게 말하자마자 갑자기 조용해진 두 아저씨를 거실에 놔두고 나는 부엌에서 설거지를 시작했다.

폐막식은 11시 반에 끝날 예정이었지만, 이미 자정을 넘어선 시간이었다. 부엌 벽을 통해서 옆집에서도 폐막식을 보는 소리가 들려왔다. 작년2011년의 런던

---

[35] 1964년 결성한 영국의 록 밴드. 록뿐 아니라 대중음악 전반에 큰 영향을 미쳤으며 롤링 스톤스와 더불어 현재까지 활동하는 대표적인 장수 밴드다.
[36] 1996년 결성한 영국의 록 밴드. 중독성 있는 멜로디로 큰 인기를 얻고 있다.

폭동[37] 후 경찰에 두 아들이 연행되었다고 하는, 자식이 많은 흑인 가정이었다.

"이 동네에도 폭동 뒤에 수갑을 차는 애들이 꽤 있었는데, 올해는 올림픽에서 한밑천 잡으려고 티셔츠랑 특산품 같은 걸 열심히 파는 녀석도 있고, 성실하게 자원봉사자로 지원해서 폐막식에서 춤추는 녀석도 있어."라고 M이 말했다.

그 올림픽도 막을 내린다.

내일부터는 거리도, 사람들도, 일상으로 돌아간다.

일주일만 지나면 모두들 올림픽 같은 건 잊어버리겠지.

그리고 M은 암 치료를 시작할 것이다.

항암제와 방사선을 모두 사용하는 요법이라고 한다.

---

[37] 2011년 런던 북부 토트넘에서 20대 흑인이 경찰관의 총에 맞아 숨지는 사건이 일어났고, 그에 항의하는 시위가 시작되었다. 하지만 시위는 점점 폭력적으로 변질되어 약탈, 방화, 파괴 등이 벌어졌고, 영국 전역으로 확대되었다.

Yeah, I hope I die before I get old
(Talkin' 'bout my generation)
This is my generation
This is my generation, baby

그래, 난 늙기 전에 죽고 싶어
(우리 세대에 관해 지껄이면서)
이게 우리 세대야
이게 우리 세대라고[38]

거실로 돌아가니 50대 중반의 두 아저씨는 모두 소파에서 잠들어 있었다.

크게 울리던 옆집의 텔레비전 소리도 어느새 뚝 그쳤다.

(출처: THE BRADY BLOG, 2012. 8. 17)

---

[38] 더 후의 대표곡인 「마이 제너레이션(My Generation)」의 가사 중 일부다.

안녕히, 밑바닥 어린이집

돈을 벌 수 있는 보육사 일을 매일 하게 되어서 이번 기회에 정식으로 밑바닥 어린이집을 떠나게 되었다. 금전적 여유가 있다면 평생 자원봉사를 했을지도 모르지만, 뭐, 인생이란 현실적인 것이기 때문에 그럴 수는 없는 노릇이다.

내 사랑스러운 작은 인종차별주의자 제이크.
전율의 고딕 유아 레오.
폭력배 꼬맹이 리애나.
"그리울 거야."라는 한 마디로 내 마음을 박살 낸 앨리스.
똥오줌을 가리지 못해서 나를 고생시킨 전 피학대 아동 무스타파.
내가 웃기게 생겼는지 나를 보면 언제나 웃어준 다운증후군의 미테키시.

내가 어린이집에 나오지 않으면, 어린이집에 둔 내 우비의 소매를 꼭 붙잡고 이를 갈았다는 자폐스펙트럼의 재스민.

이런 아이들과 관계를 맺을 수 있는 곳은 밑바닥 어린이집밖에 없을 것이다.

밑바닥 어린이집에서 일한 마지막 날, "아이들이 많이 자라서 어른이 되면, 일하면서 돈을 벌려고 하는 사람도 있고, 일을 하지 않는 걸 선택하는 사람도 있어요. 그건 각자 스스로 결정할 일입니다."라고 애니가 아이들에게 말했다. 이런 이야기를 유아에게 들려주는 보육사가 있는 곳 역시 밑바닥 어린이집 말고는 없을 것이다. 보수당 정권은 '기초생활보장 수급자'의 절대적인 수를 줄이려 하고 있다. 그 정책 실행을 이끄는 사람은 증조모가 일본인인 전 보수당 대표 이언 덩컨스미스다. 성실하고 근면한 기질의 DNA를 지닌 인물이 보수적인 사람들이 격렬하게 지지하는 정책을 실행하고 있으니, 그 열기가 어떨지 쉽게 상상할 수 있을 것이다.

그렇지만.
나라는 인간은 마흔다섯이나 먹고도 전혀 세상

물정을 모르는 멍청이라서 여전히 배우는 게 많다. 그래서 밑바닥 생활자 지원시설에 드나들면서도 알게 되었다고 할까, 생각하기 시작한 것이 있다.

바로 기초생활보장 수급자와 장기실업보험 수급자에 대해 이러쿵저러쿵하는 납세자들에게 '그럼 너도 생활보호를 받으면서 살아봐.'라고 하면 자기는 절대 그렇게 하지 않는다고 답한다는 것이다. 왜냐하면 그 수준까지 떨어지면 안 된다고 생각하기 때문이다. 그리고 다른 사람들에게 '언더클래스의 인간'으로 보이기 싫다는 자기방어와 자존심이 있기 때문이다. 그와 더불어 국가라는 사회에서는 인간들이 제각각 평등하게 (세금이라는 이름의) 책임을 지고, 동등한 존재로서 살아가는 게 공정하고 쿨하다는 개인적인 신념도 있을 것이다.

그런 납세자들의 생각이란 사람들 각자가 자신의 기준에 맞추어 정한 '아름다운', 혹은 '쿨한' 입장과 방향성 중 하나다. 내가 정한 입장과 방향성을 선택하지 않은 누군가가 나와 다른 사고방식을 지니고 있다는 이유로, 혹은 내가 낸 세금을 축내며 게으름을 피운다는 이유로 '네 인생은 잘못됐어.'라고, 아니면 '이렇게 살아야지.'라며 강압할 수 있을까. 그럴 수 있는 자격은 누구에게도 없다.

행운인지 불행인지(냉정하게 생각하면 불행의 비율이 크지만), 나는 가톨릭이라는 종교의 세례를 받았다. 세례를 받은 뒤로 전혀 신자다운 생활을 하지 않았지만, 지금까지 이 사람의 '아름다움' 혹은 '쿨'의 기준은 신뢰할 수 있다고 생각해서 놓아버리지 못하는 남자 중에 예수 그리스도라는 사람이 있다. 그는 오래전, 추잡한 창부를 돌로 쳐 죽이자고 하는 사람들에게 '나는 지금까지 살아오면서 아무런 죄도 짓지 않았다고 진심으로 생각하는 녀석만 이 여자에게 돌을 던져라.'라고 말한 것으로 유명하다.

 밑바닥 어린이집에서 보낸 날들은 내게 바로 그 예수의 말을 체험하는 듯한 시간이었다. 나는 '밑바닥 어린이집' 시리즈를 시작하고 지금까지 블로그에 "그 너머에 있는 것"이라는 말을 몇 차례인가 썼다. 너희는 쓸모없는 인간들이야, 쓸모없는 인간들이야, 쓸모없는 인간들이야. 그 말 너머에 있는 것.
 내 배우자가 암 치료 때문에 낑낑거리면서도 덤프트럭에 올라타 일하는 동안, 대낮부터 밑바닥 생활자 지원시설에 모여 불장난을 하거나 이상한 냄새가 나는 엽궐련을 피우는 건강한 기초생활보장 수급자들을 볼 때마다 나는 그런 생각을 했다.

당신들은 인간쓰레기야, 인간 말종이야, 나는 그렇게 생각해, 하는 '그 생각의 너머에 있는 것'.

"그건 각자가 스스로 결정할 일입니다." 이 말은 애니의 입버릇이다. 그 말을 자신의 입장이자 방향성으로 삼고 있는 애니는 무색투명하고 매우 조용한 물 같다. 오는 사람은 거부하지 않고, 가는 사람은 붙잡지 않는다. 그것은 각자가 스스로 결정할 일이니까.

"그럼 다음에."라고 평소처럼 인사하고 여느 때처럼 어린이집에서 나왔다.

'행운을 빌어.'라거나 '또 연락해.' 하는 어쩐지 거짓 같은 작별 인사와 포옹은 전혀 없었다. 너무 아무렇지 않게 끝난 탓에 밑바닥 어린이집에서 보낸 2년 9개월이 전부 현실이었는지 의심스러울 지경이다.

실제로 제이크도, 레오도, 리애나도, 앨리스도, 무스타파도, 이미 한참 전에 어린이집을 떠났다. 마지막 날 내가 상대한 아이들은 다들 새로 와서 잘 모르는 아이들이었다. 새로운 문제를 끌어안고, 새로운 취약성과 흉포성을 드러내는, 새로운 아이들. 그들은 이 시설에 왔다가 사라진다. 그리고 나 역시 떠나간다.

이곳에서 내가 가지고 가는 것은 무엇일까 생각한다. 그것은 틀림없이 '그 너머에 있는 것'과 "그건 각자가 스스로 결정할 일입니다."라는 말이겠지. 그리고 아마도 그 두 가지는 밀접하게 연결되어 있을 것이다.

브라이턴의 겨울 하늘은 어쩐지 맑았다.
나 자신의, 이 너머에 있는 것은 무엇일까.
그런 시시한 생각을 하면서 밑바닥 생활자 지원시설의 현관문을 열고 나가 내리막길을 걷는데, 갑자기 초록빛이 감도는 황토색 개똥이 꾹 밟혔다. '쉿 Shit, 제기랄, 똥.' 이 말이 가리키는 건 바로 이런 상황이다.
인생이란 어디까지나 완전히 똥 덩어리.

아니, 아니, 아니, 이건 전부 실화다.
설령 믿지 않는 사람이 있다고 해도.
안녕히, 밑바닥 어린이집.

(출처: THE BRADY BLOG, 2011. 1. 21)

다이아몬드 주빌리

오늘도 여느 때처럼 유아의 기저귀를 갈던 그의 곁에 어린이집 책임자가 와서 하얀 서류를 건넸다.

"그 일이 끝나면 읽어줘."

그는 땀으로 착 달라붙은 고무장갑을 벗고, 아무리 씻어도 밀크티 색깔 설사 냄새가 가시지 않는 양손의 물기를 종이 수건으로 닦고는 서류를 읽어보았다. 그건 내년 2012년의 다이아몬드 주빌리 Diamond Jubilee(엘리자베스 2세의 즉위 60주년)와 관련한 공문이었다.

'다이아몬드 주빌리는 국민의 휴일이지만, 공휴일·국경일과는 다르기 때문에 네놈들의 급여를 하루치 제할 것이니 그리 알고 있어라.'라는 내용이었다. 'would'니 'could'니 'appreciate'니 하는 정중하고 멍청한 단어가 곳곳에 떡칠되어 있었지만 그런 내용이었다. 정중하고 부드러운 말투로 사람을 폭 찌른다. 영국의 사용자들이 보내는 편지란 대체로 그런 것이다.

"이거 고용법 위반 아냐?"

"위법이었으면 문서로 줄 리 없지. 증거가 남잖아."

"왕실이 결혼할 때도 급여에서 제했어."

"그런데 다이아몬드 주빌리는 몇 주년이야?"

"골든 주빌리가 30주년이었나?"

"아니, 골든은 50년이었지."

"세상에, 그 할머니 대체 몇 살이야?" 하는 젊은 동료들의 대화를 들으면서 그는 생각했다.

돌이켜보면, 내 청춘 시절의 섹스 피스톨즈가 템스강에 보트를 띄우고 「갓 세이브 더 퀸God Save the Queen」[39]을 연주했던 게 벌써 오래전, 여왕 즉위 25주년을 기념할 때였다. 데릭 저먼Derek Jarman[40]이 만든 「주빌리」라는 제목의 영화도 있었다. 그 때문에 그에게 주빌리라는 단어는 유니언 잭Union Jack[41]과 안전핀으로 구

---

39 엘리자베스 2세 즉위 25주년이던 1977년 발표된 곡. 제목과 달리 영국 왕실과 여왕을 조롱하는 내용이라 당시 방송 금지 처분을 받기도 했다.
40 영국의 예술가, 영화감독, 정원사, 성소수자 인권 운동가. 혁신적이고 논란이 많은 작품들을 발표했다. 1978년 공개된 「주빌리」 역시 판타지와 현실을 넘나드는 실험적인 영화로 영국의 몰락 등을 그렸다.
41 영국 국기로 잉글랜드, 스코틀랜드, 북아일랜드 국기를 하나로 합쳐 만들어졌다.

성된 쿨한 펑크 랜드를 의미하는 것 같았다.

그랬던 아시아 동쪽 끄트머리의 꼬맹이가 어느새 40대 후반의 이주민이 되었고, '주빌리를 위해서 내년에는 급여 중 하루치를 뺄 거다.'라고 사용자에게 통보를 받는 보잘것없는 노동자가 되었다. 다이아몬드 주빌리는 여왕 즉위 60주년. 무슨 불운인지 그로부터 35년이 지난 것이다.

"아, 얘 또 똥 쌌어."

이것저것 사색하며 감상에 젖을 틈도 없이 동료가 한 살 유아의 손을 잡고 왔다. 그는 작업용 비닐 앞치마를 부스럭거리며 몸에 두르고 고무장갑을 꼈다.

한 살 유아를 데려온 동료 샬럿은 18세로 아기 사슴 밤비 같은 눈을 지닌 마음씨 고운 어린 친구다.

"나는 이 일이 정말 좋아. 정말로 아이들을 사랑하는걸."

반짝이는 10대의 눈동자로 그렇게 이야기했다가도 10분 뒤에, "뭐래, 완전 거짓말. 언제 그만둘지만 생각한다고. 이런 엿같은 일." 하기도 한다.

나 참, 롤러코스터처럼 올라갔다 내려갔다, 미개하고 에너지 넘치는 10대의 감성에는 어울릴 수가 없어. 그렇게 생각하면서도 그가 샬럿을 모른 척하지 못하는 것은 샬럿에게서 그가 전에 드나들었던 밑바닥 생활자 지원시설의 냄새가 났기 때문이다.

"내 엄마는 생각 없이 애만 낳고 키우는 사람이었어. 이 나라에는 말이지. 그렇게 정부의 돈을 축내면서 일하지 않고 살아가는 여자들이 있어. 나는 엄마처럼 되고 싶지 않아서 여기서 수습으로 일하기로 했어. 하지만 정식으로 보육사 자격을 땄는데 아직까지도 수습 때 시급밖에 받지 못하고 있어. 최저 임금 이하."

"어? 그건 너무 이상한데. 매니저한테 제대로 말해봤어?"

"…이것저것 다 말하면 잘릴 거 같은걸. 백수가 되는 게 제일 무서워."

유아들의 낮잠 시간에 샬럿이 들려주는 이야기를 듣고 있으면, 그의 뇌리에는 밑바닥 생활자 지원시설에서 만났던 싱글 맘의 아이들이 떠오른다.

그 아이들 중 일부도 언젠가는 샬럿처럼 될까.

'언더클래스의 아이들은 일할 수 있는 것만으로도 운이 좋은 거다.'라는 무언의 압력을 느끼면서 손쉽게 사용자에게 이용당하는 10대가 되는 걸까.

그날 집에 돌아가는 길, 여느 때처럼 환승하는 버스 정류장에 내리자 명문 공립학교의 초등학생들이 줄지어 걷는 것이 보였다. 수업의 일환으로 박물관 같은 곳에 갔던 모양이었다. 공립학교지만 고급 주택가에 자리한 그 학교 학생들의 피부는 눈부시게 하얬다. 요즘 영국에 이런 학교도 드물지. 그가 그런 생각을 하며 학생들을 바라보는데 단 한 명 피부가 검은 소년이 행렬에 끼어 있는 게 눈에 띄었다. 뺨을 장밋빛으로 물들이며 수다 떨거나 서로 장난치는 백인 아이들의 행렬 맨 뒤에서 빼빼 마른 흑인 소년은 조용하고 예의 바르게, 하지만 무표정하게 걷고 있었다.

오래전, 그가 자원봉사를 했던 밑바닥 생활자 지원시설의 어린이집에 다녔던 소년이었다. 부친의 폭력에 시달리다가 이집트에서 도망쳐 영국으로 건너온 3세 어린이. 영어를 전혀 몰라서 침묵한 채 눈물을 뚝뚝 흘리던 3세 어린이. 초등학교 교복을 입은 무스타파는 이상하리만치 어른스러워 보였다.

그렇지만 체격에 비해 짤따란 재킷과 무릎 언저리가 하얗게 닳은 바지를 보니 집안 사정은 그때와 그리 달라지지 않은 것 같았다. 그런 옷차림을 한 아이는 행렬 중 무스타파 외에 아무도 없었다.

그래서일까. 무스타파의 옆에서 걷는 아이도, 무스타파에게 말을 거는 아이도, 없었다. 단 한 명도. 무스파타는 그곳에 있지만, 없는 취급을 당하는 인간 같았다.

"헤이! 무스타파!"

그는 자기도 모르게 소리쳤다.

무스타파는 의아한 눈빛으로 그를 보았지만 갑자기 무언가 기억났다는 듯이, "헬로! 헬로! 헬로!"라면서 양팔을 들고 힘껏 흔들었다.

"헬로! 헬로! 앤드 바이 포 나우 And bye for now, 그리고 지금은 안녕!"

커다랗고 하얀 치아를 드러내고 검은 피부의 무스타파가 활짝 웃었다.

무척이나 상류층다운, 발음이 깔끔한 영어였다.

기쁜 것도 같고, 쓸쓸한 것도 같은, 그 모두가 뒤섞인 복잡한 심정으로 무스타파를 배웅하는데 정류장에 버스가 다가왔다. 그는 허둥대며 주머니에 손을 넣고 버스표를 찾았다. 툭. 길바닥에 떨어진 것은 버스표가 아니라 사용자가 보낸 공문이었다.

"망×fu××ing 여왕 폐하 만세. 그 노인네 때문에 월급이 줄잖아." 샬럿은 말했다. 맞는 말이다. 그의 머릿속에서는 이미 조니 로튼이 '그 노래'를 부르고 있었다.

여왕 폐하 만세
관광객들은 돈이 되거든

우리의 폐하는 겉보기와 다르지만

우리 역사 만세
광란의 행진이여 만세
오오, 부디 자비를
모든 범죄는 죗값을 치렀어[42]

버스에 올라타 2층으로 올라가니 다시 창밖으로 줄지어 걸어가는 초등학생들이 보였다.

미래가 없는데
죄 따위가 있을 리 없지
우리는 쓰레기통 속에 핀 꽃이다
우리는 네 기계 인간 속의 독이다
우리가 미래다
너의 미래

맨 뒤에서 고개를 숙이고 걷는 무스타파의 옆을 버스가 지나쳤다.

---

[42] 섹스 피스톨즈의 「갓 세이브 더 퀸」의 가사 중 일부다. 이어서 나오는 인용문 역시 같은 곡의 가사 중 일부다.

보통 교사 한 명이 맨 뒤에 있는 학생을 보호하며 걸을 텐데, 젊은 금발의 여성 교사는 무스타파보다 앞서 걸으며 다른 학생들과 밝게 담소를 나누고 있었다.

우리는 쓰레기통 속에 핀 꽃이다
우리는 네 기계 인간 속의 독이다
우리가 미래다
너의 미래

무스타파는, 입을 꾹 다물고 걸었다.
터벅터벅, 하지만 그는 똑바로, 화사한 하얀 행렬에서 떨어지지 않고 앞으로 나아갔다.

"노 퓨처no future, 미래는 없다"라는 구절로 유명한 그 노래는 절망의 찬가가 아니다.
희망의 찬가다.

(출처: THE BRADY BLOG, 2011. 12. 7)

당신이 내 사랑을 느낄 수 있도록

 그의 아들은 가톨릭 계열의 공립학교를 다니고 있는데, 학교에서는 언제나 반에서 유일한 흑인 소년 R과 어울리는 모양이다.

 학년에서 가장 키가 크고, 달리기가 빠르고, 조숙해 보이는 R은 오래전 가시마 앤틀러스라는 프로 축구 팀에서 뛰었던 산토스라는 선수를 떠오르게 한다. 그처럼 아름다운 야생동물 같은 R과 배우 잭 블랙의 미니어처 같은 외견을 한 아들의 조합은 전혀 조화롭지 않아 신기할 정도지만, 두 사람의 우정은 현재까지 굳건하다.

 올해 크리스마스에도 그의 아들과 R은 서로의 집을 오가며 지내려 했지만, R의 할머니가 12월 중순에 런던에서 돌아가셨기에 계획이 틀어졌다.

 그래서 R의 아버지가 섣달그믐날에 R을 데리고

그의 집에 놀러 왔을 때, 그의 아들은 방방 뛰며 흥분했다.

아이들은 곧장 컴퓨터가 있는 방으로 달려갔고, 그는 R의 아버지에게 홍차를 내주었다.

"아, 더 센 게 좋을까요? 그래도 연말인데."

"아니, 괜찮아요."

미소 지으며 사양하는 얼굴을 보고 그는 R의 아버지가 술을 마시지 않는다는 사실을 떠올렸다.

"런던은 어땠어요?"

"정신없었죠."

"그랬겠네요."

"어머니와는 그리 사이가 좋지 않아서 그런 기분이 들지는 않을 줄 알았는데… 어떤 점에서는 정신없어서 다행이었다고 생각해요."

R의 아버지가 하는 이야기를 들으며 그는 묵묵히 홍차를 입에 댔다.

스카이 뉴스[43]가 2011년에 일어났던 일들을 돌아보는 방송을 내보냈다.

---

[43] 영국의 텔레비전 뉴스 채널.

윌리엄 왕자와 캐서린 왕자비의 머리 위를 날아가는 영국군 전투기. 오사마 빈라덴 사망 뉴스에 눈을 휘둥그레 뜬 힐러리 클린턴. 노르웨이 테러리스트의 얼굴 사진.

갑자기 후드티의 모자를 뒤집어쓴 흑인 소년이 화면에 등장해 시청자를 향해 가운뎃손가락을 세우며 "이건 씨×fu××ing 우리의 전쟁이야!"라고 외쳤다. 불타오르는 런던 거리. 상점에서 훔친 전자제품과 구두를 양손 가득 들고 나오는 젊은이들. 대기업 비서처럼 정장을 빼입은 젊은 여성까지 혼란한 틈을 타서 구두 상자를 안은 채 뛰어다닌다.

한바탕 그런 영상을 내보낸 다음에 "런던 폭동이 일어난 이유 중 하나로 정부의 긴축 정책 탓에 런던 지역의 유스 워커youth worker 중 다수가 해고된 것이 꼽힙니다."라고 스튜디오에서 자신의 식견을 뽐내는 대형 신문사의 저널리스트가 말했다.

"그런가. 나도 새 일자리를 찾아야 할지 모르겠네."

R의 아버지가 웃으며 말했다.

무엇을 숨기랴, R의 아버지 역시 유스 워커로 일하고 있기에 그런 말을 한 것이다.

유스 워커란, 크게 엇나가거나 엇나가기 직전인 청소년들을 상담하며 '인생의 지침'을 보여주는 복지계 종사자. 그는 그렇게 이해하고 있다.

"뭐, 간단히 말해서 10대 아이들의 이야기를 듣고, 굳이 안 해도 되는데 이것저것 간섭하는 참견쟁이 아저씨, 아줌마죠."

R의 아버지는 흑인임에도 일본의 에비스惠比寿[44]님 같은 푸근한 미소를 지으며 말했다.

R의 아버지도 런던에서 유스 워커로 일한 적이 있고 특히 청소년 범죄율이 높은 지역을 맡았다고 하니, 총과 칼을 갖고 다니는 소년을 담당한 적도 있었을 것이다. 브라이턴에서도 불법 약물과 흉기 범죄에 관여한 적 있는 청소년들을 맡고 있다는 R의 아버지 자신도 예전에 그런 소년이었을지 모른다고, 그는 생각한다. 딱 한 번, R의 아버지가 휴대전화로 연락한 청년을 혼내는 모습을 본 적이 있는데, 비속어가 뒤섞인 흑인 억양의 설교에는 그저 푸근한 에비스님 같지 않은 박력이 넘쳤다.

"돌아가신 어머니는 걸핏하면 저를 때렸어요. 진짜, 요즘 같았으면 아동 학대였죠."

---

[44] 일본의 전통 신앙에서 행운을 가져다준다는 칠복신 중 한 명으로 어업과 바다를 수호한다. 일본 맥주 에비스의 캔에도 그려져 있다.

"일본에 계신 제 아버지도 야만스러웠어요. 늘 집 안에 물건이 날아다니고 깨지고, 어머니가 코피를 흘리면서 쓰러진 적도 있어요. 그 집도 어엿한 학대 가정이었어요, 하하하."

"아니, 이봐, 지금 건 절대로 내가 잘못한 게 아니라 당신 사정 때문에 때린 거지. 그렇게 생각할 때도 꽤 많았어요."

"하하하, 알아요, 알아. 야, 지금 마음에 여유가 하나도 없지? 그래서 그렇게 폭력적으로 돌변한 거지? 그런 생각을 어린 마음에도 했어요."

"맞아요, 맞아. 그리고 제 경우에는 동네에 복서 출신인 백수 아저씨가 있었는데, 그 사람이 지금 생각해보면 어머니한테 마음이 있었던 것 같아요. 암튼 생판 남이면서 저를 두들겨 패는 거예요."

"하하하."

"상대는 복서 출신이니까 진짜 목숨 걸어야 했죠. 엄마를 울리니까 기분 좋냐고, 진심으로 주먹을 휘둘렀어요. 심지어 어머니가 볼 때만 이상하게 발놀림이 가볍고 쿨했다니까요."

"하하하."

"머지않아 너는 구제 불능이니까 복서가 되라면서 어두침침한 체육관에 끌고 가기도 했어요. 왠지 그러면 BBC에서 만드는 흑인 불량소년 갱생 다큐멘터리 같아서 그쪽 길로는 나아가지 않았지만요."

"하하하하하."

"그래도 지금 생각해보면 유스 워커가 하는 일이란 그때 그 아저씨가 했던 일을 좀더 부드럽게 하는 것 같아요."

문득 텔레비전을 보니 "이 폭동은 단순하게 그저 범죄에 불과하다. 그렇기 때문에 우리는 그들에게 맞서 승리해야 한다."라고 데이비드 캐머런 총리가 연설하고 있었다.

"…저 자식, '10대들에게 필요한 건 사랑이다.'라고 지껄인 적도 있었죠."

그가 중얼거리자 R의 부친은 웃음이 터져 입 안의 홍차를 뿜어낼 뻔했다.

"거참, 캐머런의 묘비에 새기면 좋겠네요. 그 말을."

그런데 대체 보도하는 방송국도 무슨 센스인지 2011년 결산 방송을 리비아 민주화 운동과 일본의 쓰나미 등으로 매듭지으면서 하필이면 아델Adele의 「메이크 유 필 마이 러브Make You Feel My Love」를 배경 음악으로 흘려보냈다.

"진짜 대단한 선곡이네요. 이렇게 달달한 사랑 노래를."이라고 그가 감탄하자 R의 아버지는 미소를 지으며 말했다.

"그래도 이 노래, 일단 원곡은 밥 딜런Bob Dylan이죠. 예전에… 무직자와 저소득자를 지원하는 시설의 어린이집에서 일했다고 말씀하셨죠? 그 어린이집의 책임자가 9월에 그만둔 건 들으셨어요?"

"연금으로 생활한다는 것 같던데요. 그분도 이제 60대니까요."

"아뇨, 아직 일하고 있어요. 10대에 아이를 낳은 문제 행동이 있는 청소년들과 그들의 자녀들을 한꺼번에 같은 위탁부모에게 맡기는 복지 프로그램이 있는 건 아세요?"

"네, 신문에서 봤어요."

"그분은 어린이집을 그만두고 지금 그 선구적인 프로그램의 위탁모로 일하고 있어요."

"…."

"안심하세요. 저도 기밀 유지 의무는 잘 알고 있어요. 당신에게 안부 전해달라고, 그분이 직접 부탁했거든요."

빗줄기가 당신의 얼굴을 때리고
이 세상 전부가 당신을 비난할 때
나는 당신을 따뜻하게 안아줄게요
당신이 내 사랑을 느낄 수 있도록

밤이 주위에 그림자를 드리우고 별들이 나타나
당신의 눈물을 닦아줄 사람이 아무도 없을 때
나는 당신을 백만 년이고 안아줄게요
당신이 내 사랑을 느낄 수 있도록[45]

"문제 행동이 있는 아이들은 항상 '안 돼no.'라는 말만 듣고 있어요. 그러니 적어도 우리만은 그들에게 '그래yes.'라고 말해줍시다."

오래전 그의 전 상사는 그렇게 말했다. 생각해보면 그의 전 상사도 캐머런의 묘비에 새겨야 하는 말과 거의 같은 말을 했던 셈이지만, 두 말의 출처는 하늘과 땅만큼이나 다르다.

"두 세대를 한 번에 맡는 위탁부모라니 참신한 아이디어지만, 터무니없이 큰일이겠는데요."

---

[45] 아델의 「메이크 유 필 마이 러브」 가사 중 일부다. 178면의 인용문 역시 같은 곡의 가사 중 일부이다.

"그래서 흥미를 보이는 사람은 있어도 진심으로 위탁부모가 되겠다고 나서는 사람이 없어요."

"24시간 내내 일하는 셈이니까요…. 얌전히 정년을 맞이한 줄 알았더니 그랬군요. 그나저나, 그 세계를 향한 그분의 고집이란 대체 뭘까요."

그는 그렇게 말하고는 R의 아버지를 보았다.

"느긋하게 살아갈 집도 돈도 있다고 알고 있는데… 그 정도까지 한다면, 그건 일종의 강박이에요."

"그런 종류의 강박을 가리키는 말로 아주 오랫동안 일반적으로 쓰인 게 있죠."

에비스 님과 닮은 흑인 아저씨가 의미심장하게 웃었다.

나는 당신을 행복하게 만들어줄 수
있을지도 몰라요
당신의 꿈을 이루어줄 수 있을지도 몰라요
당신을 위해서라면 무엇이든 하겠어요
이 세계의 끝까지라도 가겠어요
당신이 내 사랑을 느낄 수 있다면
당신이 내 사랑을 느낄 수 있다면

그런 사랑 노래를 배경으로 오늘도 텔레비전 뉴

스 속의 세계는 서로 다투고, 재난과 마주하고, 비탄에 빠져 있다.

"허무하다. 그런 말은 젊은이들이나 쓰는 거라는 생각이 들어요. 그분을 보면."

그는 그렇게 말했다.

에비스 님을 닮은 아저씨는 여전히 의미심장하게 눈을 가늘게 뜬 채 미소 짓고 있었다.

(출처: THE BRADY BLOG, 2012. 1. 10)

무지개 너머

언제부터인지 근처 이웃들이 연달아 이사를 가고 있다.

예전에 내가 블로그에 "다섯 살 아들한테 '눈을 마주치면 안 되는 사람'이라고 가르쳤다"고 적었던 동네 이웃들 중 두 사람이 모르는 사이에 이사를 간 것이다.

일단 혼자 살면서 맨날 얼룩무늬 군복 같은 옷을 입고 거리를 쏘다니며 중얼중얼 혼잣말을 내뱉다가 느닷없이 다른 사람한테 욕을 퍼붓던 S가 이사를 갔는지, 그가 살던 집에는 "판매 중"이라고 쓰인 부동산의 팻말이 세워졌다.

그리고 그 맞은편에 역시나 혼자 살던 T. 돌보던 어머니가 눈감는 것과 동시에 정신이 병들어 예언자처럼 신의 존재를 설교하며 거리를 돌아다니는 아저씨가 되었던 그 역시 이사를 갔다. 그의 집 정원에도 마찬가지로 "판매 중" 팻말이 서 있다.

"두 사람 한꺼번에, 동시에 사라진 거야?"
"사건의 발단은 T. 그 사람이 S의 집에 숨어들어서 현금이랑 수표책을 훔쳤대."

옆집 아들이 홍차를 마시면서 말했다.

"S도 말이지, 머리가 좀 정상이 아니니까 문단속 같은 건 전혀 안 했고. 뭐, 무방비했다고 하면 그런 거긴 한데. 암튼, 그랬는데 T가 집에 침입해서 돈을 훔쳤다는 걸 알아차린 S가 맞은편의 T네 집에 쳐들어가서 엉망진창으로 두들겨 팼대."

"그런데 S는 어떻게 T가 범인인 걸 안 거야?"

"T 알지? 맨날 낡아빠진 펠트 중절모를 쓰고 다니잖아. 그 모자를 S의 집에 깜박 두고 갔대. 멋대로 홍차를 마시고 비스킷을 먹은 흔적도 있었다고 하고."

"…좀 지나치게 긴장을 풀었나 보네."

"아무래도 자기 집 맞은편에서 범죄를 저지르면 마음이 해이해지는지도 모르겠어. 아무튼 S한테 얻어맞은 T가 완전히 겁먹어서 경찰을 불렀는데, 피투성이인 얼굴로 '신이 심판을 내렸다. 신의 보복이 시작된다.'라고 말하면서 난동을 부린 탓에 그대로 의료시설로 이송되었대."

"…그건 뭐, 그럴 만했겠네."

그 뒤 어째서인지 위장복 차림의 S는 집이 아닌 길바닥에서 생활하기 시작한 모양으로 아무도 살지 않게 된 집이 아깝다는 이유로 친족이 집을 부동산에 내놓았다고 한다. 그리고 정신의료기관에 장기 격리가 결정된 T의 집도 마찬가지 이유로 친족이 팔려고 내놓은 듯했다.

그런 연유로 우리 동네의 마주 보는 두 집에 같은 팻말이 서 있다.

"판매 중."

돌이켜보면, 이 동네의 토착민이었던 T와 S의 부모는 마거릿 대처 정권의 '공영주택 불하拂下' 정책에 따라서 매우 싼값에 공영주택을 사들인 사람들이었다.[46]

---

[46] 1979년에만 해도 영국인 중 42퍼센트가 공영주택지에 거주했지만, 마거릿 대처 정권은 관리 등의 이유로 국가 재정에 큰 부담을 끼치는 공영주택지를 1980년대에 파격적으로 싸게 내놓아 주민들이 우선적으로 구입할 수 있게 했다. 그 뒤로 영국에서는 신규 공영주택이 거의 지어지지 않고 있다.

공영주택에서 사는 저소득자에게 믿을 수 없을 만큼 싼 가격으로 현재 거주하는 집을 판매하겠다. 이런 정책은 얼핏 들으면 인도적인 것 같다.

실제로 당시 주민들도 그렇게 생각했고, 대처 정권의 '은혜'에 힘입어 내 집을 갖게 되었을 때는 대처에게 감사하기까지 했다.

그렇지만 머지않아.

영국의 주택이란 매년 어딘가가 망가질 만큼 허술하게 지어지다 보니 구 공영주택에도 여기저기 수리할 곳이 나타났다. 공영이던 시절에는 담당 기관에 전화 한 통 걸어서 "난방이 고장 났어요."라든지 "천장에 곰팡이가 나서 상태가 심각해요."라고 하면 기관이 수리업자를 보내서 무료로 수리·복구를 해주었지만, 내 집이 되니 그런 정비 비용이 전부 자기 부담으로 바뀌었다.

음, 최근 난방이 잘 안 되는데. 이런 생각이 들어 업자를 불러 봐달라고 하면 "아아, 중앙난방의 열을 천장에서 집 여기저기로 보내는 파이프가 몇 곳 막혀 있네요. 파이프를 전면적으로 교체해야 합니다. 이래저래 3000파운드 정도 들어요." 하는 진단을 내린다.

하지만 가난뱅이에게 그 정도 여윳돈은 없고, 빚을 내어도 상환할 방법이 없다.

"그래서 1980년대에 이 동네에서는 한겨울에 자기 집에서 얼어 죽은 사람도 있었어." 옆집 아들의 어머니가 그렇게 말한 적도 있다.

공영주택 불하는 대처 정권에 예산 절감을 위해 필요한 정책이었다. 공영주택의 정비 비용이 지방정부의 예산에 막대한 타격을 입혔기 때문이다. 거의 매년 어딘가가 망가져서 정부의 돈으로 수리해야 했던 집들을 파격 할인을 해서라도 주민들에게 팔아치우면 정부는 정비 부담에서 영구히 해방될 수 있었다.

심지어 저소득자가 공영주택을 사면서 빚을 진 덕분에 새로운 수입원이 생겨나기도 했고 말이지, 후후후. 마거릿 대처가 그렇게 생각하며 회심의 미소를 지었는지 어땠는지는 모르지만, 그가 수완 좋은 장사꾼 할멈이었던 것은 틀림없다.

'자기 집도 스스로 정비하지 못하는 게으르고 무능력한 놈은 집에서 동사나 해.'

그렇게 말하는 듯한 마거릿 대처의 정책은 2012년 현재까지도 길게 그림자를 드리우고 있다.

그 그림자의 끄트머리가 T였고, S였다.

그리고 그런 그들이 이 마을에서 완전히 모습을 감추게 된 지금, 이 나라의 정권은 대처의 후예들_{보수당}이 잡고 있다.

그들이 사라진 것은 결코 우연이 아니다.

나는 S와 별다른 교류가 없었다.

정확히 말하면 길을 걷다가 "네 나라로 돌아가. 썩을 중국인."이라며 욕을 먹은 적은 몇 차례 있지만, 그 이상 인간관계를 쌓지는 못했다.

그렇지만 스톤 로지스The Stone Roses [47]와 주디 갈랜드Judy Garland [48]를 무척 좋아했던 T와는, 그가 어쩌고 신을 선교하며 거리를 배회하는 이상한 아저씨가 아니라 어머니를 돌보는 심약한 중년 남성이었던 시절에 종종 길에서 대화를 나누었다.

T는, 게이였다.

영국의 게이 수도 브라이턴. 아무리 그렇게 불려

---

[47] 1983년 결성된 영국의 록 밴드.
[48] 미국의 배우. 영화 「오즈의 마법사」에서 도로시를 연기한 것으로 유명하다.

도 해변의 멋들어진 게이 거리나 가방끈 긴 사람들이 사는 지역이 아닌 우리 동네처럼 거친 빈민이 많이 사는 사나운 곳에서는 게이도 운신의 폭이 좁다. 심지어는 물리적인 괴롭힘을 당하기도 한다.

"그 부분은 그렇게 소리를 지르면 안 돼. 좀더 애절하게 불러야지."

학예회에서 코러스를 맡아 「오버 더 레인보우Over the Rainbow」[49]를 마당에서 낭랑하게 연습하던 우리 집 아들에게 T가 조언을 해준 적이 있다.

어딘가, 무지개 너머
저 하늘 높은 곳
오래전 자장가에서 들어본 세계가 있어

어딘가, 무지개 너머
하늘은 새파랗고
당신이 감히 꾸었던 꿈이 정말로 이루어질 거야[50]

---

[49] 「오버 더 레인보우」는 영화 「오즈의 마법사」에서 주디 갈랜드가 부른 곡이다.

이 동네에는 불법 약물 밀매를 하는 10대 폭력단도 사는데, 그런 소년들이 한밤중에 길에서 "망할 게 이 새끼!"라며 얼굴을 엉망으로 때린 탓에 T는 앞니가 두 개 없다.

아무래도 남한테 얻어맞는 일이 많은 사람인 모양이다.

언젠가 별에게 소원을 빌어
구름 저 너머에서 잠을 깰 거야
모든 걱정이 레몬 사탕처럼 녹아내리는
곳일 거야
굴뚝 꼭대기보다 높은 그곳에
내가 있을 거야

"그렇게 밝은 노래가 아니란다. 너는 아직 잘 모르겠지만."

T는 앞니가 사라져서 바람이 쉭쉭 새는 발음으로 내 아들에게 말했다.

---

50 「오버 더 레인보우」의 가사 중 일부다. 189면까지 등장하는 인용문은 모두 같은 곡의 가사 중 일부다.

어딘가, 무지개 너머
저 하늘 높은 곳
오래전 자장가에서 들어본 세계가 있어

어딘가, 무지개 너머
파랑새가 날아다니는 곳
새들은 무지개 너머로 날아가는데
어째서 나는 그럴 수 없을까

 어느 날 늦은 밤, 소년들이 T의 집에 쳐들어가 돈이 될 만한 물건을 전부 훔쳐 갔다.
 그리고 그로부터 2주 후의 일이다. T가 맞은편에 사는 S의 집에 숨어들어 현금과 수표책을 훔친 것은.
 "나한테 「오버 더 레인보우」를 가르쳐준 모자 쓴 아저씨가 요즘 안 보이네."
 아들이 말했다.
 "아아, 이사 갔대."
 "어디로?"
 아들이 내게 물었다.
 "몰라."라고 나는 답했다.

 저 행복해 보이는 작은 파랑새는

무지개 너머로 갈 수 있는데
어째서
아아, 어째서
나는 그럴 수 없을까

　서로 마주 보는 두 주택의 앞마당에는 선명한 무지개가 걸려 있다.
　T의 친족과 S의 친족이 같은 부동산 중개업자를 이용하는지 앞마당에 세워진 "판매 중" 팻말에 똑같은 무지개 그림이 그려져 있는 것이다.
　"작별 인사도 못 했네." 아들이 말했다.
　"이 동네에는 그렇게 갑자기 사라지는 사람들 꽤 많으니까."라고 나는 답했다.

　끝없이 잿빛인 하늘에서 빈민가로 그치지 않는 비가 내린다.
　부동산 중개업자의 팻말에 붙어 있던 무지개 그림은 흠뻑 젖어서 떨어졌고, 흐물흐물한 종이가 찢어지기 시작했다.

(출처: THE BRADY BLOG, 2012. 5. 1)

노 퓨처와 휴머니즘

쉽게 갈 수는 없겠지. 그렇게 예상하긴 했다.

우리 동네 브라이턴에 오는 퍼블릭 이미지 리미티드 Public Image Ltd, 이후 PiL[51]의 공연 티켓을 손에 넣은 시점에 그런 예감이 들었다.

아니나 다를까. 내가 일하는 어린이집이 PiL의 공연일에 보호자 면담을 잡아버렸다. "아냐, 그날은 안 돼." 거짓부렁을 늘어놓으며 일정을 바꿔보려 했지만, 어떻게 해도 그날만 시간이 되는 보호자가 있다고 했다. 보호자 면담은 근무 시간이 끝난 뒤인 오후 6시부터 시작한다. 남은 방법은 보호자에게 최대한 이른 시간에 와달라고 부탁하고 최악의 경우에는 테디베어와

---

[51] 섹스 피스톨즈에서 탈퇴한 조니 로튼을 중심으로 1978년 결성된 밴드. 조니 로튼은 이때부터 본명인 존 라이든으로 활동했다. 포스트펑크를 대표하는 밴드 중 하나로 꼽힌다.

새끼 돼지 그림이 그려진 유니폼을 입은 채 공연장까지 전력으로 달리는 것밖에 없었다.

내가 그렇게 마음먹은 것은 그 시간이 여의치 않은 보호자가 가정환경이 복잡하고 문제 행동이 두드러지는 J의 부모였기 때문이다. 그런 아이들과 일해본 경험이 있는 내가 전면적으로 J를 담당하고 있어서 동료에게 면담을 대신해달라고 할 수는 없었다.

그런 연유로 큰 불안을 느끼며 면담 당일을 맞이한 나는 오후 5시 55분부터 보호자를 기다렸다. 하지만 10분이 지나도, 15분이 지나도 오는 사람이 없었다. "정말로 오는 건가요?"라고 6시 15분에 사무실을 압박하자 전화가 걸려왔다.

J의 할머니였다. J의 아버지에게 사정이 생겨서 자신이 대신 면담에 간다고 했다. 이러저러해서 6시 반은 되어야 도착할 듯했다. 그때부터 면담을 시작해서 과연 공연 시간에 안 늦을까. 조마조마한 심정으로 기다리는데, 앙상하게 야윈 로린 힐Lauryn Hill[52] 같은 흑인 여성이 나타났다.

"늦어서 죄송합니다."

---

[52] 미국의 배우, 가수. 1990년대와 2000년대 초를 대표하는 여성 래퍼로 후대에 큰 영향을 미쳤다.

J의 어머니였다.

큰일 났네. 나는 생각했다.

J의 부모는 이혼했다. 방금 전에 전화를 준 사람은 J의 아버지 쪽 할머니인데, 그 할머니라는 사람이 전 며느리를 무턱대고 싫어하는 탓에 좀 어색한 면담이 될 것 같았다.

"저 없이 그 사람이랑 시작하시면 안 돼요."

J의 할머니가 그렇게 말했기에 그저 도착하길 기다렸지만, 그가 도착했을 때는 6시 45분이었다. 나는 반쯤 자포자기하는 각오를 굳히고, 백인 할머니와 흑인 어머니 앞에 앉아 면담을 시작했다.

할머니가 처음 J를 데리러 왔을 때는 깜짝 놀랐다. 이 나라에는 백인과 흑인이 낳은 아이가 흔해서 전혀 별나지 않지만, 조부모가 인종이 다른 손주를 데리고 걷는 모습을 보면 왠지 지금도 한순간 놀라곤 한다.

그러고 보면 존 라이든도 자신의 양딸이자 밴드 슬리츠The Slits의 보컬이었던 고故 에어리 업Ari Up의 쌍둥이 아들들을 맡아서 키운 시기가 있었는데, 그 역시 피부가 검은 손주의 손을 잡고 산책한 백인 할아버지였던 것이다. 그런 점을 고려하면 라이든도 동년배 서민이 나아간 길을 착실하게 따라가고 있는 셈이다.

"이것이 Pil! 퍼블릭 이미지 리미티드!"

그렇게 술 취한 아저씨의 탁한 목소리처럼 굵어진 목소리로 고함치고 있겠지, 오늘 밤에도.

잡념을 떨치고 J의 보고서를 보여주면서 설명을 계속했다. 앞선 노동당 정권은 초등학교에 입학하는 빈곤층과 중산층 아이들의 발육 격차를 줄이기 위해서 유아 교육을 근본적으로 개혁했다. 그래서 영국의 유아 보육 현장에는 0세부터 교육 과정이 존재하고, 보육시설은 아이들의 발육과 성장 상태를 기록한 서류를 보호자에게 보여주어야 한다.

"좀더 말을 능숙하게 하면서 문제 행동이 줄어드는 건 흔한 일이에요."

로린 힐을 닮은 J의 어머니는 서류를 뚫어져라 읽으며 내 말에 고개를 끄덕였다.

육아에 열심인 어머니인 것이다. 하지만 그는 때때로 크게 탈선했다. 최근 수년 동안 불법 약물을 끊고 재활하기 위해 입퇴원을 반복했는데, 그 때문에 J의 아버지와 갈라섰다고 한다.

"그렇지만 다른 아이들과 자기 자신에게 신체적 영향을 미치는 행동은 확실히 문제이기 때문에 가정과 어린이집에서 일관되게 대책을 취할 필요가 있습니다."

할머니도 내 얼굴을 지그시 바라보며 고개를 끄

덕였다. 이런 외국인 보육사의 말을 진지하게 들어주는 것만으로도 황송한 일이었다.

"아이들에게는 그 일관성이랄지, 계속성이 무슨 일에서든 필요하죠. J의 집에는 그게 없었으니까."라고 J의 할머니가 말했다.

재활병원을 들락날락하는 전 며느리에 대한 빈정거림이었을 것이다. 전 며느리는 옆에 앉은 전 시어머니의 얼굴을 노려보았다. '당신은 몰라.'라고 말하는 듯한, 어둡게 불타오르는 눈으로.

존 라이든이 텔레비전에 나왔을 때 같은 눈빛으로 그를 노려본 여성이 있었다.

영국판 「아사마데나마테레비朝まで生テレビ, 아침까지 생방송」[53] 같은(정말로 해 뜰 때까지 방송하지는 않지만), 정치가와 저명인사가 시사 문제를 두고 토론하는 생방송 「퀘스천 타임Question Time」에 출연한 존 라이든은 늘 그러듯 중간중간 비웃음을 날리며 그 자리를 즐겼는데, 불법 약물 합법화에 관한 토론에서는 진지하게 발언했다.

---

[53] 일본의 심야 토론 프로그램. 주로 정치 문제를 다루며 매달 마지막 토요일 새벽에 세 시간 동안 방송한다. 1987년부터 지금까지 이어지는 장수 프로그램이다.

"약물을 법으로 규제할 필요는 없어. 우리 인생의 여정은 인간human being으로서 우리가 직접 정하게 두라고."

"당신 말은 틀렸어요!"라고 방청석에 있던 한 여성이 외쳤다.

"저는 불법 약물 문제를 겪는 아이들을 상대하는 일을 해왔습니다. 불법 약물의 장기적 영향과 그것이 아이들의 인생을 어떻게 바꾸는지, 직접 지켜봐왔어요. 지금 이 자리의 누구도, 저에게 불법 약물을 합법화해야 한다고 말할 수 있는 사람은 없어요."

런던 동부 어딘가의 유스 워커인 듯한 흑인 여성이었다.

"나는 중산층의 멍청이로서 말하는 게 아니야. 나는 핀즈베리 파크Finsbury Park[54] 출신이야. 그야말로 노동자 계급 꼬맹이였다고…."

라이든은 갑자기 맥락에서 벗어나기 시작했고, '그런 문제가 아니잖아.' 하는 냉담한 눈빛으로 주위에서 노려보자 차츰차츰 움츠러들었다.

'당신은 몰라.'

---

[54] 런던 북부 지역으로 한때 북런던에서 가장 위험한 곳으로 꼽혔다. 지금도 역과 멀리 떨어진 곳은 늦은 시간에 다니지 않기를 권장하고 있다.

그러는 듯한 눈빛으로 전 시어머니를 노려보는 J의 어머니도 불법 약물 때문에 인생이 변했다.

결혼 생활이 파탄 났고, 아이들의 친권도 남편이 가져갔다.

"저는 지금까지 J를 실망시키기만 했지만, 겨우 아이와 만나는 걸 허락받았어요. 그래서 필요한 때 유용한 훈육을 할 수 있도록 오늘 여기에 온 거예요."

J의 어머니는 나를 똑바로 보며 말했다.

긍정적인 결의가 느껴졌다.

그렇지만, 언제나 그러는 것이다. 이번에는 얼마나 버틸까. 어쩌면 이번에는 죽을 때까지 깨끗하게 지낼 수 있을지도 모른다.

어떻게 될지는 누구도 알 수 없다.

우리 인생의 여정은 인간human being으로서 우리가 직접 정하게 두라고.

존 라이든이 조니 로튼이었던 시절이었다면 조금 다르게 말했을 것이다.

우리의 미래는 인간human being으로서 우리가 직접 정하게 두라고.

오랜 시간이 흘러 '미래'는 '인생의 여정'이라는 흐리터분하고 무거운 말로 바뀌었다. 이미 인생이라는 여정을 꽤 나아간 라이든은 미래라는 것이 막연하게 하나로 이어진 것이 아니라 여러 부분으로 나뉜 시기들이 줄지어 있는 것임을 알고 있다. 인생에는 영원한 긍정이나 영원한 깨끗함 따위 존재하지 않는다.

"감사했어요."

"저야말로 와주셔서 감사합니다."

"저는 모자란 어머니지만, 아들을 사랑해요."

"알고 있어요."

나를 끌어안은 J의 어머니와 등 뒤에서 전 며느리를 싸늘하게 바라보는 전 시어머니를 배웅한 다음, 이제부터라도 PiL의 공연에 갈까 말까 고민했다.

전력 질주로 버스에 타면 몇 곡은 들을 수 있을지도 몰랐다.

"라이든은 그 프로그램에 출연하지 말았어야 한다. 우리 사회는 1976년보다 훨씬 많은 요소를 포함하고 있다."

「퀘스천 타임」에 출연한 라이든에 관한 「가디언」의 기사에 그런 독자 의견이 쓰여 있었다. 날뛰는 라이든, 혹은 통쾌한 라이든을 기대한 사람들은 그 방송을 보고 흥이 깨졌을 것이다. 이 나라의 사회는 "미래는 없어No future"라고 명쾌하게 폭격하면 돌파할 수 있었던 조니 로튼의 시대보다 훨씬 복잡해졌다.

그렇지만 "누구도 미래 같은 걸 주지는 않아. 아무에게도 기대하지 마. 스스로 정해서, 스스로 해."라던 조니 로튼의 주장은 어떤 시대에도 울림을 준다.

피스톨즈의 주장은 정치와 상관없었다.

라이든이 예나 지금이나 변함없이 노래하는 것은 인간성humanity이다.

우리 인생의 여정은 인간human being으로서 우리가 직접 정하게 두라고.

약쟁이가 될 권리를, 언더클래스로 떨어질 권리를, 인생을 막 살아갈 권리를, 우리에게 달라. '살아간다'는 것으로 우리는 책임을 진다.

유일하게 올바른 길. 그따위는 어디에도 존재하지 않는다.

그것은 인간성을 믿기에 가능한 아나키즘이며, '미래는 없다'는 각오 위에 서 있는 휴머니즘이다. 그런 사상이 특정 시대에 한정된 것일 리가 없다.

창밖을 내려다보니 전혀 다른 방향으로 걸어간

J의 어머니와 할머니는 이미 보이지 않았다.

　　나는 사물함을 열어서 가방을 움켜쥐고, 버스 정류장을 향해 전속력으로 달렸다.

(출처: 웹진 「에레킹」 2012. 9. 10)

두 깃발 사이에서

　브라이턴이라는 곳은 일본의 여행서를 보면 "해변의 휴양지"라고 소개되어 있고 어느 정도는 사실이지만, 영국 내에서는 "게이와 아나키스트의 도시"라고 불리기도 한다.
　내 직장은 영국의 게이 수도라고 불리는 브라이턴의 게이 거리에 있는데, 게이 여러분 중에는 미의식이 남다른 사람들이 많아서 그들이 차지한 동네에는 차례차례 분위기 좋은 카페와 예술적인 상점이 문을 연다. 그러다 보면 지역 전체에 '세련된 곳'이라는 이미지가 생기고, 그런 동네에서 살고 싶어하는 이성애자도 모여들어 집값이 급등한다. 그 결과 브라이턴의 게이 거리는 시내에서 제일가는 고급 주택지가 되었다.

　그런 이유로 내가 근무하는 곳에서 돌보는 아이들은 압도적으로 중산층이 많고, 양친이 동성 커플인 아이들 역시 꽤 많다.

그 때문에 시설에서도 이런저런 신경을 쓴다. 예컨대, 그림책 하나도 남성과 여성으로 구성된 부모가 등장하는 책은 두지 않고, 아이들이 갖고 노는 인형집에도 아빠 인형과 엄마 인형을 짝지어 놓지 않는다. 두 아빠 인형이나 두 엄마 인형을 슬며시 거실 소파에 앉혀두기는 해도.

"사실 그렇게 비단으로 곱게 감싸는 방식은 아이들을 위해서도 좋지 않아."

24세의 게이 동료 A는 그렇게 말한다.

"현실 사회는 전혀 다르니까."

A는 요크셔의 공영주택지 출신이다.

요크셔는 영국에서 가장 실업률이 높은 지역 중 한 곳이다. "오로지 백인 영국인에, 가난하고 마초적이었어."라고 A가 표현한 공영주택지에서는 게이가 게이로서 살아가기 어려웠을 것이라고 쉽게 상상할 수 있다. 그가 남쪽의 브라이턴으로 내려온 이유도 그 때문이었던 모양이다.

실제로 언덕 위의 공영주택지에서 해변의 게이 거리로 출근하는 나도 매일 양극단에 있는 두 세계를 왕복하는 것 같은 느낌을 받는다.

예를 들어 다이아몬드 주빌리와 올림픽으로 달아올랐던 올해2012년 여름은 영국 전역에서 유니언 잭이 나부꼈다. 그런데 공영주택지에서는 그에 더해 '축구적'이고 우익적인 성^聖 조지 깃발[55]이 눈에 띄었고, 게이 거리에서는 국가와 아무런 상관도 없는 무지개 깃발[56]이 펄럭였다. 내가 그런 이야기를 점심시간에 하자 게이 동료 A가 말했다.

"영국 전체가 축제 분위기라 별생각 없이 유니언 잭을 걸고 있는데, 게이 공동체와 빈민가만 다른 깃발을 내건다니 흥미롭네."

"역시 정반대 같지만 닮은 점이 있기 때문일까? 예를 들어 우리는 소외당하고 있다는 의식이라든지."

"그런 의식이 강한 집단일수록 무언가 깃발 아래

---

[55] 기독교 순교자인 성 조지(Saint George)를 상징하는 하얀 바탕에 붉은 십자가가 그려진 깃발. 성 조지가 수호성인인 나라에서는 국기로 삼기도 하며, 잉글랜드가 대표적인 사례다. 오늘날 영국에서 성 조지 깃발은 잉글랜드를 우선하며 스코틀랜드, 웨일스, 북아일랜드 등은 차별하는 보수주의자들의 상징 중 하나이기도 하다. 저자가 성 조지 깃발을 '축구적'이라고 한 것은 축구 종주국을 자임하는 영국이 월드컵과 유럽선수권에 단일 국가가 아닌 잉글랜드, 스코틀랜드, 웨일스, 북아일랜드로 나뉘어 출전하고, 그중 특히 잉글랜드가 축구 강국으로 유명하기 때문이다.
[56] 성소수자를 상징하는 깃발이다.

로 한데 모이려고 하지."

"그래도 이 도시에서 게이가 배척당한다고 할 수는 없잖아. 경제적으로도 그렇고, 영향력도 그렇고. 솔직히 말해서 주류야."

"뭐, 그렇지. 절대적인 수가 많으니까."

그렇게 말한 A는 브라이턴으로 이사하고 살면서 전신을 갑옷으로 감싸고 살아가는 듯한 게이 정신을 잃어버렸다고 한다.

그는 더 스미스를 눈물 나도록 좋아하는 청년인데, 남성성을 자랑하는 거친 꼬맹이들에게 괴롭힘을 당하며 몸을 잔뜩 긴장한 채 요크셔의 공영주택지를 걸어 다녔던 무렵에는 자기 방에서 모리시의 노래를 탐닉하듯이 들었다.

그렇지만 그랬던 A가 요즘에는 더 스미스를 전혀 듣지 않는다고 한다.

사회적으로 존중받는 게이 거리에서 하는 생활은 공동체 내부의 인간관계 같은 문제는 있을지언정 총체적으로는 천국 같다고 한다. 그 말은 어쩐지 모리시의 싱글 「아임 스로잉 마이 암즈 어라운드 파리 I'm Throwing My Arms Around Paris」 속표지에 인쇄된 사진의 신주쿠2초메新宿=丁目57 같은 분위기를 떠오르게 한다. 내 조국의 친구는 10년 만에 모리시를 보러 갔다가

"그 옛날 잡지 「사부さぶ」[58]랑 마츠코 디럭스マツコ・デラックス[59]의 세계 같았어. 풍자하는 거라고 생각하고 싶었는데, 당사자가 너무 즐거워 보여서 당황스럽더라."라고 말했다.

생각해보면, 여전히 모리시에 관해 '어디에도 자기 자리가 없는 것에 대해 노래한다'고 평하기는 좀 어렵다. 영국의 게이에 관해서도 마찬가지다. 그들 역시 사나운 빈민가 같은 곳에 다가가지 않는 한 노골적인 차별을 당하지는 않고, 그렇다 해도 A처럼 스스로 움직이면 자기 자리를 찾을 수 있다.

"애초에 나는 깃발 같은 걸 정말 싫어하거든. 깃발을 내거는 거 자체가 배타적인 행위야. 무지개 깃발도 마찬가지고."

---

57 신주쿠2초메는 세계적으로 손꼽히는 성소수자의 거리다. 「아임 스로잉 마이 암즈 어라운드 파리」의 속표지에는 모리시를 비롯한 여러 남자들이 벌거벗고 생식기만 가린 채 찍은 사진이 실려 있다.
58 1974년부터 2002년까지 출간된 일본의 게이 잡지. '남자와 남자의 서정 잡지'라는 슬로건을 내걸고 주로 게이들의 성애를 다루었다. 일본에서 게이에 대해 '아슬아슬하게 성기만 가리는 속옷을 입은 까무잡잡한 근육질'이라는 편견을 만들어내기도 했다.
59 일본의 방송인, 작가. '오카마(おかま)'라 불리는 여장 남자로 현재 일본 방송계에서 손꼽히는 사회자로 활동하고 있다.

A는 그렇게 말한다.

그 말대로 나는 빈민가에서 게이 거리로 출근할 때마다 버스의 차창으로 무지개 깃발을 보는데, 마치 '자, 여기부터는 게이와 똑똑한 사람들이 사는 힙한 동네야. 리버럴이라는 개념을 모르는 인간은 오지 마.'라고 선언하는 것만 같다.

그와 반대로 게이 거리에서 빈민가로 돌아갈 때 공영주택의 창문으로 성 조지 깃발이 엿보이면, 화이트 트래시라 불리며 그 깃발 말고는 아무것도 자랑할 게 없는 사람들이 우리는 잉글랜드인이라는 마지막 성채를 둘러치고 타인을 위협하는 것만 같다.

소외당한다는 의식을 지닌 사람들이 깃발을 내걸고 타인을 소외시키려 한다.

영국 사회의 계급이란 이제 직업과 수입만으로 논할 수 있는 것이 아니며, 성적 지향과 인종 같은 요소도 포함되면서 눈에 띄게 복잡해졌다.

예를 들어 중산층의 이성애자 파키스탄인과 노동자 계급의 게이 잉글랜드인은 누가 누구를 차별하는 쪽일까. 그처럼 엉망진창으로 뒤섞였음에도 계급이 변화하지 않는 것은 타인과 나 사이에 선을 긋고자 하는 인간의 욕망이랄지, 깃발을 내걸고 싶어하는 애달

픈 욕심 때문일지도 모르겠다.

"그러고 보면, 무지개 깃발도 성 조지 깃발도 뭔가 좀 애달파."

내 말에 A가 말했다.

"아니, 둘 다 멍청해."

무지개 깃발을 멍청하다고 잘라 말하는 게이는 그 외에 만나본 적이 없다.

1980년대에 투쟁한 게이들[60]과 현대의 젊은 게이 사이에는 뚜렷한 온도 차이가 있다. 시대가 변한 것이다. 적어도 브라이턴에는 게이들이 "천국"이라고 하는 동네가 있고, 그곳에는 내 직장처럼 동성애자의 자녀를 배려하는 보육시설까지 존재한다.

"그렇지만 그 멍청한 깃발을 내거는 집단들에 결정적인 차이가 있는데, 성 조지 쪽의 아이들은 누구도 비단 같은 걸로 감싸주지 않는다는 거야."

"…."

"요크셔에서는 언더클래스가 많은 지역의 어린이

---

[60] 1980년대 마거릿 대처 정권은 동성애를 탄압하는 기조의 정책을 펼쳤다. 특히 1988년에는 '섹션28(Section 28)'이라는 법을 제정하여 동성애를 긍정적으로 교육하거나 공개적으로 언급하는 것을 금지하기도 했다.

집에서 일했는데, 거기 아이들은 현실을 있는 그대로 직시하면서 자랄 수밖에 없었어."

"나도 그런 곳에서 일했기 때문에 무슨 얘기인지 알겠어."

성 조지 깃발과 무지개 깃발의 세계에 하나씩 발을 담그고 살아온 A가 심정적으로 뿌리를 내리는 곳은 성 조지 쪽일까. 나는 그렇다고 생각한다. 클럽과 댄스 뮤직에 몰두하는 게이 거리의 생활을 만끽하면서도 제이크 버그Jake Bugg[61]가 그렇게 좋다고 내 귓가에 계속 속삭인 사람 역시 A다.

브라이턴에 이주한 뒤로 더 스미스의 「데어 이즈 어 라이트 댓 네버 고즈 아웃There Is a Light That Never Goes Out」[62]을 들을 수 없게 되었다고 A가 한탄하기에 "그렇게 듣고 싶으면 우리 집에 올래?"라고 불렀지만 고개를 크게 가로저었다. 그는 공영주택지에 강한 사랑과 증오를 동시에 품고 있는 듯했다.

두 번 다시 돌아가지 않아. 그렇게 각오한 사람일

---

[61] 2011년 데뷔한 영국의 싱어송라이터. 노동자 계급 출신으로 어린 나이답지 않게 예스러운 음악을 추구하며 큰 인기를 얻고 있다.
[62] 더 스미스의 3집에 수록된 곡으로 밴드의 대표곡 중 하나다. 사랑하는 사람의 곁이라면 교통사고로 죽어도 좋다는 내용을 가사에 담고 있다.

수록 A 같은 구석이 있다.

영국에서는 10월 마지막 주에 서머타임이 끝난다.
그래서 하루 일을 마치고 직장에서 나서면 온 세상이 캄캄하다. 그래도 카페와 바의 불빛들이 있는 게 이 거리는 밝은 편이다. 그 활기찬 조명 한가운데로 귀가하는 A에게 손을 흔들고 버스의 종점인 우리 빈민가에 도착하면, 그곳에서는 진정한 암흑이 나를 맞아준다. 주위가 지나치게 어두운 탓에 차에 치인 여우를 길바닥에서 발견한 적도 있다. 동물들에게도 위험한 계절이 돌아온 것이다.

"절대로 꺼지지 않는 불빛이 있어There is a light that never goes out."라는 말이 어울리는 곳은, 이런 세계다.

시가지의 밝은 빛 끄트머리에 자리한, 어둠의 농도가 급격히 높아지는 세계.

가로등의 전구가 수명이 다해도 지자체에서 교체조차 해주지 않는, 버려진 세계.

불빛이 있고, 그 불은 절대로 꺼지지 않아There is a light and it never goes out.

머리 위에 살아남은 불빛은 극히 일부에 불과하다. 지잉지잉 하는 불길한 소리를 내는 가로등, 저건 불이 꺼져가는 전조일 것이다.

불빛이 있고, 그 불은 절대로 꺼지지 않아There is a light and it never goes out.

지잉지잉 소리를 내는 가로등이 아니라 안정적으로 빛나던 가로등이 갑자기 뚝 꺼졌다.

가로등이 하나 꺼질 때마다 거리의 온도가 내려가서 올겨울은 시작부터 뼛속까지 시리다.

참고로 공영주택지의 가로등을 꺼진 채 놔두는 이 나라의 총리는 2년 전 조니 마Johnny Marr[63]로부터 더 스미스를 좋아하지 말라고 금지당한 남자다.[64]

(출처: 웹진 「에레킹」 2012. 11. 9)

---

[63] 영국의 기타리스트, 싱어송라이터. 더 스미스에서 활동하며 모리시와 함께 곡을 만들어 명성을 얻었다.
[64] 조니 마는 진보적인 정치 성향을 지녀 보수당에 반감이 강하다. 데이비드 캐머런이 한 인터뷰에서 가장 좋아하는 노래로 더 스미스의 곡을 꼽자 조니 마는 그가 더 스미스를 좋아하는 걸 금지한다고 말하기도 했다.

노동자 계급의 노래

16년 만에 일본에서 새해를 맞이했다.

12월 31일에는 본가 거실에서 아버지와 함께 NHK 홍백가합전紅白歌合戰[65]을 보았는데, 퍽 이국적이고 재미있었다. 내 모국에 대해 이국적이라니, 역겨울 만큼 오만한 말투지만, 16년은 응애 하고 태어난 여자애가 합법적으로 결혼할 수 있게 될 만큼 긴 시간이다. 실제로 홍백가합전을 시청한 내 감동은 텔레비전으로 처음 유로비전 송 콘테스트Eurovision Song Contest[66]를 봤을 때와도 비슷했다.

어린 젊은이들이 줄줄이 무리 지어 무대에 오른 전반부는 하츠네 미쿠初音ミク[67] 같은 캐릭터가 등장할 수 있었던 기반이란 무엇인지 직접 보며 이해할 수 있는 기회였고, 그야말로 오타쿠, 만화, 코스프레 등을 매우 좋아하는 영국의 10대(중산층 자녀가 많다)가 반가워할 듯한 일본 대중문화의 축제였다.

저 세계가 현대 일본을 상징하는 것이다. 그렇다면 더 이상 못 본 척하고 외면할 수는 없다. 앞으로 나는 일본을 방문하는 영국인에게 무조건 홍백가합전을 보라고 권하겠다. 색다르고different, 기괴하고weird, 엉성하고tacky, 기묘하다bizarre. 스모 선수가 심사위원으로 자리하고 있고, 이보다 외국인 관광객이 기뻐할 '키치kitsch한' 프로그램은 없을 것이다.

"이제는 애들 방송 같아졌네."

자신이 좋아하는 원로 가수의 등장을 기다리며 졸린 눈을 비비던 아버지가 말했다. 홍백가합전을 보면 일본에는 어린애랑 노인밖에 없는 것 같다.

어린이 방송에서 단숨에 흘러간 가요 모음집으로 변하는 방송을 보면서 소주를 홀짝거리는데 검은

---

65 NHK에서 매년 12월 31일 한 해 동안 큰 인기를 모은 가수들을 모아 홍팀, 백팀으로 나누어 경쟁하는 형식으로 방송하는 프로그램. 1951년부터 시작되어 지금까지 높은 시청률을 기록하며 큰 화제를 모으고 있다.
66 유럽에서 가장 큰 국가 대항 노래 경연 대회. 1년에 한 번씩 유럽방송연맹에 소속된 방송사에서 자국을 대표하는 한 팀을 선발하고, 그 국가대표들이 공연을 펼쳐 1위를 정한다. 2023년에 1억 6200만 명이 시청할 만큼 큰 인기를 얻고 있다.
67 일본의 크립톤 퓨처 미디어가 발매한 음성 합성 소프트웨어의 이미지 캐릭터. 가상의 가수 캐릭터로 2007년 발매된 이래 현재까지 이례적으로 큰 인기를 얻고 있다.

색으로 가득한 의상을 입은 미와 아키히로美輪明宏[68]가 무대에 올라 「달구질[69]의 노래ヨイトマケの唄」를 부르기 시작했다.

"…이 노래, 평범하게 인기 많은 유행가였나?"

"어, 네가 태어날 때쯤에 그랬지."

"그때는 저 사람이 게이인 걸 다들 알고 있었어?"

"어, 일본에서는 저 사람이 시작이었지."

"그런 사람이 달구질하면서 내는 구령을 노래하고,[70] 그런 노래가 히트까지 했다니, 대단하네."

노래 도중에 내가 아버지에게 질문을 퍼부은 이유는, "달구질 다녀올게."라는 표현이 일상적으로 쓰인 가정에서 자란 나에게 평생 토건업에서 일한 아버지와 단둘이서 저 노래를 듣는 상황이 감정적으로 썩 쉽지 않았기 때문이다. 그렇지만 그런 이유는 제쳐두고라도 나는 그 노래에서 깜짝 놀랄 만한 감명을 받았다.

이건 일본의 노동자 계급 노래야. 그렇게 생각했기 때문이다.

이튿날, 브라이턴의 배우자가 전화를 걸어왔다. 12월 31일 밤에는 예년처럼 BBC2 채널에서 방송하는 「줄스의 연례 파티Jools' Annual Hootenanny」[71]를 보았다고 했다. 영국에 일본의 홍백가합전 같은 것이 있다면, 바로 그 프로그램이다.

"제이크 버그가 「라이트닝 볼트 Lightning Bolt」를 불렀는데, 그게 제일 좋았어."

배우자는 그렇게 말했다.

내가 홍백가합전을 보면서 일본에도 46년 전에는 노동자 계급의 노래가 있었다는 사실을 확인하던 무렵, 영국에서는 오랜만에 '하층 계급의 현실을 노래'하며 인기를 얻고 있는 소년이 국민적인 새해맞이 프로그램에 출연해 2012년을 매듭지은 모양이었다.

"일본도 말이지. 이제는 계급 사회가 되었어."

---

68 일본의 가수, 배우, 성우. 1950년대에 성별을 초월한 듯한 패션으로 화제를 모으고 히트곡도 발표했지만, 동성애자임을 밝힌 뒤 인기가 급락했다. 그럼에도 꾸준히 활동한 끝에 다시 인기를 모으며 다양한 분야에서 활약했다.
69 사람이 도구를 사용해 집터와 땅을 다지는 일을 가리키는 말이다.
70 노래 제목에 들어가는 '요이토마케(ヨイトマケ)'란 달구질과 달구질하는 사람을 통틀어 가리키는 일본어로, 달구질하는 사람들의 구령에서 유래한 말이다. 미와 아키히로는 1960년대에 탄광촌에서 공연한 적이 있는데, 박봉을 털어 객석을 꽉 채운 탄광 노동자들을 보고 감명을 받았지만, 정작 자신에게 노동자들을 위한 노래가 없음을 깨닫고 곡을 만들게 되었다고 한다.
71 영국의 음악가 줄스 홀랜드(Jools Holland)가 진행하는 연말 특집 음악 방송. 1994년부터 시작했으며 매년 12월 31일 밤에 흥겨운 연말 파티 같은 분위기로 가수들이 노래하다 시청자와 다 함께 새해를 맞이한다.

이런 말을 들을 때마다 내가 생각하는 것은, 훨씬 오래전부터 계급은 있었다는 것이다.

그렇지만 나는 오랫동안 일본에 존재하지 않는다고 치부되어온 계급 출신인 탓에 그렇게 반론하는 것을 무의미하게 여긴다고 할지, 체념해버리는 버릇이 있다.

예를 들어 나는 "되도록 고등학교는 가지 말고 일을 해달라."라고 하는 집의 아이였다. 장학금을 받아서 학교를 다닐 수는 있었지만 통학용 정기권을 구입하기 위해 하굣길에 아르바이트를 했는데, 그게 학교에 들켰을 때 담임은 "정기권을 자기가 벌어서 사야 하는 학생이 요즘 세상에 있을 리가 있냐. 거짓말하지 마!"라고 내게 호통쳤다.

돌이켜보면, 그 '요즘 세상에 있을 리 없다'는 내 어린 시절의 키워드였다.

그 무렵 일본에는 "내 존재를 머리로 부정해줘."라고 말한 펑크 가수가 있었던 것으로 기억하는데, 그런 걸 굳이 부탁하지 않아도 하층 계급의 존재는 모두가 머리로 부정했다.

새해 벽두부터 이처럼 스스로를 발가벗기는 글을 쓸 필요는 없지 않을까 싶지만, 그래도 나에게 영국이 일본보다 살기 편한 이유는 이 나라에는 예나 지금이나 계속해서 사라지지 않는 계급이라는 것이 사람들의 의식에 존재하여 하층의 인간이라 해도 자기 자리를 잃지 않고 현실 속에서 하층의 인간으로 살아가고 있기 때문이다.

내가 성장했던 시기의 일본은 현실을 판타지로 억압했기 때문에 하층민은 스스로 하층민이라는 정체성을 지닐 수 없었다. 그런 곳이었기에 노동자 계급의 노래가 들릴 리 없었다.

"나는 태어났을 때도 자랐을 때도 지금도, 평생 동안 노동자 계급이었다."라고 내가 큰 소리로 자포자기의 긍지라고 할 만한 것까지 품고 말할 수 있게 된 것은 영국으로 건너온 다음이다.

'모든 국민이 그럭저럭 부자'라는 인민 피라미드의 법칙을 완전히 무시한 구호[72]에 놀아난 국민이 가장 멍청했지만, 어쨌든 그 모든 국민이 공범이 되어 현실을 은폐했던 시대는 내 조국 사람들의 정신과 문화에서 실로 중요한 것을 빼앗았다.

그렇지만 그런 일본에서도 급작스럽게 하층 사람

---

[72] 1970~80년대의 설문 조사에 따르면 일본 국민의 대다수는 스스로를 중산층이라고 여겼다. 그래서 당시 일본 인구 1억 명이 모두 중산층이라는 의미의 '1억총중류(一億総中流)'라는 말이 생겨났다.

들의 존재 인정이 시작된 모양이다.

홍백가합전에서 불린 「달구질의 노래」가 젊은 층 사이에서 화제인 것도 그런 사정과 관련이 있을 것이다. 하지만 이 나라 하층민의 역사에는 검게 덧칠된 시기가 있었기에 다시금 노동자 계급 문화가 생겨나 자라려면 시간이 필요하다. "엄마, 날 좀 봐. 지금 내 모습."[73]이라는 「달구질의 노래」와 부모에게 정떨어져 두 손가락 치켜세우고 집을 나가는 제이크 버그[74] 사이에는 46년이라는 격차가 있는 것이다.

조니 로튼과 켄 로치Ken Loach[75]와 갤러거 형제[76]와 마이크 리Mike Leigh[77]가, 현실을 직시하기에 태어날 수 있는 하층의 목소리가, 나카노 시게하루中野重治[78]의

---

[73] 「달구질의 노래」는 육체노동자였던 어머니를 회상하는 노래로 해당 가사는 대학교를 졸업한 화자가 어엿한 엔지니어가 되었다며 돌아가신 어머니에게 지금의 자신을 봐달라고 하는 대목이다.
[74] 영국에서 검지와 중지를 세워 상대에게 보이는 것은 '엿 먹어라.'라는 의미의 욕으로 제이크 버그의 「투 핑거스(Two Fingers)」 뮤직비디오에 글에서 묘사하는 장면이 등장한다.
[75] 영국의 영화감독. 영국의 사회문제를 담은 현실적인 영화를 만들었다.
[76] 세계적 밴드 오아시스(Oasis)의 노엘 갤러거(Noel Gallagher)와 리암 갤러거(Liam Gallagher)를 가리키는 것이다. 갤러거 형제도 노동자 계급 출신이다.
[77] 영국의 영화감독. 켄 로치와 유사하게 영국의 사회문제를 담은 영화를 만들어왔다.

"모든 정취를 배척해라 / 오로지 정직한 부분을 / 배고픔을 달래주는 부분을 / 명치를 찔러 올리는 아슬아슬한 부분을 노래해라"[79] 같은 표현이, 내가 성장했던 시기의 일본에서는 생겨날 수 없었다. 세대와 함께 조금씩 변화하며 연마되고 진화하는 노동자 계급의 문화가 내 조국에서는 자라나지 않았던 것이다.

비행기에 앉아 그런 생각을 하는데, 어느새 히스로 공항에 도착했다.

입국 심사를 받는 기나긴 행렬. 1980년대에 일본에서 인기 있었던 남성 아이돌 그룹의 멤버와 그 처자식이 값비싼 디자이너 브랜드의 옷으로 몸을 감싸고, 망명 신청자처럼 긴장한 느낌의 아프리카계 사람들과 험악한 표정의 중동 가족들에 둘러싸여 무료한 듯이 줄을 서 있었다.

"일본이 그립나요?"

뜬금없는 입국심사관의 질문에 나는 반사적으로 답했다.

---

78 일본의 시인, 소설가, 정치가. 마르크스주의의 영향을 받아 프롤레타리아 문학 운동을 펼쳤으며 서정적인 동시에 투쟁적인 시로 명성을 얻었다.
79 프롤레타리아 시의 대표작 중 하나로 꼽히는 나카노 시게하루의 「노래(歌)」 중 일부다.

"아뇨, 전혀."

옆에 서 있던 여섯 살 아들이 내 답을 듣고 크게 웃었다.

"알았어요."라며 금발의 젊은 남성 심사관도 웃었다.

"그게, 제 인생은 이미 이 나라에 있어서…."라고 마치 변명을 늘어놓듯이 말하며 심사관에게 손을 흔들고 입국심사대를 뒤로하는데 아들이 내게 물었다.

"그러고 보니까 엄마는 왜 일본에서 이 나라에 왔어?"

"가난뱅이였으니까."

"지금도 가난하잖아."

"뭐, 그렇지. 그래도 그런 게 아냐. 네가 좀더 자라면 설명해줄게."

나는 묵직한 짐을 찾아 들고는 아들을 데리고 성큼성큼 큰 걸음으로 영국에 돌아왔다.

손에 들고 있는 짐에는 지인에게서 받은 조국의 카스텔라.

나는 결코 내가 원하는 대로 당신을
미워할 수 없었어…

I couldn't ever bring myself to hate you as I'd like…**80**

그리운 곡의 한 구절이 도착 로비의 카페에서 들려왔다.

(출처: 웹진 「에레킹」 2013. 1. 15)

---

80 스톤 로지스의 「아이 엠 더 레저렉션(I Am the Resurrection)」 가사 중 일부다.

펭귄반의 계급투쟁

"있잖아, 그 치어리더처럼 생긴 애, 20대인데 벌써 치매인가?"

직원 휴게실에서 신입 여성 직원이 V에 대해 그렇게 평하자 펭귄반 책임자인 D는 웃음이 터져 홍차를 뿜을 뻔했다.

D(30세)는 펭귄반에 배치된 내 상사이기도 한데, 그는 부하 직원인 V(23세)를 매우 싫어한다.

갈색 머리카락에 턱이 뾰족한 이지적인 인상의 D(실제로 야무지고 일도 잘한다)와 금발에 물빛 눈동자를 지녀 귀엽고 느긋한 분위기의 V(실제로 자주 깜박깜박한다)는 겉보기부터 정반대인데, 나고 자란 환경도 서로 정반대라고 한다.

D는 공영주택지에서 세 자녀를 길러낸 싱글 맘의 딸이다. 아버지는 무직자에 알코올 의존증이었다고 하는데, 1년 중 절반 정도는 집을 비웠고 돌아와도

금세 어딘가로 사라졌던 모양이다(자진해서 길거리나 보호소에서 생활하는 버릇이 있었다고 한다). 그런 부친이 있는 집안은 언더클래스에 많지만, D의 집은 어디까지나 노동자 계급이었다.

송년회에서 만취하고 집에 돌아가는 길, D가 택시 안에서 말했다.

"내 어머니는 언제나 일했어. 낮에는 공장에서 일하고, 밤에는 다른 집 애들을 돌봤어. 주말에는 영화관에서 팝콘을 팔았고. 그래도 집에는 늘 돈이 없어서 교복은 누가 물려받은 걸 또 물려받아서 여기저기 구멍이 나 있었어. 언더클래스 집안의 애가 나보다 훨씬 유복하게 보였을 정도야."

그런 D는 핑계가 있을 때마다 V를 가혹하게 대한다. 아니, 괴롭힌다. 왜냐하면, V가 중산층 출신의 영애이기 때문이다.

좋은 집안의 자녀는 보육사처럼 한없이 최저 임금에 가까운 보수를 받는 일을 하지 않게 마련이지만, 영국판 한나 몬타나 Hannah Montana[81] 같은 외견의 V는 난독증이 있는 탓에 직장에서 읽고 쓰는 데 나 같은

---

[81] 2006~11년에 방영된 동명의 미국 시트콤 주인공. 낮에는 평범한 학생이지만 밤에는 유명 가수로 생활하는 소녀다.

외국인의 도움이 필요할 정도다. V의 오빠들은 케임브리지대학교를 졸업한 엘리트라고 하며, 부유한 부모와 오빠들의 보호 아래에서 자랐을 V는 마음 따뜻한 젊은 여성이다. 그는 아이들에게도 인기가 좋다. 멍하니 있다가 실수를 저지를 때가 잦지만, 그조차도 애교로 여겨질 만큼 성격이 좋다. 단, D는 그를 용서할 수 없는 듯하다.

"망할 상류층의 빌어먹을 멍청이."라고 뒤에서 V를 부르며 그가 실패할 때마다 저렇게까지 말하지는 않아도 될 텐데 싶을 만큼 질책해서 V가 종종 눈물을 흘린다.

이렇게 쓰면 D가 그저 나쁜 여자 같겠지만, 사실 D는 정이 많고 지적인 리더 타입이다. 하지만 V가 얽히면 다른 사람이 된다.

흔히 영국은 계급 사회라고 하지만, 그 계급은 법적인 것도 아니고 제도적인 것도 아니다. 계급은 사람들의 의식 속에 있으며(영혼 속에 있다고 말한 사람도 있다), 사람들은 그 계급 의식과 함께 자라고, 그 과정에서 계급 의식 역시 커다랗고 단단하게 성장해간다.

"인간의 가장 큰 불행은 자신이 태어날 지역과 집안을 선택할 수 없는 것이다."

이 말이 입버릇인 영국인을 아는데, 어린이집처럼 귀여운 (본래는 그래야 할) 직장에서 젊은 여성들이 벌이는 계급투쟁만 봐도 이 나라 사람들에게 계급이라는 개념이 얼마나 깊이 뿌리내렸는지 알 수 있다.

이제는 업業이라고 불러도 무방할 것이다. D만 해도 자신이 하는 짓이 괴롭힘이라는 사실을 모를 만큼 멍청한 인간은 아니다. 알고 있다. 알면서도 그만둘 수 없는 것이다. '혐오'란 업이다. 결코 일시적인 감정이 아니다.

바로 그 때문에 음악이든, 영화든, 서적이든, 이 나라의 문화 예술에서 계급이라는 업과 완전히 자유로운 것은 하나도 없다고 나는 생각한다. 계급은 혐오를 낳고, 공동체를 낳고, 투쟁과 사랑을 낳는다. 인종, 성적 지향, 종교, 장애 등은 만국 공통으로 혐오를 낳는 인간 사회의 요소일 텐데, 이 나라에서는 '계급의식'이라는 숙업이 또 다른 요소로 더해진다.

그 요소는 사실 가장 강력하고 뿌리 깊은 것일지도 모른다. 심지어 '부자의 발을 걸어 넘어뜨리는 가난뱅이는 쿨하다'고 하며 노동자 계급 영웅을 찬미하는 전통도 있어서 부자를 향한 빈자의 공격이 용납된다. 특히 보수당이 정권을 잡고 긴축 탓에 가난뱅이가 마침내 진짜로 가난해지면서 그런 풍조가 더욱 강해지고 있다. 네오 워킹 클래스 neo working class 의식의 고조. 이렇게라도 불러야 할까. 저임금으로 일하는 젊은 노동자들은 자신의 피해의식을 매우 비대하게 키우며 이상하리만치 고집스러워지고 있다.

빈자가 자신이 빈자라는 사실을 드높이 외칠 수 있는 사회는 멋지다(내가 성장한 시기의 일본에서는 빈자란 '없는 존재'로 치부되었으니까). 하지만 때때로 어째서 저토록 계급에 얽매이며 살아가는 걸까, 하는 의문이 드는 젊은이와 마주치기도 한다.

돌이켜보면, 내가 펭귄반에 배치되었을 때 D가 처음 확인한 것이 있었다.

"당신 집안이 어떤지는 몰라도, 나는 정말로 가난한 집에서 자랐어."

"내 부모도 퍽 가난뱅이예요."

나는 그렇게 답했는데, 만약 내가 중산층 출신에 심지어 외국인이라고 답했다면, 나는 대체 얼마나 D의 괴롭힘을 받게 되었을까.

"왜 그렇게 V를 괴롭히는 거야?"

송년회를 마치고 돌아가는 길에 택시를 함께 탄 D에게 나는 물어보았다. 그날 D는 내가 엉덩이를 밀어주지 않으면 택시에 올라타지 못할 만큼 곤드레만드레했다.

"괴롭히지 않아."

"아니, 괴롭히잖아. 학대라고 해도 돼."

내 말에 D는 고개를 젖히고 크게 웃음을 터뜨렸다.

"하하하하하, 하층의 인간한테는 상층의 인간을 학대할 자격이 있어."

"없어, 그런 거."

"있어. 이 나라에는."

유쾌하다는 듯이 웃는 D를 보며 뭐, 나도 남을 탓할 처지는 아닌가, 하고 생각했다.

나 역시 오래전 "나는 부자를 싫어한다. 왜냐하면, 그들이 부자니까."라고 글에 쓴 적이 있으니까.

뭐, 간단히 말해서 그만큼 멍청한 짓이라는 것이다.

그리고 바로 그렇기 때문에 마치 저주인 양 변하지 않는다.

그런 D가 얼마 전 어린이집을 그만두었다.

해변의 호화 저택에 사는 부자에게 현재 급여의 두 배를 받으며 갓난아이의 개인 보모로 고용되었다고 한다.

"이런 말을 하면 좋지 않다는 걸 알지만, 그래도 기뻐."

D가 그만두는 것을 알았을 때, V는 그렇게 말하며 탈의실에서 눈물을 훔쳤다.

드디어, 펭귄반의 계급투쟁이 막을 내리는 것이다.

D가 어린이집을 떠나는 날, 피자 가게에서 송별회를 열었다. 안 오려나 싶었지만, V도 참석했다. 굳이 '안 갑니다.'라고 할 용기는 없었을 것이다.

송별회에서도 D는 노동자 계급 특유의 거리낌 없는 블랙 유머로 당사자가 눈앞에 있음에도 V의 실패담을 놀림거리 삼아 낄낄댔다.

술을 못 마시는 V는 2차에 안 간다며 먼저 돌아갔는데, 자리에서 일어날 때 가방에서 꽃무늬가 그려진 예쁜 상자를 꺼내 D에게 건넸다.

"마지막까지 또 이렇게 돈 냄새 나는 걸 사오고 말이야!"

D는 웃었다. 프랑스인 쇼콜라티에가 있는 동네에서 유명한 고급 초콜릿 가게의 상자였다.

"행운을 빌어요." "건강하게 지내." "당신도요." 같은 인사치레를 나누고 서로 포옹을 나눈 뒤, V는 가게에서 나갔다. 이러쿵저러쿵해도 결말이 좋으니 다 좋은 걸까. 그런 생각을 하면서 그 광경을 바라보았는데, D가 상자와 함께 건네받은 작은 봉투를 열었다.

물방울무늬의 귀여운 카드가 들어 있었다. D가 카드를 펼치자 안에 쓰인 문장이 눈에 들어왔다.

"퍽이나 고마웠네요. Thanks for nothing."

D의 얼굴이 순식간에 새빨개졌다. 그날 밤에도 내가 엉덩이를 밀어주지 않으면 택시에 못 탈 만큼 D가 만취했다는 것은 굳이 설명할 필요 없으리라.

"그 여자, 역시 짜증 나!"

집에 가는 택시에서 D가 날뛰었다.

"부모가 부자라는 건 말이지. 자기가 원하면 얼마든 좋은 학교에 갈 수 있고, 미래에 할 수 있는 일도 무한하게 많다는 뜻이야. 그 여자는 그런 걸 아깝게 전부 버리고 생각 없이 살고 있어."

나는 D가 대학교 입학을 위한 예비 과정의 원격 강좌를 듣고 싶어한다는 것을 떠올렸다.

"하지만 그건 개인의 선택이니까."

"그렇게 복을 받은 주제에."

"각자가 스스로 선택하는 거니까."

"그러니까 중산층 놈들이란 틀려먹은 거야."

옆을 보며 조용해진 D가 잠들었나 싶어 얼굴을 들여다보았다. BBC 라디오 2에서는 오아시스의 노래가 흘러나왔다.

D는 허공을 노려보면서 작은 소리로 리암 갤러거

와 함께 노래하고 있었다.

> Because maybe
> You're gonna be the one that saves me
> And after all
> You're my wonderwall
>
> 어쩌면
> 당신이 나를 구원해줄 사람일지도 몰라
> 그리고 결국에는
> 당신이 나의 원더월이야[82]

D에게 원더월이란 계급 의식일까. 문득 그런 생각이 들었다.

그것은 삶의 원동력이자, 위안이자, 돌아갈 장소이기도 하니까.

그것은 차갑게 굳어 요동도 하지 않지만 어딘가 따뜻한, 그런 불가사의한 벽wall이다.

---

[82] 오아시스의 대표곡 중 하나인 「원더월(Wonderwall)」의 가사 중 일부다. '원더월'의 정확한 의미는 불명이지만, 나의 소중한 대상, 또는 나를 구원해줄 무언가를 뜻한다고 해석하는 사람들이 많다.

인간이 앞으로 나아가는 걸 가로막는 벽이자, 사람과 사람 사이를 가르는 망할 벽이라는 사실은 변치 않는다고 해도.

(출처: 웹진 「에레킹」 2013. 5. 21)

2장 ───────── 영화와 음악으로
                        현실 읽기

미피의 ×와 「첫사랑」

미피Miffy[1]의 입은 어째서 '×' 모양인 걸까.

나는 일본인이라서 제일 먼저 떠올리는 건 아무래도 가위표처럼 부정적인 이미지다. 입은 있지만 말하지 못한다. 혹은 말하는 것을 금지당했다. 그런 의미의 은유가 아닐까 생각하고 마는 것이다.

그에 비해 영어권에서는 ×가 키스를 뜻하기도 하니, 그렇게 생각하면 달콤하고 귀여운 (그리고 살짝 외설스러운) 느낌이 들기도 한다. 인터넷에 검색해본 결과 작가 본인은 "그건 코(×의 윗부분)와 입(×의 아랫부분)을 합한 것이다."라고 했다니, 그 말을 듣고 보면 미니멀리즘의 향기마저 풍기는 미피라는 녀석은 얼핏 멍해 보이는 외모임에도 추상표현을 비판적으로

[1] 네덜란드 작가 딕 브루너(Dick Bruna)가 쓰고 그린 그림책 시리즈의 주인공인 새하얀 토끼 캐릭터.

승계하면서 추상예술의 순수성만을 추구하는 미니멀 아트가 실현된, 그런 대단한 캐릭터였던 것이다. 내가 그렇게 감탄하며 이것저것 사색해도 정작 미피는 언제나 못 박힌 듯이 무표정으로 있을 뿐이다.

이마이즈미 고이치今泉 浩一의 「첫사랑初戀」(2007)은 레즈비언과 게이 영화제를 중심으로 주로 해외에서 상영되었던 모양이다. 베를린국제영화제 파노라마 부문에 초청받았을 때, 제작비를 밝히자 "그건 저예산이 아니라 무無예산"이라고 영화제 디렉터에게 지적을 받았다고 하는데, 영화를 언급할 때 2D니 3D니 하는 것이 화제에 오르는 오늘날, 그 영화는 거의 1.5D라고 농담하고 싶을 만큼 미니멀한, 음악으로 비유하면 집에서 녹음한 앨범 같은 작품이다. DIY 영화답게 주연은 모두 감독의 게이 친구, 게이 지인, 전혀 모르는 게이. 게이가 아닌 배우들이 하는 '저게 아닌데.' 싶은 연기를 너무 많이 보았기 때문이라고.

이마이즈미 감독과 파트너십으로 계속해서 함께 영화를 만들고 있는 음악 담당 이와사 히로키岩佐 浩樹는 해외의 레즈비언 및 게이 영화제 프로그래머로부터 "일본의 다른 게이 작가와 작품을 소개해줘."라고 자주 요청을 받는다는데, "일본에서 현재 게이를 작중에 내재한 요소나 개그 소재로 쓰지 않고 게이 그 자체로 내러티브를 계속 만드는 사람들은, 아전인수 같지만 우리 말고는 없습니다."라고 말씀하셨단다.

나는 「첫사랑」을 보았을 때, '이야, 지당한 말씀을 하셨네.'라고 생각했다. 나는 「첫사랑」처럼 게이에 의한, 게이를 위한, 게이의 이야기를 담은 영화를 일본산 중에서는 본 적이 없다.

애초에 마케팅을 앞세우는 보이즈 러브 boys love[2]의 판타지 같은 세계와 달리, 「첫사랑」은 그야말로 날것이다. 정사 장면만 해도 짐승 같은 측면이 남아 있어서 현실적이다. (이런 점은 영국 방송국 채널4의 명작 드라마 「퀴어 애즈 포크 Queer As Folk」[3]와 비슷하다. 그 작품은 성 묘사뿐 아니라 많은 점에서 그 뒤에 만들어진 영국 게이 영화의 양상을 송두리째 바꿔버렸다. 그런 작품이 늘 그렇듯 일본에선 수입하지 않았지만).

「첫사랑」에는 다양한 장면에서 미피가 등장한다. 일단 첫머리. 같은 학년의 남학생을 사랑하는 다

---

[2] 여성 소비자를 대상으로 남성들의 동성애를 그리는 장르를 가리킨다.
[3] 맨체스터의 게이 거리에서 살아가는 세 게이 남성의 생활을 담은 드라마. 1999~2000년에 방영되었고, 큰 호평을 받았다. 미국에도 수출되어 2000년에 동명의 미국판 드라마가 방영되었는데, 한국에는 미국판 드라마가 수입되었다.

다시가 그에게 고백받는 꿈을 꾸는 장면. 꿈에서 깨어난 다다시의 방에는 컬러풀한 미피 달력이 벽에 걸려 있다. 그리고 다다시가 짝사랑 상대와 맺어진 자신을 상상하며 방에서 자위하는 장면. 이 장면에서도 침대에서 헐떡이는 다다시를 벽에 걸린 달력의 미피가 내려다보고 있다.

또 한 번 미피가 등장하는 것은 다다시가 거리에서 만난 게이 청년이 교통사고를 당하는 장면이다. 다다시는 낯선 청년의 사고 소식을 가까운 사람에게 알리기 위해 그의 가방을 열어서 단서를 찾는데, 그 가방 속에도 어째서인지 미피 그림이 그려진 파우치가 들어 있다.

어째서 미피일까. 묘하게 신경 쓰였는데, 마지막 장면에서 아아, 미피의 나라, 네덜란드는 세계 최초로 동성혼을 인정한 나라였지, 하고 짐작했다. 하지만 진상은 그것만이 아닐 것 같았다. 미피의 'x'. 그것이 유독 신경 쓰였다.

오래전, 내가 젊었을 때, 내 방에 밴드 크라스Crass[4]의 『페니스 엔비Penis Envy』라는 앨범 재킷을 장식

---

[4] 1977년 결성된 영국의 펑크 록 밴드. 아나키즘을 추구하며 페미니즘, 동물권, 반파시즘, 환경주의를 위한 사회 운동에도 활발히 참여했다.

해둔 시기가 있었는데, 「첫사랑」에서 미소 짓고 있는 미피를 보면 왠지 그 재킷의 그림이 떠오른다. 모두 입에 시각적인 방점이 찍혀 있기 때문일까.

다다시를 연기한 청년에게는 독특한 존재감이 있다. 아니, 없다, 하는 게 정확할지도 모르겠다. 쏟아지는 듯한 여름날의 눈부신 하얀 햇살 속에서 그가 "네에에."라고 말할 때마다, 저 부자연스러울 만큼 허공에 둥둥 떠다니는 목소리가 정녕 살아 있는 청년의 것이란 말인가, 하고 의심스러울 정도였다. 영화 속의 게이 인물들도 마찬가지다. 악인이 한 사람도 등장하지 않는다. 다들 몽글몽글하고, 현실감이 없다. 마지막 장면 직전에 게이고라는 등장인물이 새하얀 옷차림으로 건널목 너머에 서 있는 장면(심지어 과거의 반복 장면)이 나와 '으엑, 혹시, 죽은 건가? 실은 이 영화, 유령들의 이야기였나?' 하고 쓸데없는 억측을 하게 만드는 순간도 있는데, 이 영화가 충격적 반전이 있는 유령 이야기였다고 해도 나는 놀라지 않았을 것이다.

일본에서 지내다 보면 사회적으로 옷장 속에 갇힌 신세인 것은 변함없지만, '그냥저냥' 게이로 살 만한 것 같다는 섬뜩한 느낌이 들곤 한다.

이런 문장을 음악 감독 이와사 히로키가 쓴 적이 있는데, 확실히 「첫사랑」은 그 옷장 속을 묘사한 듯한 영화다. 그곳은 마음씨 따뜻한 사람들만 모이는, 현실과 동떨어져 둥둥 떠 있는 유토피아. 하지만 유토피아라는 곳은, 그 전제부터 현실 사회에는 존재하지 않는 곳을 가리킨다. 존재하지 않는 것이란 즉, 'NO'이며, 유령이며, '×'인 것이다.

"(동성혼에 대해 어떻게 생각하냐고?) 그야, 응, 멋진 일이라고 생각하지… 그런데 그래 봤자 우리랑 상관없는 일이야. 어차피 외국 얘기잖아."

흐리멍덩한 표정으로 그렇게 말한 히로키의 입가에 ×가 붙어 있는 듯이 보인 건 내 착각일까.

그리고 하나 더. 미피의 얼굴에서 크라스의 앨범 재킷을 떠올리게 한 영화는 처음이다. 그런 연상의 회로가 완전히 틀리지는 않았구나 생각한 것은 「첫사랑」보다 3년 뒤에 공개된 이마이즈미 감독의 작품 「완전한 가족」[5]의 눈부시게 파괴적인 줄거리를 읽었을 때였다.

불현듯 떠오른 것이 있다. 섹스 돌 sex doll의 얼굴을 재킷에 사용한 크라스의 앨범 『페니스 엔비』의 주제는 섹슈얼리티와 성적 억압이었다는 것이다.

미피의 x에서는 왠지 모르게 아나키즘의 냄새가 난다.

(단행본 출간 시 새로 씀)

---

5 원제는 「가족 컴플리트(家族コンプリート)」. 오래된 주택에서 조용히 살아가는 3대 다섯 명의 가족과 고양이. 그 가족에게 남모를 비밀이 있으니 몇몇 사람들이 수수께끼의 바이러스에 감염되어 할아버지에게만 성적 욕구를 느낀다는 것이다. 그런 가족의 희비를 그린 영화다.

영국 중부 시골의 구약성서:
「데드 맨스 슈즈」

"자동차로 영국의 교외를 달리면 그곳에는 초록이 가득한 예쁜 마을과 아름다운 시골 풍경이 펼쳐진다. 하지만 그 이면에는 폭력과 불법 약물이 난무하는 망가진 공영주택지가 반드시 존재한다."

영화감독 셰인 메도우스Shane Meadows의 말이다. 그가 영화 「데드 맨스 슈즈Dead Man's Shoes」(2004)[6]로 그리고 싶었던 것은 그런 세계라고 한다.

나는 이 영화를 무척 좋아하는데, 몹시 가난하고 폭력적이고 어두운 이야기인 동시에 묘하게 시치미 뚝 떼는 유머러스한 측면이 있으며, 그 바닥에는 무언가 대단히 아름다운 것이 깔려 있기 때문이다. 내가 개인적으로 좋아하는 요소들이 이토록 전부 담긴 영화는

---

[6] 군 복무를 마치고 돌아온 주인공이 정신적으로 장애가 있는 동생을 괴롭히고 이용한 마약상 등에게 처절한 복수를 한다는 줄거리다.

더 없을지도 모른다.

이 영화는 감독 셰인 메도우스와 주연 배우 패디 콘시딘Paddy Considine이 함께 만들었다.

"셰인에 대해서는 열일곱 살 때부터 알고 있었다. 그도 나도, 북부 시골의 공영주택지에서 자랐다. 그 무렵 우리의 지역 사회에서는 지독한 일들이 일어났다. 터무니없는 일들도 있었다. 하지만 그 일들은 그대로 남아 있다. 정확히 말해, 기억에서 지워지고 없었던 일이 되었다. 오늘날까지 그 일들에 책임을 지는 사람은 아무도 없었다. 셰인과 그런 대화를 나누면서 이 영화의 개요를 만들었다. 둘이서 몇 주 동안 각본을 썼다."라고 콘시딘이 이야기했는데, 요컨대 「데드 맨스 슈즈」는 복수극인 것이다.

그렇지만 영화의 무대는 할리우드 서부극의 오하이오주 같은 곳이 아니다. 영국 중부 지방midland의 초록빛 초원과 엽서 사진처럼 아름다운 시골 마을의 이면에 숨은 황량한 공영주택지와 더러운 펍인 것이다.

"셰인의 영화에 출연하면, 내가 작품을 통해 무언가를 이야기하는 기분이 든다."라고 말한 패디 콘시딘은 영화에서 대단히 인상적인 연기를 보여준다. '복수하는 남자'라는 캐릭터는 동서고금 수많은 영화에 등장했지만, 이 영화의 콘시딘은 영웅이 아니다. 영웅보다는 방독면을 쓴 성인 같다. 뭐랄까, 그의 표정에 인간에서 벗어난 정적이 드러나는 순간이 있다.

셰인 메도우스는 이 영화에서 복수의 대상인 마약상 같은 사람들과 연이 있었다고 하고, 패디 콘시딘 역시 교외 공영주택지에서 자란 만큼 폭력배와 인연이 없지는 않을 것이다. 그 때문일까, 폭력배들에게 인간성이 있다는 점도 영화에 현실성을 더해준다.

이 영화 뒤에 셰인 메도우스가 감독한 그의 출세작 「디스 이즈 잉글랜드This Is England」(2006)도 마찬가지인데, 그의 영화에 등장하는 모든 인물에게는 인간성이라고 할지, 사람다운 측면이 있으며 그저 포악한 사람, 혹은 순수한 악당 같은 평면적인 인물은 등장하지 않는다. 그렇다고 해서 사실 인간은 모두 선하다는 성선설을 추구하는 것은 아니고, 최종적으로 크나큰 죄를 저지르고 마는 인간 한 명 한 명을 유머가 넘치는 사람이나 겁쟁이 등 우리 동네에도 있을 법한 서민으로 묘사한다.

"내게도 그런 폭력배들과 함께 오랜 시간을 보낸 시기가 있었는데, 그들의 유머 센스는 날카롭다. 너무 날카로워서 잔혹하다고 해도 무방하다. 그들은 그런 칼날 같은 유머로 아무것도 보이지 않는 캄캄한 현실을 살아간다."

 이렇게 셰인 메도우스가 언급한 유머 센스가 몹시 좋지 않은 방향으로 폭주하면 어떻게 될까, 하는 점도 마치 감독 자신이 그 자리에서 보고 온 듯이 생생하게 영화에 담겨 있다.

 '디스 이즈 잉글랜드' 시리즈[7]도 그렇지만 셰인 메도우스라는 감독은 자신이 아는 세계밖에 그리지 못한다.
 그가 계속 런던 밖에서 영화를 찍고 싶다고 말하는 것도, 영국 중부 지방의 공영주택지에 얽매이는 것도, 바로 그 때문일 것이다. 그가 모든 등장인물을 인간으로 그릴 수밖에 없는 것 역시 그들이 모두 그가 아는 사람들이기 때문이다. 그렇기 때문에 아무리 잔인하고, 극악무도하고, 눈 뜨고 볼 수 없는 인물이라 해도 반드시 한 사람의 인간으로 묘사하는 것이다.
 그런 짓을 하는 너희의 마음은 이해하지 못하지만, 나는 너희를 알고 있다. 너희를 이해할 수는 없다 해도, 나는 너희가 어떤 인간인지 제대로 그리겠다.

---

[7] 2006년 영화로 공개된 「디스 이즈 잉글랜드」는 그 후 2010년부터 2015년까지 채널 4의 미니시리즈로 세 차례 더 제작되었다.

그처럼 자신이 아는 세계를 대하는 도리 같은 것을 셰인 메도우스의 영화에서는 느낄 수 있으며, 나는 그의 그런 자세에 크게 공감한다. 그러는 것도 지방 출신자 특유의 촌스러운 감정일지 모른다. 그렇지만 끈적끈적한 무언가가 메마른 리얼리즘의 바닥을 흐른다는 점이 셰인 메도우스 영화의 독특한 매력이며, 그저 냉소적이고 허무함이 가득한 현실주의 영화와 그의 영화를 뚜렷이 구분하는 특징이라고 생각한다.

죄를 저지른 사람들이 인간으로서 잘 그려져 있기 때문에 그들이 저지른 죄의 중력도 커진다. 그렇기 때문에 영국 중부 시골의 공영주택지를 배경으로 펼쳐지는 복수극은 현실적인 동시에 왠지 구약성서의 이야기 같은 종교적 분위기를 풍긴다.

생각해보면 '브로큰 브리튼'이라고 불리는 야만스러운 언더클래스의 일상에는 확실히 구약성서의 세계와 비슷한 점이 있다. 구약성서의 인간은 툭하면 물건을 훔치고, 이웃의 아내를 빼앗고, 타인을 때려죽이는 등 그야말로 원시적이다. 그리고 그곳에 나타나는 것은 분노하며, 벌을 내리는 신이다. "나는 당신을 용서합니다."라던 예수 그리스도보다 앞서 있었던 격렬한 신인 것이다. 그 격렬한 신은 나쁜 짓을 하면 도시를 불태워 사람들을 멸하거나, 몇 대에 걸쳐 저주하거나, 아이들을 모두 죽이거나 한다.

패디 콘시딘이 연기한 「데드 맨스 슈즈」의 주인공은 구약성서 속의 신인지도 모른다. 그래서 그가 다음처럼 말했을 것이다.

"예수라면 그를 용서해서 천국에 받아들였겠지. 하지만 나는 용서하지 않아."

영국의 아름다운 시골 풍경 이면에 숨은 더러움으로 가득한 빈민가. 그리고 그곳에 있는 흡사 구약성서 같은 세계. 이런 설정만으로도 충분히 천재적이라고 생각한다.

그와 더불어 모든 것을 수다스럽게 들려주는 느낌이 있는 「디스 이즈 잉글랜드」와 달리 깨끗하게 여백을 남겨둔 편집도 이 영화의 아름다움에 한몫한다(편집은 패디 콘시딘의 취향이 반영되지 않았을까 짐작한다). 그러고 보면 패디 콘시딘의 감독 데뷔작인 「디어 한나」(2011)에도 비슷한 분위기가 있었다.

셰인 메도우스와 패디 콘시딘은 21세기의 켄 로치와 마이크 리가 될 사람들이라고 나는 생각한다.

「데드 맨스 슈즈」는 앞으로 20년 정도 흐른 뒤에 두 사람의 시작점으로 일컬어질 작품이다.

(단행본 출간 시 새로 씀)

우드비와 루저들:
「디스 이즈 잉글랜드 '86」

지금은 머나먼 옛날이 된 1980년대의 이야기다.

어학연수생이라는 신분을 지녔지만 사실은 그저 영국에 놀러 왔을 뿐인, 실로 꽤씸한 아가씨였던 나는 생각했다.

'왜 영국인은 일을 하지 않을까?'

내 주위에는 실업급여 수급자들이 우글거렸다. 그 실업급여 수급자들이란, 길거리에서 공연하는 뮤지션 지망생 청년, 시장에서 헌옷과 자신이 만든 옷을 파는 디자이너 지망생 여성 등 다들 뭔가를 '지망'하는 젊은이들이었다. 무언가가 되고 싶어하는 사람을 영어로는 '우드비would-be'라고 하는데, 나는 영국의 실업급여 수급자들이란 우드비 집단인가 생각했다.

음악도, 미술도, 패션도, 영국에서 끊임없이 재미있는 사람들이 등장하는 이유는 제도가 우드비의 존재를 허용하기 때문이다. 영국은 매우 간단히 실업급여를 지급해서 우드비들을 돌보는데, 그 실업급여 수급자들 중에서 때때로 세계적인 슈퍼스타가 등장해 나라의 경제와 문화예술과 대외적 이미지를 책임진다. 무척 흥미로운 동시에 무척 전략적인, 그야말로 영국이라서 가능한 시스템이라고 생각했다.

그렇지만 당시 런던에 살고 있던 외국인의 시선에 그렇게 보였을 뿐, 지방의 사정은 전혀 달랐을 것이다.

애초에 런던은 무언가를 해서 크게 성공하려는 사람들이 모여드는 곳이다. 포스트펑크 post-punk 후에 '무엇이든 오케이' '먼저 한 사람이 승리자' 하는 분위기로 가득했던 1980년대 후반의 영국은 경제적으로는 잘나가지 않아도 대중문화로 잘나갔다. 마거릿 대처가 제조업을 기반으로 삼던 지방 도시를 박살 내면서 엄청난 수의 실업자가 발생한 탓에[8] 역설적으로 실업급여를 받을 수 있는 기준은 낮아졌고(그러지 않으면 내전이 일어났을 것이다), 그에 더해 통계에 잡히는 실업자 수를 줄이기 위해 질병 및 장애 생활보호금을

---

[8] 마거릿 대처 정권의 강력한 산업 구조조정으로 제조업 노동자 중 실업자가 다수 발생했다.

마구잡이로 뿌리며("허리가 좀 아프다고 하면 쉽게 받을 수 있어."라고 말한 우드비도 있었다.) 정부가 일하지 않고도 먹고살 수 있도록 제도를 확립해준 덕에 수도에 모여든 우드비들은 나라의 은혜에 힘입어 대중문화에 몰두할 수 있었다.

그에 비해 우드비들이 대도시로 빠져나간 지방은 텅 빈 구덩이 같은 곳이 되었다. 실업급여로 먹고사는 지방 사람들은 우드비가 아니었다. 지방에서 포스트펑크 후의 '무엇이든 오케이'는 '무엇이든 안 돼'로 바뀌었고, '먼저 한 사람이 승리자'는 '하기 전부터 패배자'로 변했다.

셰인 메도우스 감독의 영화 「디스 이즈 잉글랜드」[9]의 속편인 「디스 이즈 잉글랜드 '86」(2010)은 텔레비전 드라마로 제작·방영되었다. 무대는 전편과 마찬가지로 영국 북부의 볼품없는 동네. 설정은 그렇지만 실제 촬영은 셰필드 Sheffield[10]에서 이루어졌다.

---

9 1983년을 배경으로 가난한 공영주택지에서 살아가는 열두 살 소년 숀이 우연히 스킨헤드 무리와 어울리게 되면서 겪는 일을 그린다. 이 영화 역시 셰인 메도우스의 경험을 바탕으로 만들어졌다.
10 영국 중북부 사우스요크셔주의 도시.

셰인 메도우스는 「디스 이즈 잉글랜드」의 속편 제작을 마음먹은 이유에 대해 다음처럼 말했다.

"1986년의 젊은이들이 경험한 것들과 현재 벌어지고 있는 것들은 매우 비슷하다고 생각한다. 불황, 실업, 그리고 세계가 전환점을 맞이했다는 감각 말이다."

「디스 이즈 잉글랜드 '86」이 방영된 것은 보수당이 정권을 잡고 있었던 2010년 가을이었다. 방영 시간은 밤 11시. 한 편당 한 시간씩, 총 네 편 방영되었다. 채널4의 그 시간대에서는 여러 명작 컬트 드라마가 탄생했다.

1회의 분위기는 전작인 영화의 전반부처럼 경쾌하다. 당시의 영국을 아는 사람이라면 눈물이 날 만큼 서브컬처적인 색채가 넘쳐흐르는데, 전작에서 스킨헤드 폭력 집단의 리더였던 우디Woody는 오래전의 모즈Mods[11]가 1980년대에 부활한 듯한 스쿠터보이

---

[11] 모더니스트(modernist)에서 유래한 말로 기존의 체제와 관습에서 벗어나 새로운 것을 추구하는 젊은이들의 문화를 가리킨다. 1950년대에 런던에서 시작되어 영국뿐 아니라 다른 국가로도 퍼져 나가며 패션을 비롯한 당대의 유행에 영향을 끼쳤다.

scooterboy[12]가 되었고, 폭력 집단의 왕언니 같은 존재였던 롤Lol은 남자처럼 론스데일Lonsdale[13]을 입으며 살짝 애니 레녹스가 섞인 느낌의 미인이 되었다.

1983년을 무대로 한 전작에서는 폭력 집단의 막내인 열두 살 소년 숀Shaun이 주인공이었지만, 드라마로 만들어진 속편의 주인공은 우디와 롤 커플이다. 그리고 숨은 주인공으로 전작에서 폭력 범죄를 저질러 금고형을 받은 전 국민전선당National Front[14] 추종자 콤보Combo가 이야기에 관여한다.

전작이 영국의 인종차별을 다뤘다면 「디스 이즈 잉글랜드 '86」은 아동을 향한 성적 학대, 그리고 그런 문제가 현실에 만연한 하층 사회의 어둠을 그린다.

「디스 이즈 잉글랜드 '86」에서 부친의 학대를 몇 년씩 견뎌온 인물은 롤이다. 수년 전에 가족을 버리고 집을 나갔던 부친이 느닷없이 돌아오는 것부터 롤

---

12 모즈족의 하위 그룹으로 '노동자 계급의 스포츠카'라고 불리던 스쿠터를 즐겨 타며 그들만의 문화를 향유하던 젊은이들을 가리킨다.
13 1960년대 런던에서 시작된 의류 브랜드로 처음에는 복싱 장비와 의류를 만들었지만 훗날 일반 의류로도 사업을 확장하며 젊은이들의 인기를 얻었다.
14 백인 우월주의 등을 추구하는 영국의 극우 정당.

의 비극이 시작되고, 드라마의 분위기도 급격하게 무거워진다. 모친에게도 여동생에게도 말하지 못한 비밀을 지닌 롤은 부친에게 반항하지만, 모친은 부친과 관계를 회복한다. 무직으로 대낮에도 집에서 빈둥댈 뿐인 부친은 롤을 만나러 온 친구를 강간하고, 어른이 된 롤도 어렸을 때처럼 강간하려고 든다.

롤은 저항하다가 부친을 죽이고 마는데, 그 현장에 찾아온 사람이 바로 금고형을 마치고 갓 출소한 콤보다. 전작에서 콤보가 극우로 치달은 이유 중 하나가 롤에게 사랑을 고백했다가 거절당해서였는데 콤보는 롤이 어릴 때부터 부친에게 강간당한 사실을 알고 있었다. 10대 시절부터 롤을 사랑해온 콤보는 "나도 올바른 일을 하고 싶어."라며 롤의 죄를 뒤집어쓰고 다시 교도소로 들어간다.

「디스 이즈 잉글랜드 '86」은 이런 결말로 끝나는데, 그 외에도 친구 우디를 배신하고 롤과 바람을 피우는 밀키Milky, 파키스탄인의 비디오가게에서 일하는 숀 등의 이야기가 씨실처럼 얽힌다.

(좋은 의미로) 짓궂다고 생각하는 점은 전작에서 콤보에게 인종차별적 폭행을 당하고 죽을 뻔했던 흑인 밀키가 콤보가 가장 사랑하는 롤의 바람 상대가 된

것, 그리고 전작에서 숀이 우익 사상에 물들어 패거리와 습격했던 잡화점의 파키스탄인 사장이 드라마에서는 숀이 근무하는 비디오가게의 사장으로 등장한다는 것이다. 심지어 숀의 어머니가 그 파키스탄인 사장과 꽤 좋은 분위기를 보여준다. '우경화하는 청년들의 후일담'으로 착실히 영화의 속편다운 모습을 보여주는데, 그와 더불어 불과 수년 전까지 배외주의자였던 젊은이들이 점점 자기네 사회로 들어와 모친과 자신의 여자를 빼앗아가는 외국인들을 "뭐, 할 수 없지."라고 냉정하게 받아들이는 모습은 그야말로 현실적이다. 잉글랜드라는 나라는 한참 동안 그런 길을 걸어왔던 것이다.

축구도 주된 요소로 쓰이는데, 마지막 장면에서는 전 스킨헤드 폭력 집단 구성원들(지금은 대부분 실업자)이 펍에서 잉글랜드 대 아르헨티나의 월드컵 경기를 관전한다. 마라도나의 '신의 손'[15] 사건으로 잉글랜드가 패배한 그 극적인 경기다. 전작에는 숀의 아버

---

[15] 1986년 멕시코 월드컵 8강전에서 아르헨티나의 디에고 마라도나는 손으로 공을 쳐서 영국 골대로 공을 집어넣었는데, 심판의 오심으로 골이 인정되었다. 경기 후 마라도나는 인터뷰에서 "신의 손"이 도와주었다고 발언했다.

지가 포클랜드 전쟁[16]에서 전사한 에피소드가 나오는데, 그 일은 열두 살 숀이 국수주의에 빠지는 원인이 되기도 했다. 그런데 그처럼 특별한 의미가 있을 축구 경기 중에 숀은 무엇을 했는가 하면, 여자 친구와 펍의 화장실에 틀어박혀서 10대의 섹스를 만끽했다.

시간의 흐름이란 그야말로 무책임하고 그 때문에 멋진 것이다. 반복하지만, 잉글랜드라는 나라는 계속 그런 길을 걸어왔다.

월드컵에서 잉글랜드가 패하는 걸 보여주며 드라마가 끝나듯이, 이 드라마의 주제는 '패배'라고 나는 생각한다. 실업급여로 먹고사는 지방의 젊은이들은 우드비가 아니었다. 그들은 루저loser 패배자였던 것이다.

일본에 DQN[17]이라는 말이 있듯이, 영국에도 차브chav[18]라는 말이 있다. '디스 이즈 잉글랜드' 시리즈

---

16 1982년 영국과 아르헨티나가 남아메리카의 포클랜드섬을 둘러싸고 벌인 전쟁. 두 달 만에 영국군이 승리했다.
17 일본에서 저학력자, 육아를 포기한 무책임한 미성년 부모, 미래에 아무런 대책이 없는 사람 등을 경멸하며 가리키는 말로 20세기 후반 텔레비전 프로그램의 제목에서 유래했다.
18 2000년대에 생겨난 말로 공영주택지에 거주하는 거칠고 무례한 언동이 두드러지는 백인 노동자 계급 젊은이를 가리키는 멸칭이다.

의 등장인물 대부분은 기본적으로 1980년대의 차브라 할 만한 젊은이들이다. 폭력, 차별, 아동 학대, 강간, 빈곤, 교도소. 오늘날 언더클래스를 상징하는 키워드들이 약 30년 전 그들의 일상에도 자리 잡고 있었다.

마거릿 대처 정권은 지방의 제조업을 죽여버림으로써 가축화된 인간들을 양산해냈다. 지방 사회라는 우리 안에서 정부가 주는 사료를 받아먹으며 동물처럼 살아가는 젊은이들. 학력도, 돌파구도, 전망도, 아무것도 없었다. 교양인들은 "패자는 아름답다." "패자로서 살아가는 것이 진짜 아닌가."라고 하지만, 그들이 말하는 패자란 스스로 패배를 선택한 사람들이지, 무언가를 해보기 전부터 패배하고 있는(=사육되고 있는) 가축을 가리킨 것은 아니다. 지방에서 살아가던 루저들의 세계는 오늘날 언더클래스의 세계와 하나도 다르지 않다.

"이 시리즈는 현대 영국의 이야기를 담고 있다. 그 때문에 제목을 과거형 '워즈was'가 아닌 현재형을 써서 '디스 이즈is 잉글랜드'라고 정한 것이다."

셰인 메도우스가 그렇게 말하는 걸 들은 적이 있다.

한 영화감독이 자신과 친구들의 청춘 시절을 담아낸, 다분히 향수를 자극하는 영상이 오늘날 청년들의 사랑을 받는 이유는 그 영화가 머나먼 옛날의 이야기가 아니라 관객들 자신의 이야기이기 때문일 것이다. 그리고 무엇보다 높은 곳에서 내려다보는 편견과 동정 어린 시선이 아니라 하층 인간들 특유의 건조하며 날카로운 동시에 따뜻한 시선으로 만들어졌기 때문일 것이다.

(단행본 출간 시 새로 씀)

빌어먹을 어른이 된다는 것:
「디스 이즈 잉글랜드 '88」

「이스트엔더스 EastEnders」는 BBC에서 일주일에 나흘씩 방송하고 있는 장수 드라마다.

BBC의 간판 드라마라 할 수 있는데, 일본인의 시선으로 보면 스토리가 엉망진창이다.

런던 동부의 서민 동네에서 살아가는 사람들의 일상을 그리는 이른바 홈드라마지만, 등장하는 남성과 여성 대부분이 서로 한 번씩은 섹스를 한 적이 있다. 그래서 등장인물 중 여성이 임신할 때마다 대체 누가 아이의 부친인지를 알 수 없다. 몇 주만 시청하지 않으면 지금 누구와 누구가 부부인지도 알 수 없다. 종종 절도와 살인 같은 범죄가 벌어져서 교도소를 경험한 사람이 많고, 폭행 사건도 자주 발생한다(특히 크리스마스 전후에). 어린 시절 성적 학대를 당한 사람, 사회복지사에게 갓난아기를 빼앗긴 사람, 박복한 여성 등도 도처에 널려 있다.

내가 영국에서 살고 얼마 지나지 않았을 무렵, "저 드라마는 말도 안 되는 일이 계속 일어나서 초현실적이야."라고 영국인에게 말했다가 "아냐, 이 나라에서는 그게 일상이야. 그런 세계도 존재하거든."이라는 답을 들은 적도 있다. 지금 생각해보면 그때 그 영국인은 "그런 세계"라는 표현으로 하층 계급을 가리킨 것일 텐데, 당시 아직 일본을 기준으로 매사를 바라보던 나는 그 말을 듣고 많이 놀랐다.

「디스 이즈 잉글랜드 '88」(2011)에는 공영단지의 어느 집에서 살고 있는 주인공 롤이 「이스트엔더스」를 시청하는 장면이 나온다. 그 장면은 셰인 메도우스가 대중적이고 다채로운 서브컬처적 분위기를 버리고 수수한 키친 싱크 드라마 kitchen sink drama[19]를 찍기로 했노라 선언하는 것처럼 보이기도 한다.

「디스 이즈 잉글랜드 '86」이 밤 11시에 방영된 드라마치고는 이례적으로 높은 시청률을 기록했기 때문에 채널4는 이듬해인 2011년 12월에 「디스 이즈 잉글

---

19 1950년대에 영국에서 생겨난 개념으로 노동자 계급의 삶과 문제를 현실적으로 그리며 사회 비판적 메시지를 담은 연극, 영화, 텔레비전 드라마를 가리킨다.

랜드 '88」을 방송했다. 「디스 이즈 잉글랜드 '88」의 주인공은 전작을 이어서 롤과 우디다. 하지만 두 사람 모두 더 이상 서브컬처에 열광하며 그에 따른 패션을 즐겨입지는 않는다. 지친 모습으로 유아차를 밀면서 거리를 걸어다니는 싱글 맘인 롤은 언제나 전작에서도 입었던 코트를 입고 있다. 전작에서 당대 유행하던 모즈족의 버섯 모양 헤어스타일을 했던 우디 역시 완전히 달라져서 짧게 자른 머리카락을 7대3(8대2 정도일까)으로 가르마를 타고는 자신이 일하는 공장에서 출세에 힘쓴다.

롤과 우디는 이제 커플이 아니다. 전작에서 밀키와 바람피웠던 롤이 그의 아이를 낳았기 때문이다. 우디는 '내 아이가 태어나는 줄 알고 출산에 함께했는데 느닷없이 피부가 검은 아이가 태어났다.' 하는 트라우마가 될 법한 일을 겪은 뒤 롤과도 밀키를 비롯한 전 스킨헤드 폭력 집단과도 연을 끊고, 현재는 중산층의 마음 따뜻한 여자 친구와 사귀고 있다. 밀키는 멀리 떨어진 곳에서 일하며 롤과 아이에게 돈을 가져다주고 있다.

그리고 이 세 사람의 이야기와 전혀 다른 곳에서 전개되는 것이 있으니 웬일인지 칼리지에서 연극 수업을 듣고 있는 숀의 이야기다. 시리즈의 첫 작품인 영화에서 열두 살 숀이 인종차별주의에 빠져 습격했던 잡화점의 파키스탄인 사장은 1986년을 배경으로 한 전작에서 숀이 일하는 비디오가게의 사장이 되었고 숀의 어머니와 좋은 분위기를 연출하기도 했는데, 2년 뒤를 그리는 이번 드라마에서는 숀의 의붓아버지로 등장한다.

살풍경한 공영단지에서 살고 있는 롤에게는 더이상 스킨헤드 무리의 왕언니 같던 기세가 없다. 언더클래스의 싱글 맘이 된 것이다. (롤을 연기한 비키 매클루어Vicky McClure는 제이크 버그의 「투 핑거스」 뮤직비디오에서 버그의 모친 역을 맡기도 했는데, 이 드라마 때문에 그를 뮤직비디오에 섭외한 것이 틀림없다.) 산후우울증 같은 상태에 빠진 롤은 전작에서 자신이 죽이고 만 부친의 환영을 보기 시작한다.

부친의 망령을 떨치지 못한 롤은 구원을 바라듯이 복역 중인 콤보를 찾아간다. 한 번도 그를 만나러 교도소에 간 적 없던 롤은 그제야 콤보에게 "고마워."라고 말한다. 콤보는 교도소에서 GCSE(의무교육을 마치고 치르는 검정고시)를 치르기 위해 공부한다고 한다. 전 스킨헤드 무리에서도 특히 가혹한 가정환경에서 자랐고, 그런 사실을 서로 잘 알고 있는 두 사람에게는 특별한 사랑과 우정이 있었다. 두 사람은 면회실에서 유리창 너머로 두 주먹을 맞대고 미소를 나눈 뒤 이별한다.

한편으로 「디스 이즈 잉글랜드 '86」에서 멋진 모습을 보여주지 못한 우디가 이번 드라마에서는 '북부의 악당 영웅'다운 매력을 유감없이 발휘한다. 공장에서 승진 제안을 받았지만 좀처럼 내키지 않고, 결혼한 사이나 다름없는 여자 친구에게 위로를 받아도 무언가 부족한 우디. 이번 드라마에서 자가용으로 출퇴근하는 우디는 오랜만에 스쿠터에 올라타 전 스킨헤드 무리가 노래방 기계로 신나게 놀고 있는 펍의 내부를 훔쳐보고는 유리창에 침을 내뱉는다. 이번 작품에서 우디는 '분노하는 젊은이'다. 그토록 혐오했던 '중산층 어른'이 되려고 하는 자기 자신에게, 가장 사랑하던 여자와 친구들과 자신을 갈라놓은 과거의 사건에 대해, 맹렬하게 분노한다.

그렇지만 크리스마스이브 밤에 롤이 자살을 시도하자(크리스마스 특집이 되면 누군가가 죽거나 몹시 불행한 사건이 일어나는 「이스트엔더스」와 이런 점도 비슷하다), 우디는 사색이 되어서 병원으로 달려간다. 그리고 크리스마스 아침, 우디와 롤은 병원에서 대화를 나누는데, 이 마지막 장면은 최근 몇 년 동안 내가 보았던 영상물 중에서 손에 꼽을 만한 명장면이다.

악당 같은 영웅이지만 유머러스하다고 해도 될 만큼 따뜻한 마음씨를 지닌 우디는 간신히 목숨을 건진 롤 옆에 앉아서 반쯤은 울고 있다.

 "다음에는 핵탄두 같은 걸 써. 말해두지만, 지구상의 어떤 진통제를 써도 목숨을 끊을 수는 없어.[20] 그렇게 멍청한 아이디어가 어디 있냐. 그런 건 최악으로 머리 빈 얼간이나 할 짓이야. 대체 무슨 일이 있었던 거야?"

 "너나 밀키와는 아무런 상관도 없는 일이야."

 롤은 차가운 표정으로 말하지만, 이윽고 한숨을 내쉬고 조용히 이야기하기 시작한다.

 "아버지를 죽인 건 나야. 콤보가 아니라. 콤보는 자기가 한 짓도 아닌데 교도소에 갔어. 나는 그 사실을 짊어진 채 살아갈 수 없었어."

 담담하게 말하는 롤의 이야기를 들으며 우디는 고개를 숙이고 격정적으로 울기 시작한다.

 "퍽!"

 "…"

 "세상에, 그런 일이, 콤보…."

---

[20] 롤은 크리스마스를 앞두고 또다시 죽은 부친의 환영을 보고 콤보에 대한 죄책감을 견디지 못해 진통제를 과다 복용한다.

"아아, 나도 알아."

"나는 너한테 함께 살지 않겠냐고 말할 셈이었어. 그런데 대체 얼마나 위험한 일인 거야, 너랑 함께 사는 건."

자기도 모르게 피식 웃어버린 롤에게 우디는 말한다.

"미친 생각이야. 그런 건 나도 알고 있어. 하지만 우리 말이야, 빌어먹을 어른이 되지 않을래?"

"좋은 생각이야."

그 말 뒤에 롤은 우디의 가슴에 얼굴을 묻고, 두 사람은 예전으로 돌아간다.

기존의 도덕과 사상이 무너져 혼란해진 사회에서는 터무니없는 불행도 일어나고, 노골적인 다툼과 배신도 벌어진다. 왜냐하면, 그곳은 도덕이라는 규칙이 인간을 보호해주지 않는 아나키한 세계이기 때문이다. 그런 방향으로 나아가는 세계에서 인간이 살아가려면, 과거의 도덕을 따르는 '중산층 어른'이 되든지, 혼돈으로 가득한 길을 나아가며 '뭐, 할 수 없지.'라고 현실을 받아들이는 '빌어먹을 어른'이 되든지, 둘 중 하나를 선택할 수밖에 없다.

우디가 계속 저항했던 '중산층 어른이 되는 것'이

대처와 캐머런이 말했던 '보수당의 가치관으로 돌아가는 것'이라면, 마지막 장면에서 우디가 말한 '빌어먹을 어른이 되자'는 것은 그 안티테제라 할 수 있다.

런던 폭동이 일어났던 2011년은 "차브는 군대로 보내라."라거나 "하층의 문제 가정은 공영주택에서 내쫓아라."라는 신경질적인 여론이 고조되었던 해이기도 하다. 그렇기 때문에 2011년 말에 방영된 「디스 이즈 잉글랜드 '88」 마지막 장면에서 주인공이 한 말은 보는 사람에게 특별한 의미를 지닌 것이었다. 그 말은 그야말로 "평정심을 유지하고 하던 일을 계속하라Keep Calm and Carry On."라는 영국인이 사랑해 마지않는 말의 셰인 메도우스 버전이라 할 수도 있을 것이다.

"빌어먹을 어른이 되지 않을래Why don't we fucking grow up?"

"좋은 생각이야Sounds like a good idea."

(단행본 출간 시 새로 씀)

셰인 메도우스가 그린 스톤 로지스:
「더 스톤 로지스: 메이드 오드 스톤」

셰인 메도우스와 스톤 로지스 양쪽에 남다른 애정을 품은 인간으로서 혼자 조용히 보고 싶은 영화였다. 하지만 풍채 좋은 스킨헤드 아저씨 세 명이 손에 맥주를 들고 옆에 앉았고, 나는 나의 불운을(늘 그렇긴 하지만) 원망했다. 상영 5분 전. 주위를 둘러보았다. 예술계 영화를 전문으로 상영하는 영화관의 관객층은 명백하게 평범한 극장과 달랐다.

일단, 당연하지만 연령대가 높았다. 눈빛이 험악한 스킨헤드 아저씨에, 무언가 창작 관련한 일을 할 것 같은 품위 있는 아저씨. 젊은 시절에는 인디 문화를 좋아했다고 할 듯한 중산층 커플. 그런 중년들 사이사이에 밴드를 하는 듯한 청년과 음악 마니아 10대가 혼자 앉아 있었다.

내 옆에 앉은 거칠어 보이는 아저씨들이 상영 전부터 맥주를 벌컥벌컥 마시기에 연주 장면에서 시끄럽게 노래를 불러대면 싫은데, 하고 불안해했다. 하지만 영화가 시작되자 그들은 이상하리만치 조용해졌다. 팔걸이에서 팔이 삐져나올 만큼 딱 벌어지게 앉아 나를 불편하게 하는, 그런 일도 없었다. 커다란 남자가 몸을 웅크리고 꼼짝도 하지 않으며 영화를 보았다. 무슨 일이지? 궁금해서 옆을 보니 아저씨는 초반부터 안경 아래로 손가락을 넣어 눈물을 훔치고 있었다.

저건 셰인 메도우스밖에 찍을 수 없다. 워링턴 Warrington의 파 홀 Parr Hall에 팬들이 모여드는 장면을 보며 생각했다. 밴드 멤버나 저명한 관계자가 아니라 팬들의 모습을 그토록 긴 시간을 할애해 보여주는 록 밴드의 다큐멘터리는 전대미문일 것이다.

밴드 측에서 당일 오후에 갑자기 발표한 "스톤 로지스가 오늘 16년 만에 공연을 한다. 홀 앞에 모여라. 티켓은 선착순이다."라는 공지에 따라 차례차례 홀 앞에 모여드는 팬들을 메도우스는 정성스레 촬영했다. 넥타이를 맨 채 헐레벌떡 뛰어오는 사무직. 하교하는 아이를 데리러 갔다가 곧바로 왔는지 교복 차림 딸과 함께 온 아저씨. 여기저기 페인트가 묻은 차림으로 달려온 도장 기사. 슈퍼마켓의 비닐봉지를 손에 들고 아이와 함께 서두르는 어머니.

"회사에 '시어머니가 심장 발작으로 쓰러졌다'고 둘러대고 조퇴했다." "베이비시터를 찾아야 한다는 생각 같은 게 한순간 모두 날아갔다." 서민들이 제각각 사정을 말했다. 메도우스의 영화에 등장할 법한 사람들이 정말 많았다. 세간에서는 패배자라고 불리는 위험해 보이는 사람, 사회적으로 성공했는지 자신감 넘치는 사람, 불만을 품은 채 밑바닥에서 일하는 노동자. 한 사람 한 사람의 얼굴과 옷차림과 말씨에서 그들의 인생이 엿보였다. 워링턴에서 촬영한 그 장면은, 그것만으로도 한 편의 영화 같았다. '전설적인 밴드의 재결성'은 종종 일어나는 일이지만, 그때 팬들의 심정을 그린 영화는 지금껏 없었다. 셰인 메도우스는 그것을 찍었다. 제목을 붙인다면 '디스 이즈 잉글랜드 2012'. 스톤 로지스 멤버들도 그 워링턴 장면을 가장 좋아한다는 모양이다.

공연 투어의 리허설을 촬영한 장면에서는 카메라가 각 멤버의 얼굴만 담았다. 리듬을 담당하는 베이시스트 매니Mani와 드러머 레니Reni가 서로 마주 보고 웃는다. 보컬 이안 브라운Ian Brown과 레니가 함께 노래하며 웃음을 머금는다. 쿨하게 장인처럼 기타를 치던 존 스콰이어John Squire가 곡을 마치면서 싱긋 미소 짓는다.

약 20년 전에 요란하게 싸우고 갈라선 남자들이 다시금 함께 웃었다. 그 장면이 불러일으키는 감상이란 섹스 피스톨즈가 재결성하며 멤버들이 무대에 다 같이 서 있는 모습을 보았을 때와도 비슷했다. 옆자리 아저씨 아예 우는 거 아냐? 그렇게 생각한 나는 옆을 보고는, 깜짝 놀랐다. 풍채 좋은 스킨헤드 아저씨가 싱글싱글 웃고 있었기 때문이다. 나이 지긋한 어른이 뭐가 기뻐서 칠칠맞지 못하게 히쭉거린담.

그렇지만 가슴 뭉클한 장면은 그리 오래 이어지지 않았다. 왜냐하면 그들이 스톤 로지스이기 때문이다. 암스테르담 공연에서 앙코르를 앞두고 레니가 멋대로 먼저 돌아가버리고, 이안은 무대 위에서 "우리 드러머는 구역질 나는 놈이야."라고 내뱉는다.

거기서 메도우스는 촬영을 완전히 멈춘다. 보통 영화감독이라면 가장 찍고 싶어할 만한 부분일 것이다. 밴드 내분의 내막은 다큐멘터리에 하이라이트가 되기 때문이다. 하지만 메도우스는 그 내막을 찍지 않았다. '디스 이즈 잉글랜드 2012'에 그런 장면은 필요 없다고 정한 것이다.

"나는 촬영을 멈추고, 잉글랜드로 돌아간다."라고 메도우스는 선언한다. 그리고 화면이 어두워진다.

꿀꺽. 옆자리 아저씨가 맥주 마시는 소리.

다큐멘터리는 갑자기 맨체스터의 히턴 공원Heaton Park에서 열렸던 개선凱旋 콘서트[21]로 전환된다.

마지막 장면에서는 단순하게 「풀스 골드Fools Gold」의 연주가 처음부터 끝까지 흐른다. 지금까지 친구로서 친밀한 시선(실제로 메도우스는 오래전부터 로지스 멤버들과 교우 관계를 맺었으며, 이안은 「디스 이즈 잉글랜드 '86」에 특별 출연을 하기도 했다.)으로 촬영해온 메도우스가 마지막에는 '인생을 바꾼 밴드'를 바라보는 팬의 시선으로 돌아간다.

그 연주 장면은 그야말로 압권이었다.

용맹. 그런 말로 표현할 수밖에 없는 스톤 로지스의 모습.

멤버들은 더 이상 웃지 않았다. 재결성은 그저 동창회가 아니었던 것이다. 각자의 표정에서 그 사실을 분명히 깨달은 것이 드러났다.

"히턴 파크에서 촬영한 「풀스 골드」는 인디 밴드의 음악이 댄스뮤직으로 옮겨 가는 극적인 순간이었다."

훗날 메도우스는 인터뷰에서 그렇게 말했다. 그

---

[21] 스톤 로지스는 맨체스터 출신 밴드다. 그들이 전설적인 밴드가 되어 맨체스터로 돌아온 것을 전투에서 승리하고 돌아온 개선이라 표현한 것이다.

에 덧붙여 그 연주에는 놀라울 만큼 뼈대가 튼튼해진 스톤 로지스의 눈이 번쩍 뜨일 만큼 신선한 그루브가 담겨 있었다.

메도우스는 스톤 로지스의 신곡을 들은 적이 없다고 말했지만, 정말로 그럴까. 그에게는 등장인물들의 미래로 이어지는 단서를 남겨둔 채 영화를 끝내는 버릇이 있는데 말이다.

상영관의 조명이 켜지고 옆에 앉았던 아저씨들이 자리에서 일어났다. 더 이상 울지도 않았고 히쭉거리지도 않았다. 그래서 새 앨범은 언제야? 그렇게 말하는 듯한 다급한 표정으로 모두가 출구를 향해 걸어갔다.

다 큰 어른이 점잖지 못하게 표정을 휙휙 바꾸다니 정말 어처구니없네, 하고 생각했다.

그렇지만 그런 마음을 품게 하는 밴드가 한둘쯤 없는 음악 팬을, 아니, 인간을, 나는 믿지 않는다.

(출처: 웹진 「에레킹」 2013. 6. 11)

그 굴은 안티테제다:
「매끈매끈의 비법」

감독·각본·편집 이마이즈미 고이치
출연 마지마 료타, 혼나 가즈나리, 기타가와 히로, 후지마루 진타, 호타루, 무라카미 나호, 이토 기요미, 아카이와 야스모토
원작 다카사키 게이이치
촬영·스틸 사진 다구치 히로키
음악·음향 PEixe-eletrico
프로듀서 이와사 히로키
제작 habakari-cinema+records
2013년 / 컬러 / 77분 / HDV / 스테레오 / 영어 자막

"일본에서 현재 게이를 작중에 내재한 요소나 개그 소재로 쓰지 않고 그 자체로 내러티브를 계속 만드는 사람들은, 아전인수 같지만 우리 말고는 없습니다."라고 말한 사람은 이마이즈미 감독과 파트너십으로 계속 영화를 함께 만들고 있는 음악 담당 이와사 히로키다. 그들의 영화는 해외 영화제를 중심으로 상영되고 있으며, 신작 「매끈매끈의 비법すべすべの秘法」

(2013)의 최초 공개도 일본이 아니라 2013년 베를린 포르노 영화제The Pornfilmfestival Berlin에서 이뤄졌다.

진정한 게이 영화가 현대 일본에서 시장성이 있는지는 확실히 불분명하고, 발표 역시 매우 좁은 상자 속에서나 가능할 것이다. 그래도 작년에 보았던 사진이 떠오른다. 이마이즈미 감독이 일본의 혐한嫌韓 시위를 반대하기 위해 분홍색 배너를 내걸고 길에 나섰던 사진을 보았다. 사납게 중지를 치켜세운 사람들과 하얀 바탕에 검은 글씨가 쓰인 플래카드를 손에 든 사람들이 늘어선 신오쿠보新大久保22 거리에 분홍색 배너가 조용히 강한 존재감을 내뿜고 있었다. 그 사진이 떠올라서 그들의 영화 또한 일본 영화계의 분홍색 배너라는 생각을 했다.

「매끈매끈의 비법」은 게이 만화가 다카사키 게이이치たかさきけいいち의 원작 만화를 영화화한 것이다. 그때문일까, 온화하게 미소 지으면서도 날카로운 나이프로 일본 사회를 해체하여 성소수자의 커밍아웃, 동성혼, '사회 개혁 같은 건 다른 나라 얘기야.' 하는 일

---

22 도쿄에서 가장 큰 코리아타운이 있는 지역으로 혐한 시위가 종종 이곳에서 일어난다.

본인의 당사자 의식 부재 등 정치적인 문제를 보여준 「첫사랑」과는 다르다. 좀더 정통적인 게이 일상 영화라고 할까, 교토에서 섹스 파트너를 만나러 도쿄에 온 어느 게이의 수일간을 느긋하게 묘사한다.

이마이즈미 감독은 1990년부터 핑크 영화ピンク映画[23]의 배우로 활약해왔는데, 2013년의 베를린 포르노 영화제에서는 그의 예전 출연작과 「매끈매끈의 비법」을 한데 모아서 특집 프로그램 '레트로: 고이치 이마이즈미RETRO : KOICHI IMAIZUMI'를 구성하기도 했다. 포르노 영화제에서 상영되었으니 정사 신이 아낌없이 나오고 표현도 노골적이겠지. 나는 그렇게 짐작했지만, 실제로 정사 신은 적었다. 노골적이었냐고 물어본다면, 대상을 단도직입적으로 보여준다는 점에서는 그렇지만, 노골적이라는 요란한 단어는 어울리지 않았다.

그럼에도 불구하고 이번 이마이즈미 감독의 작품에서 가장 인상적이었던 것은 성적 묘사였다.

---

23 일본의 영화 장르로 포르노 영화 중 중소 규모 제작사가 만든 저예산 작품을 가리킨다. 감독의 역량에 따라 완성도가 천차만별이라 작품성과 개성이 뛰어난 작품도 있으며, 일본 영화계의 작가주의 감독 중 초창기에 핑크 영화를 만든 사람도 많다.

왜 그럴까.

게이 영화를 이성애자(특히 여성)가 보는 경우 '대체 남자끼리 잠자리에서 뭘 어떻게 해서 일을 치르는 거야?' 하는 호기심을 품는 것은 당연한 일이며 '보이즈 러브'니 '야오이やおい'[24]니 하는 것들의 존재도 그 호기심과 무관할 수는 없다. 인간이란 이해할 수 없는 것, 자신은 결코 경험하여 정복할 수 없는 것에 끌리게 마련이기 때문이다.

그런데 보이즈 러브에 바라는 영상 소비자의 기대와 그것을 만족시키려 하는 시장의 상식을 산산이 부수듯이, 「매끈매끈의 비법」은 성을 지극히 당연하고 일상적으로 묘사한다.

뭐라 하면 좋을까. 마치 겨울날 난로 앞에서 귤을 까먹는 듯한 정사 장면이었다.

그렇지만 일부 페티시스트[25] 여러분이 프로에게 돈을 주고 보는 특별 공연 같은 것이 아닌 이상 인간

---

[24] 야오이도 남성들의 사랑과 성애를 그리는 장르로 보이즈 러브와 명확히 나누기는 어렵다. 최근 들어서는 야오이보다 보이즈 러브, 줄여서 BL이라는 용어를 사용하는 경우가 많다.
[25] 특정한 옷차림, 신체적 특징 등을 통해 성적 쾌감을 얻는 사람을 뜻한다.

대부분이 하는 성적 행위란 사실 난로 앞에서 굴을 까먹는 것과 비슷하다. 섹스란 일상생활의 일부일 뿐이며, 매일매일 번번이 에로스가 성대하게 펼쳐지지는 않는다. 그 점은 성적 지향이 무엇이든 다르지 않을 것이다.

그런데도 게이의 섹스에 관해서는 무언가 특별한 것처럼 야릇하고 아름답게 연출되거나 격렬하게 그려지는 경우가 많은 이유는 만든 이(와 보는 이)의 의식 속에 그 행위가 '정상에서 어긋난 것'이라는 감각이 전제되어 있기 때문 아닐까.

그 점을 고려하고 보면 「매끈매끈의 비법」의 성 묘사에는 훌륭할 만큼 '정상에서 어긋난 느낌'이 없다. 나 참, 인간이라는 족속은 남녀男女든 남남男男이든 하는 짓이 똑같다니까. 그런 생각이 들며 흐뭇해지기까지 한다. 저 일상적이고 건강한 성 묘사는 '정상에서 어긋난 것'이라는 암묵적 전제 위에 성립된 여타 게이의 성 묘사에 대한 안티테제가 아닐까. 왠지 그 장면 너머로 분홍색 배너를 들고 신오쿠보의 거리에 나가 혐오 시위에 반대하는 이마이즈미 감독의 모습이 비쳐 보이는 것 같았다.

오늘도 나는 일하는 보육원에서 아이들을 상대로 "아빠랑 엄마가 있는 사람, 손 들어봐." "네에." "이번에는 아빠랑 아빠가 있는 사람." "네에." "엄마랑 엄마가 있는 사람." "네에." "우리 엄마는 옷을 벗고 샤워할 때는 아빠가 되는데, 어느 쪽인지 모르겠어." "음, 그건 모호하네." 같은 대화를 나누고 왔다.

내가 살고 있는 브라이턴은 동성애자가 많은 지역이긴 한데, 영국 전체로 보아도 동성애자는 점점 난로 앞에서 까먹는 귤 같은 존재가 되어가고 있다.

일본도 머지않아 정신 차리고 보면 그렇게 되어 있을 것이다.

「매끈매끈의 비밀」의 마지막에 나오는 목욕탕 장면에서 그런 목소리가 들리는 것만 같았다.

(출처: 웹진 「에레킹」 2014. 1. 27)

기억과 노쇠에 관한 다큐멘터리:
「지구에서의 2만 일」

감독 이언 포사이스, 제인 폴러드
각본 및 음악 닉 케이브
출연 닉 케이브, 블릭사 바르겔트(아인스튀르젠데 노이바우텐),
 레이 윈스턴, 워렌 엘리스, 카일리 미노그
2014년 / 영국 / 97분 / 시네스코 / 컬러 / 원제: 20,000 Days on Earth
2014 Pulse Films Ltd. / The British Film Institute / Channel Four
Television Corporation.

이 작품은 닉 케이브Nick Cave[26]에 대한 허구적인 다큐멘터리인 동시에 내가 사는 브라이턴에 대한 허구적인 다큐멘터리이기도 하다.

나는 닉 케이브처럼 운전을 하지는 않기에 같은

---

[26] 호주 출신 싱어송라이터. 닉 케이브 앤 더 배드 시즈(Nick Cave and the Bad Seeds)의 리더이자 모든 곡을 만든 음악가로 알려져 있다. 2000년대 초반부터 브라이턴에서 살고 있다.

동네에 살아도 자동차를 운전하는 사람과 보도를 걸어 다니는 사람은 서로 전혀 다른 풍경을 본다는 사실에 깜짝 놀랐다. 이 다큐멘터리에는 브라이턴의 '길거리'가 전혀 등장하지 않는다. 보도 여기저기에 널린 개똥과 빈 맥주 캔과 주정뱅이의 토사물이 보이지 않는다. 불법 약물과 아나키스트의 도시 브라이턴이 초록 가득한 전원 풍경이 있는 조용한 해안가 도시로 그려진 것이다.

그래도 내가 아는 브라이턴과 이 작품에서 닉 케이브가 바라보는 브라이턴에 공통점이 딱 하나 있다. 바로 비다.

비, 비, 비, 비, 비. 이 동네에는 언제나 차가운 비가 내린다. 설령 하늘이 맑아도 비가 내린다. 그래서 길을 걸어다니는 사람은 언제나 흠뻑 젖어 있다. 자동차에 탄 사람은 그 광경을 바라볼 뿐이지만.

이 작품은 닉 케이브가, 닉 케이브라는 이름의 '그야말로 닉 케이브 같은 사람'을 연기하는 픽션이다. 하지만 다큐멘터리 영화라고 불리는 작품들 역시 실은 만든 이가 자신이 인식하는 '그야말로 그것(누군가)다운' 그것(누군가)의 모습을 촬영한 것이니, 그런 점에서는 이 작품도 다르지 않을 것이다. 그래서 내가 흥미롭게 여긴 것이 무엇인가 하면, 처음부터 각본대로 연기한 이 작품이 다큐멘터리로 찍힌 작품보다도 진실에 가까이 다가가는 순간이 있는 것처럼 느껴졌다는 점이다.

예를 들어, 닉 케이브가 과거에 연이 있었던 사람들을 자신의 자동차에 태워서 1대1로 대화하는 장면이 있다.

뒷자리에 앉은 사람이 어째서 P.J. 하베이Polly Jean Harvey[27]가 아니라 카일리 미노그Kylie Minogue[28]일까. 조수석에 앉아서 "내가 배드 시즈를 탈퇴한 이유는 말이지…."라고 탈퇴의 내막을 이야기하는 사람이 어째서 믹 하비Mick Harvey[29]가 아니라 블릭사 바르겔트Blixa Bargeld[30]일까.

---

27 영국의 대중음악가, 시인, 작가. 매번 새로운 시도를 하며 권위적인 남성 중심 사회에 저항하는 노래를 만들어왔다. 닉 케이브와 짧지만 열정적인 연애를 한 적이 있다.
28 호주 출신의 1980~90년대를 대표하는 댄스 가수. 닉 케이브와 듀엣 곡을 발표한 후 두 사람이 사귄다는 소문이 돌았지만, 사실인지 밝혀지지는 않았다.
29 호주 출신의 대중음악가. 학창 시절 닉 케이브와 만나 36년 동안 함께 밴드에서 음악을 해왔지만, 2009년 여러 이유로 닉 케이브와 협업을 마치고 밴드에서 탈퇴했다.

영화에 직접 출연한 면면보다 닉 케이브의 인생에 더욱 중요한 비중을 차지할 게 분명한 사람들의 부재가 훨씬 많은 것들을 이야기해주었다(믹 하비는 아주 오래전의 사진으로만 영화에 등장한다).

닉 케이브의 아내도 마찬가지다. 그가 아내와 만난 순간에 대해 유달리 연극적으로 이야기하는 인상적인 장면이 있는데, 정작 아내는 젊은 시절의 사진으로밖에 등장하지 않는다. 살아서 움직이는 그의 아내는 창문 너머로 보이는 어렴풋한 모습으로만 등장한다(이 역시 어떤 의미로는 사진이라 할 수 있을 것이다).

그래도 닉 케이브의 아들들은 출연하는데, 뭐랄까 그들 역시 오컬트 영화에 나오는 어린이 유령 같아서 살아 있다는 느낌이 들지 않는다. 즉, 이 작품에서는 현실의 닉 케이브에게 가장 중요할 만한 사람들이 정물화 같은 존재로만 등장한다는 말이다. 그것은 언어와 음악과 영상을 통해서 '닉 케이브'라는 작품을

---

30 독일의 대중음악가. 아인스튀르젠데 노이바우텐의 보컬 겸 기타리스트로 닉 케이브 앤드 더 배드 시즈가 결성될 때 멤버로 합류했다. 한동안 두 밴드에서 모두 활동했지만, 2003년 아인스튀르젠데 노이바우텐에 집중하기 위해 닉 케이브의 밴드에서 탈퇴했다.

만드는 것을 직업으로 삼아온 남자의 손바닥 속을 들여다보는 것 같기도 하다.

현실의 자신과 허구적인 닉 케이브를 엄격하게 구별하는 스토이시즘Stoicism[31]으로 그는 유럽 인디 록의 성역 같은 존재가 되었다. 강렬한 재능들이 군웅할거하던 영국 포스트펑크 시대에 호주에서 건너와 2부 리그 밴드 같았던 버스데이 파티The Birthday Party[32]의 닉 케이브가 지금 같은 지위를 차지할 것이라고 누가 상상이나 했을까.

그가 포스트펑크 시대를 살아남아 전설이 될 수 있었던 것은 재능 덕분도 카리스마 덕분도 아니었다.

아예 댄디즘dandyism[33]이라 해도 무방할 듯한 스토이시즘 덕분이었다.

---

[31] 스토아학파가 내세우는 합리주의와 엄격한 금욕에 기초하여 감정과 쾌락에 휘둘리지 않는 생활 태도를 뜻한다.
[32] 1977년 닉 케이브를 중심으로 호주에서 결성된 포스트펑크 밴드. 1980년에 런던으로 활동지를 옮겼고, 1983년 멤버 사이의 불화 등을 이유로 해체했다.
[33] 겉치레와 허세 등으로 자신을 세련되고 멋스럽게 꾸미려는 경향을 뜻한다.

"당신이 가장 무서워하는 건 무엇입니까?"

작품 내에서 심리학자의 질문을 받은 허구적인 닉 케이브는 다음처럼 답한다.

"기억을 잃는 것."

이 영화는 장뤼크 고다르 Jean-Luc Godard[34]의 「원 플러스 원One Plus One」(1968)[35]을 방불케 하는데, 심리학자와 닉 케이브의 대화도 노골적으로 무언가를 암시하는 듯하고 "기억을 잃는 것."이라는 답 역시 시적인 울림을 준다.

그렇지만 내게는 그 답이 몹시 현실적으로 들렸다. 그 대사를 입에 담은 57세의 닉 케이브도 나와 같은 느낌을 받았을 것이다.

그는 기억을 잃는 것이 무서운 이유를 다음처럼 설명했다.

---

34 프랑스의 영화감독, 각본가, 평론가. 1950년대 후반 프랑스를 중심으로 기존 영화의 문법을 타파하며 급진적인 시도를 한 영화 운동 누벨바그(nouvelle vague)를 대표하는 감독이다.
35 록 밴드 롤링 스톤스가 「심퍼시 포 더 데블(Sympathy for the Devil)」이라는 곡을 만드는 과정을 중심으로 흑인 민권 운동가의 인터뷰 등을 교차로 편집하여 당대의 사회와 문화에 대해 표현한 영화다.

"지금까지 해온 일들을 계속하다가 어느 날 내가 용납할 수 있는 수준에 도달하지 못하게 되지는 않을까. 그런 의문이 나를 불안하게 한다. 왜냐하면 기억이야말로 나 자신이며, 우리의 영혼과 생존의 의미는 모두 기억에 연결되어 있기 때문이다."

수년 전부터 나 또한 불현듯 내가 지금 무엇을 하고 있었는지 잊어버릴 때가 있다. 해가 갈수록 그런 순간이 점점 늘어나고 있다. 들기로는 순간적으로 인지저하증이 일어난 상태라고 하는데, 노쇠라는 것은 그런 순간이 차츰 시간이 되고, 시기가 되어, 마침내 거의 항상 그런 상태가 되는 것을 가리킨다고 한다.

좋은 일도, 나쁜 일도, 아름다운 것도, 추악한 것도 내가 살면서 보아온 모든 것을 기억하는 것은 나밖에 없다. 기억이야말로 나 자신이며, 나는 기억에 기초해 모든 일을 생각하고, 판단하고, 언어를 사용해 정의한다. 살아간다는 것은 끊임없이 그 작업을 반복하는 것이다. 하지만 기억력이 감퇴한다는 것은 언젠가 내가 그 작업을 할 수 없게 되는 날이 찾아온다는 말이다.

앞으로 얼마나 남아 있을까.

한낱 보육사조차 그런 생각을 한다. 닉 케이브 정도 되는 사람이 느끼는 그 어두운 예감이란 대체 어떤 것일까.

마지막 장면에서 닉 케이브는 브라이턴의 해변에 서 있다.
내 직장에서 가까운 곳으로 여름에는 점심시간에 혼자 앉아서 샌드위치를 먹기도 하는 장소라 영화에서 대단히 극적으로 보이는 것에 웃음이 나왔다.
카메라는 해변에 우뚝 서 있는 닉 케이브에서 점점 멀어지고, 이윽고 그는 풍경의 일부가 되어 누구인지 알아볼 수 없게 되며, 마지막에는 아예 보이지 않게 된다.
기억이란, 자아自我다.
그렇지만 인간은 점점 기억을 잃고 기억에서 분리되어 누구인지 알 수 없는 존재가 된 끝에 마침내는 사라진다.

이 영화를 본 뒤로 「푸시 더 스카이 어웨이Push The Sky Away」[36]는 뻔할 만큼 직설적으로 노화에 관해 이야기하는 곡이 아닌가 생각하게 되었다.
그리고 이미 죽었다는 말을 들은 지 오래된 록을

되살리는 것은 사실 그것을 견인해온 사람들만 할 수 있지 않을까 하는 생각까지 들었다.

자유니 혁명이니 하는 구태의연한 표어처럼 되어버린 록의 주제가 아니라 누구에게나 평등하게 찾아드는 '노쇠'라는 현실을 외면하지 않는 자세야말로 현대의 진정한 록이 아닐까 생각하게 되었기 때문이다.

최근 닉 케이브와 데이비드 보위를 보고 있으면, 그런 사색을 하게 된다.

(출처: 웹진 「에레킹」 2015. 1. 14)

---

36 닉 케이브 앤드 더 배드 시즈가 2013년 발표한 동명의 앨범에 수록된 곡.

노던 소울과 라이엇 클럽

지난해에 「노던 소울-Northern Soul」(2014)이라는 영화가 공개되었다. 그 영화에서 가장 흥미로운 것은 현실적인 '노던 소울[37] 패션'이다. 일본에서 노던 소울이라 하면 아무래도 스윙잉 런던Swinging London[38]이나 모즈족 같은 옷차림을 한 사람들이라는 인상이 있었는데, 이 나라에 이주해서 '노던 소울 동창회' 같은 모임에 나갔다가 그야말로 깜짝 놀랐다.

아저씨들이 나팔바지라고 하기에는 너무나 폭이 넓은 바지를 입고 있는데, 그거 뭐였지, 거 왜 일본 중학교에서 양아치들이 입던 바지 있지 않은가. 아, 본

---

[37] 1970년대에 모즈족에서 파생되어 영국 북부 맨체스터 등지를 중심으로 시작된 젊은이들의 문화로 음악을 비롯한 패션, 생활양식 등을 아우른다.
[38] 1960년대에 역동적이고 활기 넘치던 런던에서 낙관주의와 쾌락주의에 기초해 패션, 미술, 음악 등에서 일어난 문화 운동을 가리킨다.

탄ボンタン?**39** 아냐, 본탄은 밑단이 좁았는데. 그게 아니라 뭐였더라, 아아, 도칸ドカン**40**이다, 도칸. 그런데 자세히 보니 영국 아저씨 중에는 변형 교복 같은 파란 바지에 반짝이는 하얀 허리띠를 한 사람도 있었고, 상반신에 러닝셔츠 한 장만 입고 그 위에 멜빵으로 바지를 고정한 사람도 있었다. 헤어스타일만 좀 다르지 이건 마치…. 그처럼 의아해하는데, 치맛단이 바닥에 닿을락 말락 하는 플레어스커트를 펄럭이는 아줌마들의 모습은 오래전 일본에서 좀 놀던 언니들 같았다. 별거 아니었다. 노던 소울이란 1970년대 일본의 양아치였던 것이다. 그리고 그 패션을 성실하게 재현한 영화가 「노던 소울」이다.

영화에서 특히 영국판 양아치들이 펼치는 집단 댄스 장면의 대담함이랄까, 그 마초스러움은 눈부시게 압권이다. 일본에서는 양아치 문화가 반지성주의로 여겨지는 모양인데, 그런 점을 고려하면 「노던 소울」에서는 그야말로 반지성주의가 대폭발한다.

---

39 오래전 일본에서 불량한 남학생들이 변형해서 입은 교복 바지를 가리키는 말로, 항아리처럼 생겨서 폭이 넓지만 밑단은 발목에 딱 맞을 만큼 좁다.
40 본탄과 마찬가지로 불량한 남학생들이 변형해서 입은 교복 바지인데, 도칸은 본탄과 달리 밑단으로 갈수록 폭이 넓어진다.

2015년 5월 7일 총선을 앞두고 영국에서는 선거전이 무척 흥미롭게 벌어지고 있다. 섹스 피스톨즈가 노래한 "아나키 인 더 UK"란 바로 이런 것이었나 싶을 만큼 혼돈스럽다. 2대 정당이었던 보수당과 노동당은 모두 인기가 없어 다수당이 되지 않을 듯하고, 우익 정당인 UKIP UK Independent Party, 영국독립당가 대두하나 싶었는데, 그 기세를 스코틀랜드의 SNP Scottish National Party, 스코틀랜드 국민당가 빼앗았다. 스코틀랜드 독립 투표에서 패배한 SNP의 초현실적이라 해도 무방한 대약진과 오늘날에는 '극좌'로 불리는 그들의 지향점은 좌파의 마음을 들뜨게 하는 동시에 보수파에게 위험하게 여겨지고 있다. 마치 UKIP가 출현했을 때의 좌파 버전 같은 상황이 벌어지고 있는 것이다. 하층 사람들이 우에서 좌로 다시 뛰어 넘어가기 시작했다.

우리 동네에서도 그런 현상이 눈에 띈다. 애초에 브라이턴에는 아나키스트와 생태주의자가 많아서 전부터 녹색당이 강세를 보였다. 하지만 녹색당의 지지층은 중산층의 가방끈 긴 사람들이라는 것이 기존의 상식이었는데, 올해는 빈민가의 창문에도 녹색당 지지를 뜻하는 스티커가 자주 보인다.

"SNP의 후보가 브라이턴에서도 출마했으면 그쪽에 투표하겠지만, 없으니까 SNP와 협력을 맺고 있는 녹색당에 투표할 거야."라고 말하는 사람이 내 주위에도 많다.

이처럼 우파에서 좌파로 가볍게 넘어가는 현상을 지식인은 "작은 정당의 편식"이라거나 "위험한 우민 정치"라고 평하기도 한다. 그들은 이런 현상을 정치 위기라고 하며 "영국만이 아니다. 장기적인 시선으로 사회를 생각하며 큰 정당에 투표하는 유럽의 유권자들이 사라지고 있다."라고 한탄한다.

그렇지만 거대 정당은 이미 여러 해 전부터 하층을 존재하지 않는 것으로 치부하며 나라를 운영했다. 처음부터 무시당해온 사람들에게 거대 정당의 공약을 듣고 대체 무엇을 장기적으로 생각하라는 말인가.

지난해, 「노던 소울」과 거의 동시에 공개된 작품이 있으니 바로 「라이엇 클럽 The Riot Club」이다. 이 작품은 전자와 정반대로 특권을 누리는 부유한 상류층 청년들을 그린 것이다. 옥스퍼드대학교에서도 열 손가락에 꼽히는 최고 엘리트만 가입할 수 있는 가공의 클럽이 시골 펍에서 차브도 새파랗게 질릴 법한 반사회적 행위를 하는 이야기인데, 실제로 옥스퍼드대학교에 존재하는 벌링던 클럽 Bullingdon Club을 모델로 삼았다. 현실의 벌링던 클럽에는 영화에 등장하는 젊은이들처럼 정장을 차려입고 레스토랑에서 저녁을 먹은 다음 무차별로 가게를 때려부수고 사장에게 돈을 쥐여주는 전통이 있다고 한다. 벌링던 클럽 출신인 젊은 이들이 정계에 진출하여 나라를 지배하는 자리를 차지하는 것도 영화와 현실이 마찬가지다. 벌링던 클럽 출신에는 현 영국 총리 데이비드 캐머런과 런던 시장 보리스 존슨[41] 등이 있다. (그들은 동기다.)

일본의 어느 웹사이트에서 '사랑', '꿈', '우정', '동료애' 같은 건 양아치 용어이며, 그렇기에 반지성주의를 상징하는 말이기도 하다는 글을 읽은 적이 있다. 그러고 보면 「노던 소울」에도 그런 양아치 개념들이 전부 담겨 있다. 하지만 「라이엇 클럽」에서는 그런 개념들이 모조리 부정당한다. 부유한 청년들이 그 대신 외치는 단어는 '전설'과 '권력'이다. '사랑'과 '꿈'을 하층의 사고방식으로서 부정하고 '전통'과 '권력'을 떠받드는 청년들은 자신들이 대절한 펍의 (사장과 종업원이 최선을 다해 꾸민) 내부를 깔깔깔 웃으면서 마구잡이로 부수고, 서민 계급의 여자 대학생을 불러서 "3년 치 학비를 줄 테니까 우리 열 명 걸 전부 입으로

---

[41] 보리스 존슨은 2019~22년 동안 영국 총리를 지내기도 했다.

빨아."라고 하며, "돈은 됐으니까 이제 나가줘."라는 펍의 사장을 폭행한다. 펍 사장이 빈사 상태에 빠져서 경찰까지 출동하는데, "나가줘."라고 한 펍 사장에게 클럽 멤버가 지폐 다발을 언뜻 보여주며 내뱉는 대사가 인상적이다. "너희는 우리가 싫다고 하지. 하지만 사실 너희는 우리를 너무 좋아해."

그렇지만 사장은 코웃음을 치며 "너희는 이 동네의 길바닥에서 난동을 부리는 꼬맹이들과 하나도 다르지 않아."라고 하고, 그 때문에 죽기 직전까지 얻어맞는다. 분명히 말해서 불쾌해서 속이 뒤집히는 영화다. 이 영화는 선거 전년도에 공개되어 보수당 반대 세력의 선전 영화라며 논란을 일으키기도 했다.

현재 "영국 정계에서 가장 위험한 여성"이라고 불리는 SNP의 당대표는 "희망의 정치"와 "대안적인 정치"라는 말을 종종 사용한다.

희망hope. 그야말로 양아치다운 울림을 주는 말이다. 대안적alternative이라는 말 역시 꽤 위험해 보인다. 인용문이나 역사적·수학적 근거 등을 보여주며 대안책을 설명하지 않고, 다짜고짜 '대안적' 같은 말을 던지다니 누가 봐도 반지성적이지 않은가. '지식'보다 '느낌'을 중시하는 것은 바로 양아치의 전매특허다.

여기까지 쓰고 보니 록도 퍽 양아치 같은 것이다. 예를 들어 "구르는 돌처럼 산다"[42]는 말은 무슨 돌이 얼마나 기울어진 비탈을 구르는 것이며, 생활수준이 어느 정도일 때 구르는 돌처럼 사는 것인지 그래프로 그려서 해설하지 않으니 그야말로 느낌이 기준일 뿐이며, "나는 몽상가일지도 몰라. 하지만 국가 같은 게 없다고 상상하면 우리는 하나가 될 수 있어."[43] 같은 것은 따져보면 '꿈'과 '하나가 되다' 같은 양아치 단어를 나열한 문장일 뿐이다.

그래서 록은 그저 멍청한 음악으로 치부되어 쇠퇴했고, 전통이라는 이름의 세습적인 것들과 권력, 재력처럼 눈에 보이고 계측 가능한 것들만 세간에서 판을 치며 사회를 좌지우지하게 되었다. 록이라는 양아치가 몰락한 것과 동시에 숨 쉬기 힘들 만큼 사회에서 유동성이 사라진 것은 그저 우연의 일치일까.

「라이엇 클럽」에 등장하는 특권 계급 청년들은 "저놈들은 위쪽으로 올라가는 유동성만 알아서 바보

---

[42] 록 역사에서 손꼽히는 명곡인 밥 딜런(Bob Dylan)의 「라이크 어 롤링 스톤(Like a Rolling Stone)」 가사 중 일부다.
[43] 존 레넌의 두 번째 솔로 앨범 수록곡인 「이매진(Imagine)」의 가사를 재구성해서 쓴 문장이다.

처럼 맨날 그 얘기만 해."라며 깔깔깔 웃어댄다.

한편 「노던 소울」에서는 랭커셔Lancashire의 공장에서 일하는 노동자 계급 청년들이 아래에서 위를 향해 주먹을 쳐들며 힘 있게 춤을 춘다.

아래쪽에 있는 인간이 주먹을 위로 치켜들 수 없을 때, 그 주먹은 어디를 향할까.

갈 곳을 잃은 주먹은 더욱더 아래를 내려치기도 하고, 옆에 있는 사람 중 피부색이 살짝 다른 사람에게 향하기도 한다.

그처럼 암울하고 구원이라고는 찾을 수 없는 사회에서 '희망'이나 '대안적' 같은 말을 스스럼없이 입에 담으며 진정으로 주먹을 휘둘러야 하는 방향을 알려주는 사람이 나타나면, 시대의 분위기 자체가 완전히 달라진다. 현재 영국의 정세가 바로 그런 사례 아닐까.

그렇지만 사회가 하층만으로 구성되는 것은 아니기에 이번 선거에서 또다시 「노던 소울」이 「라이엇 클럽」에 패배할 가능성도 있다.

"긴축 반대에 핵무기 폐기에, 한물간 록 뮤지션 같은 주장이나 한다. 그런 짓을 했다가는 재정은 파탄 나고, 국방도 무너진다."

SNP에 대한 거대 정당의 비판도 판에 박은 듯 똑같은 양상을 보이고 있다.

그런데 거대 정당의 비판에 따르면 현대 사회에서 지성이란 요컨대 싸움에서 강해지는 것과 돈 계산을 잘하는 것인데, 과연 그럴까. 그것은 그것대로 꽤나 반지성주의적이다. 적어도 빈곤 가정을 점점 증가하게 두고, 더럽고 굶주린 아이들을 길바닥에 방치하는 위정자들의 정서지능은 양아치보다 낮으면 낮았지 결코 높지는 않을 것이다.

(출처: 웹진 「에레킹」 2015. 4. 30)

디스 이즈 잉글랜드 2015

앞서 소개한 「더 스톤 로지스: 메이드 오브 스톤」의 일본 개봉용 팸플릿을 위해 셰인 메도우스 감독을 인터뷰했을 때, "저는 '디스 이즈 잉글랜드' 시리즈의 팬입니다. 「디스 이즈 잉글랜드 '90」은 어떻게 되고 있나요?"라고 아마추어 냄새 풀풀 나는 질문을 던진 것이 부끄러운 트라우마인 탓에 「디스 이즈 잉글랜드 '90」(2015)에 대한 내 심정은 퍽 복잡했다. 하지만 그 인터뷰에서 벌써 2년이 흘렀고, 나는 집 거실에서 훈제 오징어를 먹으며 그 작품을 보았다.

「디스 이즈 잉글랜드 '90」은 채널4에서 방영한 총 4회의 드라마다. (마지막 회만 1시간 반으로 방영 시간이 길었다.) 스토리 전개는 「디스 이즈 잉글랜드 '86」과 비슷하다. 서브컬처의 농도를 높이고 당대의 유머를 가득 담아 시청자를 폭소시키고 향수에 젖게 만드는 1회의 기조를 2회까지 유지한 다음, 3회부터 갑자기 거친 방향으로 달리기 시작해서 4회에는 분위기가 완전히 무거워진다. 메도우스식 스토리의 정석이라 할 수 있다.

내가 앞서 언급한 질문을 던졌을 때 메도우스는 "1990년은 스톤 로지스를 향한 내 사랑이 최고조에 달했던 때라 그게 어떤 방식으로든 「디스 이즈 잉글랜드 '90」에도 나올 것이다."라고 답했는데, 확실히 로지스는 주인공들 이야기의 배경으로 가지이 모토지로의 소설에 나오는 레몬처럼 신랄한 노란빛을 발한다. (우디가 「풀스 골드」의 도입부를 노래하는 장면은 이번 드라마의 하이라이트다.)

「디스 이즈 잉글랜드 '88」의 결말에서 관계를 회복한 우디와 롤 사이에서 둘째가 태어났고(첫째는 우디가 아닌 밀키의 아이), 롤은 여동생 캐리, 친구 트레브와 함께 급식 아줌마로 일하며, 우디와 밀키는 전업주부가 되었다. 그와 더불어 칼리지를 그만둔 숀 등을 위해 직장에서 아이들의 급식을 빼돌리며 여전히 밑바닥다운 면모를 보여주는 전 스킨헤드 집단의 모습으로 이번 드라마가 시작된다.

1990년은 마거릿 대처가 총리 관저를 떠난 해다.

그해는 내가 동양에서 건너온 발칙한 사회 부적응 처자로 런던에서 놀던 때이기도 하다. 당시 내 주위에 있던 (마찬가지로 발칙한) 젊은이들이 관저에서 떠나가는 대처를 텔레비전 중계로 보다가 "저는 이 관저에 들어왔을 때보다 이 나라를 명백하게 더 좋은 상태로 만들고 떠난다는 사실에 큰 기쁨을 느낍니다."라는 대처의 연설을 듣고 "나는 이 나라를 알코올에 찌든 백수와 약쟁이의 나라로 만들고 떠난다는 사실에 큰 기쁨을 느낍니다, 호호호호호."라고 조롱했던 것을 뚜렷이 기억하고 있기에 메도우스가 「디스 이즈 잉글랜드 '90」를 시작하며 당시 대처의 영상을 넣은 이유를 이해할 수 있다.

"대처를 타도하라." "대처는 물러나라." 현재 일본의 총리[44]만큼이나 미움을 받았던 대처는 1990년에 퇴임했다. 바람이 드디어 이뤄졌으니 노동자 계급 청년들도 행복해지면 좋았겠지만, 그들은 전혀 행복해지지 않았다. 오히려 더욱 깊고 어두운 불행 속으로 나아갔다.

---

[44] 아베 신조를 가리키는 것이다.

롤의 여동생 캐리는 불법 약물에 빠지고 야외 파티에서 윤간을 당한다. 게다가 부친을 죽인 사람이 언니 롤이었다는 사실을 알고 가출하여 헤로인에도 손을 대고, 약쟁이 남자들의 소굴에서 지내게 된다.

한편, 롤의 부친을 살해했다는 죄를 뒤집어쓰고 교도소에 들어갔던 콤보의 출소가 임박하는데, 밀키는 롤과 우디가 콤보를 거둘 셈이라는 것을 알고 불같이 분노한다. 몇 년 전, 우익 사상에 빠졌던 콤보에게 폭행을 당해 흑인인 밀키가 죽을 뻔했기 때문이다. "인종차별주의자랑 내 딸을 한집에서 살게 할 수는 없어."라고 성내는 밀키에게 "너도 내가 가장 사랑하는 여자를 임신시켰잖아. 나는 출산에 함께했다가 네 (흑인) 아이가 태어나는 걸 봤다고. 그래도 나는 너를 용서했어. 너도 콤보를 용서해줘."라고 우디는 말하지만, 밀키의 마음은 달라지지 않는다.

교도소에서 기독교 신앙에 눈을 뜬 콤보는 마음을 고쳐먹고 새끼 양 같은 인간으로 다시 태어난다. 하지만 밀키는 출소한 콤보에게 돌이킬 수 없는 일을 저지르고 만다.

이런 줄거리의 「디스 이즈 잉글랜드 '90」은 이야기가 시리즈 첫 작품인 영화로 돌아가는 듯이 끝난다.

한쪽에는 롤과 우디가 마침내 결혼한다는 경사

스러운 대단원이 있다. 밀키가 콤보에게 복수하는 것도 대단원이라 하면 대단원일 텐데, 이쪽은 새카맣고 뒷맛이 쓰다.

마지막 회는 결혼식 피로연에 캐리도 돌아와 다 함께 행복해하며 술에 취해 춤추는 모습과 홀로 방에서 흐느껴 우는 밀키의 모습을 대비시키며 끝난다. 전혀 이질적인 두 가지 대단원을 그리면서 마무리하는 것이다. 왠지 그것은 서로 다른 두 중심점을 기준으로 그려진 타원 같기도 해서 나는 '오오, 이건 또 하나다 기요하루花田淸輝[45] 같네.'라고 생각했다.

그 결말은 대처가 물러나도 행복한 나라가 될 수 없었던 영국을 적나라하게 보여주어 신랄하지만, 그와 동시에 그럼에도 그런 세계에서 살아가는 사람들을 따뜻하게 지켜보는 시선을 느낄 수 있다.

예전에 아들의 친구 집에 갔을 때 있었던 일이다.

아들의 친구는 아프리카계 흑인 소년이다. 그의 부친은 '에비스 님처럼 웃는 흑인 유스 워커'로 앞서도 등장했고, 졸저 『더 레프트: UK 좌파 유명인 열전』[46]의

---

[45] 일본의 작가, 비평가. 수사법에 공을 들인 문장이 대표적인 특징이다.

코트니 파인Courtney Pine[47] 편에 영감을 주기도 했다.

그에게는 아들이 네 명 있는데, 장남은 벌써 10대다. 내가 아들을 데리러 그의 집에 갔을 때, 그 장남의 친구들이 놀러 와 있었다. 10대 흑인 소년들은 소파에 앉아서 게임을 즐기고 있었는데, 흑인 에비스 님의 장남이 이런 말을 했다.

"야, 걔는 바보야. 심지어 빨간 머리,[48] 심지어 인종차별주의자. 주제에 센 척하면서 '깜둥이.'라고 지껄여서 내가 말해줬어. '흥, 여자도 모르는 게. 빌어먹게 못생긴 망할 동정 새끼.'라고."

'오, 제법인데.' 하는 느낌으로 두 친구가 웃었다.

그러자 앞치마를 입고 빵을 굽던 에비스 님을 닮은 부친이 당연하게도 장남의 곁으로 다가와서는 딱 하고 뒤통수를 때렸다.

"아파, 왜 그래!"

항의하는 장남에게 앞치마를 입은 부친이 말했다.

"왜 그렇게 빌어먹을 멍청한 말을 한 거냐."

---

46 ブレイディ みかこ,『ザ・レフト: UK左翼セレブ列伝』P-VINE 2014.
47 영국의 재즈 음악가. 영국 재즈계에 큰 영향을 미친 최초의 흑인 음악가로 평가받는다.
48 서양에서 빨간 머리는 성별을 막론하고 많은 차별을 받아왔다.

"그 자식이 망할 인종차별주의자라고."

"그런 말을 하면 안 돼."

"흥, 그런 멍청이한테는 인권도 필요 없어. 그 자식은 최악의 빌어먹을 새끼야."

"나는 정치적 올바름을 얘기하는 게 아냐. 인종차별주의자를 동정하라는 말도 아니고. 빌어먹을 새끼는 빌어먹을 새끼가 맞아."

혈기 왕성한 10대 흑인 소년들 앞에 우뚝 선 에비스 님이 말했다.

"하지만 우리의 주장을 정당하게 하려면, 우리는 그런 말을 써서는 안 돼."

틀림없이 그는 흑인 유스 워커로서 수많은 10대 흑인 소년들에게 비슷한 말을 해왔을 것이다. 런던 폭동이 시작된 토트넘에서 오랫동안 일한 그의 말에는 베테랑다운 묵직한 울림이 있었다. 소년들은 얌전히 식탁 앞에 앉아 아버지가 구워준 옥수수빵을 먹기 시작했다.

나와 아들도 밀폐용기에 담은 옥수수빵을 받고 집으로 돌아갔다. 브라이턴의 에비스 님은 본격적으로 일본의 에비스 님 의상을 입히고 싶을 만큼 싱글싱글 웃으며 앞치마를 입은 채 손을 흔들었다.

전前 극우였던 콤보가 흑인 밀키의 사주로 살해당했다고 암시하는 듯한 「디스 이즈 잉글랜드 '90」의 마지막 장면을 보면서 밀키와 브라이턴의 에비스 님이 나이가 비슷하겠다는 생각을 했다.

1990년에서 벌써 사반세기가 흘렀다. 셰인 메도우스는 아동 성 학대, 근친상간, 살인, 강간, 약물 의존 등은 뭐, 사람이 살다 보면 그런 일도 있는 거야, 너희 모두 힘내라, 하는 느낌으로 등장인물들이 고통을 뛰어넘을 수 있게 해주었는데, 인종차별만은 그리 간단히 극복할 수 없는 오래되고 무거운 업이라는 걸 마지막에 다시 뚜렷하게 보여주었다.

그런 인식을 지니고, 그런 체념 위에 서서, 그럼에도 이 나라의 사람들은 인종차별과 마주해왔다. 정확히 말하면, 의지와 상관없이 마주할 수밖에 없었다. 그것이 사반세기가 지난 오늘날, 이주민과 난민 문제로 다시 대두되고 있다.

이제 와서 이 작품을 보는 사람은, 이 이야기가 2015년의 잉글랜드를 그렸다는 걸 깨달을 것이다.

(출처: 웹진 「에레킹」 2015. 10. 8)

내일은 어느 쪽이야? 이쪽이야, 이쪽:
『가난뱅이 자립 대작전』

돌이켜보면 그 일은 6년 전. 당시에 「율리시스 ユリシーズ」라는 음악 잡지가 있었는데, 그곳의 편집자가 보낸 원고 청탁 메일에 다음처럼 쓰여 있었다.

"블로그에 쓰신 글들을 읽으며 '아마추어의 반란 素人の乱' 같다고 생각했습니다."

그 무렵 나는 일본에서 무슨 일이 일어나고 있는지 전혀 따라잡지 못해서 총리의 이름조차 몰랐을 정도(유독 자주 바뀌기도 했다.)였다. 그저 내 맘대로 영국에서 보고 들은 것을 블로그에 쓸 뿐이었기 때문에 그 메일을 보고 '아마추어의 반란'이 대체 뭘까 생각했다.

그래서 그들의 정보를 인터넷에서 검색해보고 '이야, 뭔가 영국적이네.'라고 생각했다. '아마추어의 반란'이란 마쓰모토 하지메松本哉를 비롯한 사람들이 운영하고 있는 재활용 숍의 이름이다. 마쓰모토 하지메

는 대학생 시절에 '호세이대학교의 궁상스러움을 지키는 모임'을 결성하여 학비 인상, 불필요한 교사 개축 등을 반대하며 '전골 투쟁'[49] '쿠사야くさや 투쟁'[50] 등 하나부터 열까지 사람을 깔보는 듯한 투쟁을 해왔다. 그리고 2005년부터는 '아마추어의 반란'과 관련 있는 사람들이 모여 어처구니없는 시위를 벌이고 있다. 마치 몬티 파이튼 같았다.

'영국에 전골이나 쿠사야 같은 건 없잖아. 어딜 몬티 파이튼이랑 비교해. 촌스럽기는.' 이렇게 말씀하시는 패거리가 있다면, 당신들은 영어로 쓰인 건 뭐든 쿨하다고 여기며 얼핏 전혀 다른 듯이 보이는 문화들의 밑바닥을 흐르는 만국 공통의 정신을 파악하지 못한 것이다. 당신들이야말로 촌스러우신 것 아닙니까.

그래서 올해 초 책과 관련한 취재 때문에 도쿄에 머무르다 "최근 '아마추어의 반란'이 기세를 잃은 것

---

49 야외에서 다 함께 전골 요리를 먹으며 술을 마시는 투쟁.
50 쿠사야는 생선을 염장한 일본의 전통 식품으로 구우면 대단한 악취가 난다. 쿠사야 투쟁은 대학교 사무실 앞에서 쿠사야를 구우며 학교 정책에 항의한 것이다.

은 촌스럽기 때문이다. 현재 일본의 사회 운동은 그런 것들을 없애려 하고 있다."라는 말을 들었을 때는 나도 어른이라서 온화하게 싱긋 미소를 짓기는 했지만, 내심 당신네는 유머와 가난함이라는 쿨의 원천을 이해하지 못하는 얄팍한 자본주의의 노예 같은 놈들이라고 부글부글 끓었다. 도쿄 취재의 마지막 밤에 내가 마쓰모토 하지메를 만날 생각이었지만 그러지 못했다는 것은 음악 칼럼니스트로 마쓰모토의 친구인 후타쓰기 신=木信이 보증해줄 수 있다.

자, 지금까지 소개한 마쓰모토 하지메의 책 『가난뱅이 자립 대작전』[51]은 멍청하기 그지없는 동료를 모으는 법, 바보들의 거점을 만드는 법 등을 설명하며 유달리 멍청이, 바보를 연호하는데, 이 책에 등장하는 바보란 영어로 옮기면 '시루드 shrewd, 약삭빠르다'. 더욱 이해하기 쉬운 말로 '스트리트와이즈 streetwise, 세상 물정에 밝은'라는 것을 책을 읽다 보면 자연스레 이해할 수 있다. '야마노테선 대연회 작전'[52]이니 신주쿠에 해먹이니 하는 사례들을 읽으며 폭소하다가도 문득 정신 차리고

---

51 장주원 옮김, 메멘토 2017.

보면 빨간 펜으로 밑줄을 그었는데, 나는 철학책으로 읽어도 좋다고 생각한다. "시대는 모호함에서 시작된다." 이런 문장은 그야말로 주옥같은 금언 아닌가.

나 같은 사람도 올해는 멍청한 외골수처럼 계속 '풀뿌리grass roots'를 강조하고 있고, 얼마 전 출간한 책의 주제도 풀뿌리 정치였는데,[53] 마쓰모토 하지메도 이 책에서 (전공투全共鬪 세대[54]와 어울리는 법으로 크게 웃긴 다음에) 슬며시 다음처럼 말한다.

> 아, 그리고 당시전공투 시절에는 바로 큰 목표를 노리는 경향이 있었지만, 지금 같은 시대에는 작고 뭔지 모를 공간을 무수하게 만드는 것이 좋다고 생각한다. 부서지고 부서져도 계속해서 새로운 바보 센터가 만들어지

[52] 야마노테선은 도쿄 중심지 주요 지역을 순환하는 지하철 노선으로, 마쓰모토 하지메와 그 동료들은 심야에 기습적으로 차내에서 술잔치를 벌이고 승객들을 끌어들이는 활동을 했다.
[53] 저자의 책 중 『유럽 콜링: 풀뿌리의 정치 보고서(ヨーロッパ・コーリング: 地べたからのポリティカル・レポート)』(岩波書店 2016)를 가리키는 것이다.
[54] 전공투란 '전학공투회의(全学共鬪会議)'를 줄인 말로 1960년대 말 일본에서 일어난 과격한 학생 운동에 참여했던 사람들을 가리키는 말이다.

고 전국 방방곡곡 대체 어디에 어떤 곳이 있
는지 알 수 없을 만큼 늘어나면 엄청 재미있
을 것이고, 실은 그게 가장 강할 것이다.

이것이야말로 풀뿌리의 올바른 정의다.
도대체가 오늘날 내 조국에서는(이제 내 나라는 아니지만) 사회를 바꾸기 위해 '데모' 아니면 '테러'가 필요하다는 말을 미간에 주름 잡고 진지한 표정으로 이야기하는 사람들이 많다. 하지만 제3의 길은 길바닥 여기저기에 널려 있다. 사실 내가 살고 있는 나라에서는 최근 좌파라고 불리는 사람들이 열심히 그런 주장을 펼치고 있는데, 특히 제프 멀건Geoff Mulgan이라는 지식인은 "플래카드를 들고 누군가에게 무엇을 하라고 할 게 아니라 가까운 곳에서 당신이 먼저 해봐라."라고 말하며 "전국 방방곡곡에 뿌리를 내린 풀뿌리 공동체들이 단숨에 연결된다면 무적이 될 것이다. 본래 그런 풀뿌리 운동은 좌파의 특기였을 텐데, 이제는 완전히 우파에 뺏기지 않았는가."라고 했다. 아마추어 주제에 반경 5미터 내에서 하는 실천을 잊어버리고 툭하면 커다란 목표를 노리니까 착실하고 빽빽하게 퍼진 우익의 풀뿌리를 뒤늦게 보고 "우앗!" 놀라는 것이라고.

마쓰모토 하지메의 풀뿌리 구상이 더욱 흥미로운 점은 일본 전국 수준을 뛰어넘어 아시아 방방곡곡 풀뿌리들을 연결하려 한다는 것이다. 아시아에 대한 일본의 인종차별주의를 감안하면 그들의 활동은 대단히 공격적이다. 아시아 각국의 언어들은 우리의 생각보다 훨씬 비슷하기에 활발히 교류하여 누군가 똑똑한 녀석이 잘 정리하면 아시아에서도 에스페란토Esperanto[55] 같은 공용어가 금방 만들어질 것이라는 제안에서는 나도 모르게 밑바닥 사회의 미래를 느끼고 말았다.

또한 이 책에서 '바보'만큼 자주 등장하는 말로 '얼간이'가 있는데, 그에 관해 저자는 책의 마지막 면에 "대단히 장대한 규모의 이상 사회 같은 걸 실현하면 대체로 따분할 것이기 때문에 세상의 '틈새로 빠져나가' 내 멋대로 얼간이 사회를 만드는 것이 좋다."라고 썼다. 그리고 얼간이를 일본어로는 '間抜け'라 쓰기도 한다.[56]

---

[55] 1887년 폴란드의 의사 라자루스 루드비크 자멘호프가 만든 언어. 다른 민족 간 소통과 이해, 나아가 평화를 위해 매우 배우기 쉽고 중립적으로 만들어졌다. 전 세계에서 약 10만 명이 에스페란토를 사용한다고 추정된다.

'데모'니 '테러'니 하는 답답한 정의와 '일해, 일해, 죽어도 일해.' 하는 자본 제일주의와 너그러움을 잃은 디플레이션 정신으로 인한 쩨쩨한 발목 잡기가 만연하며 살기 팍팍해진 사회의 '틈새로 빠져나가다'. 이 책에서 언급하는 '얼간이'란 얼이 나간 사람이 아니라 틈새로 빠져나간 사람인 것이다. 좀스러운 시대가 되었다는 핑계를 대며 스스로 긴축하여 몸을 움츠릴 게 아니라 틈새를 찾아내어 훌렁 빠져나가라. 내일은 어느 쪽이냐고? 이쪽이다, 이쪽.

이상 아나키즘 어린이집 박쥐반 주임보육사
브래디 미카코

(출처: 웹진 「에레킹」 2016. 11. 7)

---

56 '얼간이'를 뜻하는 일본어 '마누케(まぬけ)'를 한자로 쓰면 '間抜け'인데, 이 표현은 '틈새를 빠져나가다'라는 의미로도 해석할 여지가 있다.

야생마와 충견:
패티 스미스 『Banga』[57]

패티 스미스Patti Smith[58]가 자신의 앨범 『방가Banga』 (2012) 수록곡을 해설하는 영상을 보고 있으면, 예술계 기업 혹은 좀 독특한 건축사무소 같은 곳의 여성 간부가 고객 기업의 중역에게 프레젠테이션을 하는 영상을 보는 듯한 착각에 빠지고 만다.

영상에 등장하는 여성 간부의 말에는 상당한 설득력이 있다. 틀림없이 프레젠테이션의 베테랑이다. 심지어 업계의 쓴맛 단맛을 모두 보고, 자기 조직의 부정과 오점을 모두 알고, 그럼에도 여전히 자신의 일을 사랑한다는 느낌이 든다. 기업의 창설자 중 한 명

---

57 이 앨범의 전곡을 다음 주소 또는 QR 코드를 통해 들을 수 있다. https://m.site.naver.com/1qz7g
58 미국의 싱어송라이터. 펑크에 큰 영향을 미쳐서 '펑크의 대모'라고 불리기도 한다.

일지도 모른다. "더러운 창고에서 말이야. 침낭 안에 웅크리고 홈리스처럼 자면서 시작한 회사야. 벌써 30년도 더 지난 이야기지만."이라고 한 손에 와인 잔을 들고 미소 지으며 부하 직원에게 이야기할지도 모른다.

생각해보면, 이 펑크계 여성 간부의 프레젠테이션 능력은 경험과 함께 연마되기는 했지만, 오래전부터 확실히 그에게 있었던 것이다. 영어에는 명료하게 전한다는 의미의 'articulate'라는 단어가 있는데, 내게 패티 스미스의 매력이란 언제나 그것이었다. 그에게는 감성적인 시가를 청자에게 쏟아붓는다는 인상이 있지만, 그런 한편으로 그가 감정에 휩쓸리며 알아듣기 힘든 말을 토해낸 적은 없었다. 시인치고는 논리적이고 명료하게 전달하여 설득력이 뛰어났다. 여성으로서 간부까지 올라간 것도 그 능력 덕분이었을 것이다.

에이미 와인하우스 Amy Winehouse [59]의 죽음과 일본의 대지진 같은 시사 소재를 모티프 삼은 곡에서는 자녀를 모두 키우고 남편과도 사별한 패티 스미스가 혼

---

59 영국의 싱어송라이터. 혜성처럼 등장해 최고의 스타가 되어 음악계에 큰 영향을 미쳤지만, 27세에 급작스레 사망했다.

자 거실 소파에 앉아 CNN을 보는 모습이 떠오른다. 외롭다고 할 만한 시기는 이미 한참 전에 지나고, 이제는 충만하여 행복할 것이다. 나이를 먹을수록 부드럽고 깊고 맑아진 그의 목소리를 들으면 알 수 있다.

혼자서 멍하니 CNN을 볼 때나, 감동받은 책과 영화와 친구의 일을 생각할 때나, 여행지에서 찍은 사진을 보며 공상에 잠길 때 쓴 시에 오래전부터 좋아하는 밴드풍 소리를 입히고 집 근처 스튜디오에서 노래해봤어. 이렇게 녹음한 듯한 그의 앨범은 마치 자택 거실의 연장선에 있는 듯하다. 하지만 "나는 침대에서 혁명을 시작해"[60]라고 노래한 밴드가 있듯이 록 음악과 집의 관계란 떼려야 뗄 수 없는 것이다. 그러고 보면 영국에는 좋아하는 밴드, 영화, 친구 등 '내가 좋아하는 것'의 사진들로 콜라주를 만들어 방을 장식하는 여자아이들이 많은데, 패티 스미스의 첫 앨범 『호시스 Horses』(1975)가 그랬듯이 『방가』도 그의 콜라주일 것이다. 그리고 여자가 자신의 콜라주를 가장 아름답게 만들 수 있는 시기란 아직 남자나 아이에게 휘둘리지 않을 때 아니면 그것들이 모두 끝나 혼자 있을 때, 둘

---

[60] 오아시스의 대표곡 「돈 룩 백 인 앵거(Don't Look Back in Anger)」의 가사 중 일부다.

중 하나일지도 모른다. 장뤼크 고다르의 영화에 출연하고 책을 쓰고 텔레비전 드라마에 출연하는 사이에 그는 안드레이 타르콥스키Andrei Tarkovsky와 마리아 슈나이더Maria Schneider와 「헝거 게임」 등의 사진을 오려서 열심히 자신의 콜라주를 만들었던 것이다.[61]

그런데 패티 스미스가 만든 콜라주에 붙은 '방가'라는 제목은 러시아 작가의 책에 등장하는 개의 이름이며, 그 개의 주인은 예수 그리스도를 죽인 사람으로 유명한 로마 총독 필라투스Pilatus라고 한다. 소설 속에서 필라투스는 예수를 죽이고 만 죄를 용서받기 위해 2000년 동안 계속 기다려왔는데, 방가라는 개 역시 끈질기게 주인의 곁을 지켰다.

간단히 말해 방가는 어릴 적 들은 옛날이야기의 충견 같은 제목이었던 것이다. 『호시스』로 자유분방한 야생마처럼 등장한 패티 스미스도 노년에 이르러서는 마침내 안정적인 충견에 다다른 것인가. 그런 생

---

[61] 안드레이 타르콥스키는 러시아의 영화감독, 마리아 슈나이더는 프랑스의 배우로『방가』에는 타르콥스키와 슈나이더를 모티프 삼은 곡들이 수록되어 있다. 패티 스미스는 영화 「헝거 게임: 캣칭 파이어」의 사운드트랙으로 「캐피톨 레터(Capitol Letter)」라는 노래를 불렀다.

각을 하며 수십 년 만에 『호시스』를 들어보니 그의 첫 번째 육성이 다음처럼 말했다.

Jesus died for somebody's sins but not mine

예수는 누군가의 죄를 대속하려 죽었다지만
내 죄는 아니었어

우연이라기에는 너무 짠 거 같은데.

하지만 그렇게 단언할 수 없는 이유는 아무래도 패티 스미스라는 시인은 수많은 장면에서 그런 전후 사정이 숙명적으로 맞아떨어지는 사람인 것 같기 때문이다.

어찌 되었든 야생마와 충견은 서로 호응하는 앨범 같다. 벌써 수십 년이나 『호시스』를 듣지 않았다는 중년 여러분이라면 『방가』와 함께 들어보기를 강력히 추천한다.

(출처: 웹진 「에레킹」 2012. 9. 12)

음악들의 난잡한 교미 냄새:
앨트제이 『An Awesome Wave』[62]

2012년 영국의 여름은 쌀쌀해서 외투를 손에서 놓을 수 없었다.

돌이켜보면, 오래전 영국의 여름은 늘 이랬다. 1980년대에 런던에서 지냈던 무렵에는 8월에도 클럽에 갈 때 코트를 입었던 기억이 있다. 하지만 지구 온난화라는 현상이 사실인지, 최근 몇 년간은 30도 가까이 기온이 올라서 싸늘한 영국의 여름을 완전히 잊고 있었다.

쌀쌀한 날씨 탓에 올해는 해변 휴양지인 브라이턴도 전만큼 휴가 분위기가 나지 않았다. 그런 울적한 여름의 주제곡이라도 되는 듯이 지역 주민들이 모여들어 느긋하게 시간을 보내는 바와 카페에서 주야

---

[62] 이 앨범의 전곡을 다음 주소 또는 QR 코드를 통해 들을 수 있다. https://m.site.naver.com/1qG1H

장천 흘려보내는 것이 앨트제이Alt-J[63]의 데뷔 앨범 『언어썸 웨이브An Awesome Wave』(2012)다.

외설스러운 음악이네. 처음 들은 순간 생각했다.

그와 더불어 이 앨범은 올해 여름에 이상하리만치 딱 들어맞는다. 기온이 낮은 여름에 어울린다는 말은 아니고, 영국의 여름이 쌀쌀했던 시대를 떠올리게 하는 음악이 아닐까 싶은 것이다. 그리고 왜 그럴까 하는 생각이 들었다.

일렉트로니카, 인디 록, 덥스텝, 모던 포크, 트립 합, 기타 팝 등 영국 매체가 쓴 앨트제이의 평론을 읽어보면 죄다 음악의 장르를 가리키는 단어가 나열되어 있다. 최종적으로 포크 스텝folk step이라는 용어로 정리된 모양인데, 간단히 말해 그들의 음악은 (그런 단어가 있다면) 순잡종純雜種인 것이다. 개인적으로는 일렉트로니카와 기타 밴드가 완벽한 조합으로 결혼한 음악이라고 생각하는데, 앞서 적었듯 내가 그들의 음악에서 느낀 '외설스러움'은 아무래도 결혼이니

---

[63] 2007년 결성한 영국의 인디 록 밴드. 데뷔 앨범으로 그해 영국과 아일랜드에서 발매된 최고의 앨범에 시상하는 머큐리상(Mercury Prize)를 받았다.

잡종이니 하는, 어딘가 아이를 갖는 것을 연상케 하는 이종 교배의 낌새에서 비롯한 것인지도 모르겠다.

그들의 음악은 '영화적'이라는 평을 받을 때도 많다. 각각의 곡에 영화, 서적, 특정 인물, 무언가 감정 등 주제가 존재한다고 하며, 문화계 마니아 청년들답게 자진해서 곡들의 내막을 공개하고 있다. 영화 「레옹」에서 비롯된 곡의 제목에는 주인공 여자아이의 이름 '마틸다Matilda'를 그대로 붙였고, 「브리즈블록스Breezeblocks」는 모리스 샌닥의 그림책 『괴물들이 사는 나라』[64]에 기초했다고 한다. 「피츠플레저Fitzpleasure」는 휴버트 셀비 주니어의 책 『브루클린으로 가는 마지막 비상구』[65]가 소재가 되었다는 모양이다.

그렇지만 말이다. 아무리 문화적·예술적 배경을 해설해도 그들의 음악에서 풍기는 성적인 냄새는 지울 수 없다. 그림책에서 단서를 얻었다고 하는 「브리즈블록스」만 해도 장난감 피아노의 소리 같은 것을 써먹었지만 애초에 음악 자체가 외설스럽기 그지없다(『괴물들이 사는 나라』는 소년이 한밤중에 출항해서 어른이 되어 돌아온다는, 섹스를 방불케 하는 이야기 아닌

---

64 강무홍 옮김, 시공주니어 2002.
65 황소연 옮김, 자음과모음 2016, 절판.

가). 심지어 「테설레이트 Tessellate」라는 곡은 시간이 남아도는 변변찮은 대학생으로밖에 보이지 않는 청년들이 어떻게 이런 음악을 만들었을까 의아할 만큼 교태가 넘친다. 긱geek66의 성性이란 불꽃같다는데, 내가 그들을 얕본 걸까.

일본에는 초식계草食系67라는 신조어가 있다는데, 영국에서는 일반 남성이 아니라 록 음악계에서 초식화가 진행된 것 같다.

"라디오헤드Radiohead68와 콜드플레이Coldplay69의 음악에는 영혼이 없다."

이렇게 말한 것은 존 라이든인데, 투 톱이라고 할 만한 두 거물 밴드를 시조 삼아서 영국 록의 계통은 크게 두 갈래로 나뉘었다. 하나는 머리를 깔끔하게 자른 인텔리들, 다른 하나는 아름다운 선율로 우는 울보들. 앨트제이도 얼핏 보면 인텔리일 뿐이고, 실제로

---

66 영어권에서 한 가지 취미에 푹 빠져 주위에서 괴짜로 보는 사람을 가리키는 말이다.
67 연애에 적극적이지 않거나 관심이 없는 사람을 가리키는 말.
68 1985년 결성한 영국의 록 밴드. 퇴폐적인 감성과 환상적인 사운드로 대중적인 인기를 얻고 있다.
69 1997년 결성한 영국의 록 밴드. 현재 전 세계에서 가장 큰 인기를 얻고 있는 밴드 중 하나다.

그들을 라디오헤드와 비교하는 평론가도 있다. 하지만 그들을 손쉽게 인텔리 계통으로 나누기에 그들의 음악은 지나치게 불순하다.

2012년 영국의 음악 잡지 「NME」는 베스트 앨범 특집호에서 앨트제이를 5위에 선정하며 그 이유로 "똑똑하고, 섹시하고, 아기를 만드는 음악"이라고 했는데, 나만 그렇게 느낀 게 아니구나 싶어 웃음이 나왔다. 하지만 "아기를 만드는"이라는 말은 우스갯소리가 아니라 본질을 제대로 찌르는 것인지도 모른다.

서로 다른 장르의 음악을 차례차례 교미시켜서 완전히 새로운 음악(이라는 아기)을 만들어낸다.

이런 수법은 포스트펑크의 대표적인 음악 제조법이었다. 그렇게 만들어진 음악은 무척 자극적이고 아슬아슬하고 발칙할 만큼 다양했는데, 그 때문에 당시는 무척 섹시한 음악의 시대였다. 앨트제이의 데뷔 앨범은 사운드는 그 시대와 동떨어져 있지만, 그 시대의 밴드들이 뿜어내던 음악들의 난잡한 교미 냄새를 풍긴다.

1980년대처럼 쌀쌀했던 올해 여름, 영국에서 앨트제이의 인기가 폭발한 것은 우연이 아닐 수도 있다.

2012년의 영국은 펑크 전야 같았지만, 이 나라의 대중음악계는 더 이상 부술 것이 없을 만큼 무너져 있기에 내년에는 느닷없이 포스트펑크가 떠오를 가능성도 있다.

앨트제이의 『언 어썸 웨이브』는 그 눈부신 전조일지도 모른다.

(출처: 웹진 「에레킹」 2012. 12. 7)

'불안'이라는 위험 영역:
스콧 워커 『Bish Bosch』[70]

스콧 워커 Scott Walker[71]는 화음과 불협화음 사이의 소리에 집착하는 인물이라고 한다.

칼날을 가는 소리, 식용육을 주먹으로 때리는 소리 등을 음원 삼아서 화음과 불협화음 사이의 아슬아슬한 곳을 헤맨다고 하니, 그 음악은 일종의 각오가 없다면 들을 수 없는 것이다. 화음=안심. 불협화음=공포. 이렇게 정의한다면 그 사이에 있는 것은 불안일 것이다. 신체적으로 비유하면 고통은 생각보다 꽤 참을 만하지만 가려운 것은 참기 어려운 것과 마찬가지로 정신적으로는 불안이 가장 위험하다. 그와 비교하

---

[70] 이 앨범의 전곡을 다음 주소 또는 QR 코드를 통해 들을 수 있다. https://m.site.naver.com/1qHpt

[71] 영국의 싱어송라이터. 초창기에는 대중적인 팝 음악을 만들었으나 점점 혁신적이고 실험적인 음악을 만들었다. 후대에 많은 영향을 주고 2019년 세상을 떠났다.

면 공포는 팝 음악이라 할 수 있다. 정신 건강을 고려할 때도 가장 바람직하지 않은 것은 '불안정'한 상태라고 한다.

음악이 생업인 사람은 별 상관이 없겠지만, 밑바닥에서 노동하는 인간에게 청자를 불안정한 곳으로 끌고 가는 음악이란 더 이상 듣고 싶은 것이 아니다. 그래서 스콧 워커는 '흘러간 사람'이라고 불리게 되었다. 그래도 청자를 그런 곳까지 데려갈 수 있는 음악가는 드물기에 그는 그 길을 나아가는 프로들 사이에서 우상 같은 존재가 되었다. 쟁쟁한 영국의 예술가들이 출연하여 스콧 워커를 절찬하는 다큐멘터리 영화의 제목은 「스콧 워커: 30세기 남자」인데, 나는 그가 시간축을 앞서 나아간 사람은 아니라고 생각한다.

다른 차원으로 나아간 사람이지.

스콧 워커 다큐멘터리의 제작총괄은 데이비드 보위다. 그런 것치고 보위는 영화 속에서 스콧 워커의 곡을 들으며 키득거리거나, "그가 뭘 노래하는지는 흥미 없다."라고 말하는 등 현대 일본어를 빌리면 '츤데레ツンデレ'[72]라고 할 만한 성격을 보여주어 괜히 미소를 머금게 되는데, 매력적인 저음으로 노래하는 마른 미남이라는 점에서 두 사람은 닮은 구석이 있다. 한쪽은

록 가수로, 다른 한쪽은 팝 가수로 한 시대를 풍미했고, 그 뒤로 보위는 자신이라는 스타를 계속해서 다시 프로듀스하여 전설이 되었으며, 워커는 음악을 창조하는 일에 매달려 대중 앞에서 모습을 감췄다. 두 사람은 동전의 앞면과 뒷면이다. 적어도 보위에게는 그런 인식이 있는 것 같다.

그런 보위가 "다시 그를 의식하게 된 것은 이 앨범 때문이다."라고 말한 워커 브라더스The Walker Brothers[73]의 마지막 앨범 『나이트 플라이츠Nite Flights』(1978)는 저명한 음악가 브라이언 이노Brian Eno가 "굴욕을 느꼈다."라고 평한 명작인데, 음악 레이블 4AD 웹사이트에 따르면 『비시 보시Bish Bosch』(2012)는 "1978년의 『나이트 플라이츠』부터 스콧 워커가 시작한 탐구의 연장선에 있는 최신작"이라고 한다.

개인적으로 가장 마음에 든 곡은 「에피주틱스!Epizootics!」와 「프레이징Phrasing」이다. 약동하는 불안.

---

[72] 자신에게 소중한 사람들을 겉으로는 쌀쌀맞게 대하지만 속으로 아껴주고 사랑하는 성격을 가리키는 일본의 신조어다.
[73] 스콧 워커가 속했던 남성 3인조 밴드. 1964년 미국에서 결성되었다가 얼마 지나지 않아 영국으로 활동지를 옮겼고 그곳에서 큰 인기를 얻었다.

그렇게 말할 수 있을 법한 이리저리 뒤틀린 고양감이 있는 곡들이다. 앞서 언급한 다큐멘터리 영화에서 가장 인상적이었던 점은 그처럼 불안정한 음악을 만드는데도 스튜디오가 묘하게 활기로 가득했다는 것인데, 이 곡들을 들으면 그 현장의 풍경이 떠오른다.

그와 더불어 이 글을 쓰고 있는 지금 영국은 눈으로 뒤덮여 있는데, 「더 데이 더 "컨덕터" 다이드(언 크리스마스 송)The Day the "Conductor" Died (An Xmas Song)」라는 곡이 너무도 창밖 풍경과 어울려서 곤란을 겪고 있다. 이 역시 독재자의 처형과 임종이 주제인 범상치 않은 크리스마스 노래로 위태로울 만큼 아름답다. 한번 빠져들면 다시 벗어나지 못할 듯해서 재생을 멈추고 일어나고 싶을 정도로 이 세상 음악 같지 않다.

곰곰이 생각해보면 스콧 워커의 경우에는 제대로 '노래'라는 점에서 위험하다. 앰비언트 뮤직이든 인더스트리얼 뮤직이든 노이즈 뮤직이든 뭐든, 요즘 세상에 실험적인 음악을 하려는 사람은 꽤 많이 존재한다. 하지만 워커의 경우에는 본질적으로 노래라는 점에서 다르다. 마치 다른 차원의 세계에 존재하는 일그러진 (하지만 저쪽 세계에서는 지극히 정통적인) 유행가 같고, 오페라 같고, 성가 같은데, 어쨌든 인간의 육성으로 부르기에 인체의 일부인 뇌가 스르륵 끌려가고 만다.

    더욱 앞으로. 갈 수 있는 한 앞으로. 이런 지향성을 지닌 고령의 예술가를 경애한다. 나는 예전에 그런 문장을 쓴 적이 있는데, 스콧 워커는 대체 어디까지 가려는 것일까. 그 사람 또한 칠순에 가까운 할아버지 중 한 명인데.

    (보위도 새 앨범을 발표한다는데, 동전의 뒷면을 먼저 들은 셈이지만, 워커를 듣고 나니 앞면도 기대된다.)

(출처: 웹진 「에레킹」 2013. 1. 25)

노쇠의 록:
데이비드 보위 『The Next Day』[74]

지난해(2012년) 말, 나는 잡지 「에레킹」의 기사에 "2012년의 영국은 펑크 전야 같았다"고 적었다.

그리고 2013년이 밝았고, 3월에 발매된다는 데이비드 보위의 앨범 커버를 보고 나는 적지 않게 동요했다. 바탕으로 쓰였다고는 하지만, 1977년에 나온 앨범 『히어로즈 Heroes』의 커버였기 때문이다.

그리고 다른 기사에서 나는 칠순 언저리의 예술가들에 대해 "앞으로, 더욱 앞으로 나아가려 하는 고령의 예술가를 경애한다. 시간축으로 말하면 노화란 전진이라 할 수 있고, 안티에이징은 후퇴다."라고도 적었다. 그래서 보위의 새 앨범 커버를 보고는 더욱더 동요했다. 옛날 앨범 커버를 덮은 한가운데의 하얀 사

---

[74] 이 앨범의 전곡을 다음 주소 또는 QR 코드를 통해 들을 수 있다. https://m.site.naver.com/1qLMi

각형 안에 "The Next Day다음 날"라고 쓰여 있었기 때문이다.

지금, 그에게는 틀림없이 무언가 말하고 싶은 것이 있다.
새 앨범의 발매를 알리는 공식 발표문에 그렇게 쓰여 있었다.
지금 이 시대에 보위가 말하고 싶은 것이란 무엇일까.

닉 케이브의 새 앨범을 들은 뒤에 들었기 때문일까. 첫 번째 곡인 「더 넥스트 데이The Next Day」가 노골적으로 거칠고 기본에 충실한 록으로 들렸다. "조니 로튼 같다고 하면 지나치겠지만, 이 곡의 보위에게서는 분노가 느껴진다."라고 FM 라디오 심야 프로그램의 DJ가 말했다.
애초에 나는 보위의 팬이 아니다. 동세대의 록 음악을 들은 사람들 사이에서는 흔한 '일단 들어두긴 해야지.' 하는 자세로 공부했지만, 중년(의 후쿠오카 사람)에 종종 보이는 취하면 기타를 들고 "지기 플레이드 기타아아아아 Ziggy played guitaaaar!"[75]라고 열창하는 전 밴드 맨은 절대로 아닌 나는 원래 록 스타라는 존재의 안티테제로 등장한 조니 로튼에 생애를 바친 여자다. 보위 님에게 깊이 빠져든 처자는 아니었던 것이다. 그런데 그 보위 님께서 칠순을 앞두고 분노하는 까닭은 무엇일까.

1977년의 보위는 영국이 아니라 베를린에 있었다. 새 앨범에 수록되어 존 레넌의 『더블 판타지Double Fantasy』[76]를 연상케 할 만큼 선율이 아름다운 「웨어 아 위 나우?Where Are We Now?」는 그가 베를린에서 지낸 시절을 회고하는 곡인데, 그처럼 이번 앨범에는 전체적으로 그의 과거가 새겨져 있다. 「더티 보이즈Dirty Boys」는 글램 록glam rock[77] 전성기의 자신을 비롯한 나쁜 남자들을 노래한 것이 틀림없고, 장대한 아레나 록arena rock[78]인 「더 스타즈 (아 아웃 투나이트)The Stars (Are Out Tonight)」는 1975년 발표했던 「영 아메리칸스Young

---

[75] 데이비드 보위의 5집 앨범 수록곡인 「지기 스타더스트(Ziggy Stardust)」의 가사 중 일부다.
[76] 존 레넌이 아내인 오노 요코와 함께 작업하여 1980년 발표한 앨범. 그의 죽기 전 마지막 앨범이다.
[77] 영국에서 1970년대 초반에 등장한 록 음악의 하위 장르. 개성적이고 중성적인 옷차림에 화려한 헤어스타일과 화장이 특징으로 데이비드 보위는 글램 록을 대표하는 인물이다.

Americans」를 방불케 한다. 「러브 이즈 로스트Love Is Lost」에서는 옛 앨범인 『로Low』(1977)의 기법을 다시 사용해봤다고 프로듀서인 토니 비스콘티Tony Visconti가 밝혔고, 「댄싱 아웃 인 스페이스Dancing Out In Space」를 들으면 「앱설루트 비기너즈Absolute Beginners」(1986)와 「모던 러브Modern Love」(1983)가 떠오른다. 「(유 윌) 세트 더 월드 온 파이어(You Will) Set the World on Fire」가 틴 머신 Tin Machine[79] 같은 분위기라면 「밸런타인스 데이Valentine's Day」는 어딘가 킹크스 The Kinks[80] 같아서 예전 앨범 『지기 스타더스트Ziggy Stardust』(1972)[81]에 수록해도 어색하지 않을 듯싶다. 하지만 그렇다고 해서 이번 앨범이 보위 박물관인가 하면 그렇지는 않다. 보위의 현재 목소리와 생각이 전면에 드러나 있기 때문이다.

---

78 1970년대에 주류였던 록 음악 형식으로 애초부터 스타디움 같은 대규모 공연장에 어울리도록 강력하고 극적이면서도 듣기 편하게 만들어진 상업적인 록 음악을 가리킨다.
79 1988년 데이비드 보위를 중심으로 결성된 록 밴드. 상업적으로 크게 성공하지는 못했으며 1992년 해체했다.
80 영국의 록 밴드. 롤링 스톤스와 더불어 대표적인 장수 밴드다.
81 '지기 스타더스트'는 줄여서 부르는 명칭으로 정식 앨범명은 『더 라이즈 앤드 폴 오브 지기 스타더스트 앤드 더 스파이더스 프롬 마스(The Rise and Fall of Ziggy Stardust and the Spiders from Mars)』다.

토니 비스콘티는 「NME」와 진행한 인터뷰에서 "녹음하면서 가장 기억에 남은 일은 무엇입니까?"라는 질문에 "신기하게도, 보컬의 목소리가 커다랬던 것이다."라고 답했다. 보위는 방구석에서 10년의 침묵을 날려버리듯이[82] 매우 즐거워하며 노래했다고 한다.

그렇지만 당연하게도 보위의 목소리는 나이를 먹었다. 나이 든 목소리로 때로는 일부러 연약한 음성을 연기하면서 "여기 내가 있다. 아직 죽지 않았어."[83] "고통 없이 삶과 작별 인사를 해."[84]라고 보위는 노래한다. 그 가사는 몸 여기저기가 망가지기 시작한 노년의 말이다. '사람은 노쇠한다'는 사실을 묘사한 것이다. 그것은 마치 CD 케이스를 열면 『히어로즈』를 덮은 하얀 사각형 안쪽에 현재의 보위가 자리하고 있는 커버 디자인과도 같다.

과거는 있었다. 하지만 그것은 지나갔고 '더 넥스트 데이'(현재)가 있다.

50주년 기념 콘서트에서 숨을 헐떡이는 할배들, 콘서트 투어에서 옷을 벗어던지는 전 섹스 심벌 할멈,

---

[82] 「더 넥스트 데이」는 데이비드 보위가 10년 만에 발표한 앨범이다.
[83] 「더 넥스트 데이」의 가사 중 일부다.
[84] 「러브 이즈 로스트」의 가사 중 일부다.

그처럼 전설들이 가십을 광고하고 콘서트 티켓을 팔아치우며 돈을 버는 시대에 대체 누가 보위만큼 총명하게 쿨한 노쇠의 록을 들려줄 수 있을까. 보위의 수치심과 미의식은 안티에이징이라는 퇴행을 용납하지 않는다. "그는 새 앨범의 수록곡을 라이브로 연주할 생각이 없다."라고 토니 비스콘티는 말했다.

마지막까지 밀렸는데, 이 곡에 관해서도 꼭 써야겠다.

"그리고 우리는 미시마의 개를 보았다."

이런 가사로 시작하는 「히트 Heat」를 들으며 한순간 보위가 아닌 스콧 워커인 줄 알았다.

내게는 이 곡이 스콧 워커를 향한 오마주로만 들렸다.

앞서 『비시 보시』의 평에도 적었지만(322면 참조), 역시 보위와 워커는 동전의 앞뒷면 같은 사람들이다.

뒷면, 즉 스콧 워커는 다른 차원의 세계로 넘어가 '더욱 앞으로' 나아가고 있다.

앞면, 즉 데이비드 보위는 우리 세계에 머물며 시간적인 의미에서 '더욱 앞으로' 나아가고 있다.

돌이켜보면 브라이언 이노와 보위가 워커 브라더

스의 『나이트 플라이츠』를 듣고 "이거 굉장하다."라고 감탄했던 것도 베를린에서 지낼 때였을 것이다.

영국에서는 펑크가 다방면으로 발전하기 시작했던 때다. 많은 일들이 시작되는 시대였다.

하지만 그 시대도 지나갔고, 머나먼 옛날이 되었다. 우리에게는 현재(더 넥스트 데이)가 남아 있다.

(출처: 웹진 「에레킹」 2013. 3. 15)

방랑자들의 노래:
샘 리 『Ground of Its Own』[85]

빈민가의 공원이란 그저 텅 빈 공터인 경우가 많아서 트래블러traveller라고 불리는 캐러밴caravan[86] 생활자들이 종종 체류지로 삼는다. 그래서 우리 동네 공원도 매년 몇 차례는 그런 사람들에게 점거당한다.

몇 년 전 크리스마스에 있었던 일이다. 마침 트래블러 여러분이 동네 공원에 머무르는 시기였는데, 성탄절 아침 그들이 가톨릭교회의 미사에 대거 찾아왔다. 트래블러들은 안 그래도 자녀가 많아 대가족인데 한꺼번에 몰려와서 교회의 의자가 모자라게 되었고, 그들이 빈민가 거주자조차 주눅이 들 만큼 드세고 억센 분위기를 풍기는 탓에 박애가 넘치는 교회 측에서

---

[85] 이 앨범의 전곡을 다음 주소 또는 QR 코드를 통해 들을 수 있다. https://m.site.naver.com/1qMKB
[86] 자동차에 매달아 끌고 다닐 수 있는 이동식 주택.

도 그리 환영하는 기색은 아니었다. 하지만 트래블러 여러분도 이런 일에 이미 익숙한지 줄줄이 교회 뒤쪽 바닥에 털썩 앉았다.

가톨릭의 미사에서는 성가를 부르는데, 평탄한 멜로디로 몇 번이고 같은 기도문을 계속 노래하는 것이다. 성가를 부르는 순서가 왔을 때, 성당 뒤쪽에서 애드리브가 들어간 바리톤으로 노래하는 남자들의 목소리가 울려퍼졌다.

대지의 밑바닥에서 솟아오르는 듯한 그 성가는 클래식 계통의 목소리로 불리는 성가와 전혀 달랐다. 마치 한 곡의 성가 속에서 클래식과 포크가 줄다리기를 벌이는 것 같았다. 앞쪽에 앉아 클래식의 가창법으로 부르는 빈민가 주민들, 뒤쪽에서 민족가요처럼 우렁차게 부르는 트래블러들. 그런 구도도 재미있었다.

샘 리Sam Lee[87]는 영국 내의 잉글랜드인, 아일랜드인, 스코틀랜드인, 루마니아계 트래블러 공동체에서 전승되는 발라드[88]의 수집가다. 그가 스스로 트래블

---

[87] 영국의 싱어송라이터. 포크와 전통음악을 주로 다루며, 데뷔 앨범으로 2012 머큐리상 최종 후보까지 오르기도 했다.

러들의 체류지를 찾아가서 대대로 전해지는 노래를 배우고 새롭게 편곡하여 녹음한 것이 그의 데뷔 앨범 『그라운드 오브 이츠 오운 Ground of Its Own』(2012)이다. 나는 이 앨범을 무척 좋아해서 잡지 「에레킹」의 기획으로 2012년 최고의 앨범을 꼽을 때 3위에 넣기도 했다. 그리고 이 앨범이 다가오는 3월 일본에도 발매된다는 이유로 내가 또다시 넉살 좋게 나서서 앨범평을 쓰고 있는 것인데, 이 앨범을 처음 들었을 때는 멈포드 앤드 선즈 Mumford & Sons[89]의 안티테제라고 생각했다. 요즘 유행하는 대중적인 새로운 포크에 대해 '기왕에 할 거면 이 정도까지 해봐라.'라고 강력하게 말하는 성명서처럼 들렸기 때문이다.

영국 사회에서 명백한 피차별 대상인 트래블러들이 대대로 전승해온 노래를 모아서 앨범을 만들었다. 이렇게 말하면 어느 정도 저항 음악 같은 느낌이 들지만, 샘 리는 그처럼 직접적인 의지는 티끌만큼도 느낄

---

[88] 여기서 말하는 발라드는 대중가요 장르가 아니라 형식에 얽매이지 않는 서사적인 가곡을 가리킨다.
[89] 2007년 결성된 영국의 포크 록 밴드. 영국과 미국에서 수많은 음악상을 수상하며 상업적으로도 성공했다.

수 없는 깔끔하면서도 예술적인 민족음악의 세계를 펼쳐 보인다.

그는 포크 주제에 기타를 쓰지 않는다. 샘 리는 기타에 기초한 포크에는 탐구할 게 거의 남지 않았다고 생각하는지 악기 목록에 "튜닝된 탱크 드럼"이라고 쓴 타악기를 비롯해 주즈 하프Jew's Harp[90](샘 리는 유대계이기도 하다), 피들fiddle[91], 트럼펫, 전자악기 등을 사용하는데, 한 공연에서 일본의 전통 현악기를 사용하는 것을 본 적도 있다. 크라우트록Krautrock[92]이나 앰비언트 뮤직과 비교할 수 있을 듯한 편곡이 가해진 곡도 있고('전기와 흙의 줄다리기'라고 할 만한 「더 탠 야드 사이드The Tan Yard Side」의 조용한 긴장감과 박력은 특별히 주목할 가치가 있다), 집시의 전승 음악과 재즈를 융합하려 한 듯한 곡도 있다(「온 욘더 힐On Yonder Hill」).

---

90 입에 물고 손가락으로 얇은 판을 튕겨 소리를 내는 작은 악기. 명칭에 유대인을 뜻하는 단어(jew)가 있지만, 실은 유대인과 아무런 관련이 없다.
91 바이올린을 가리키는 속칭으로 본래 바이올린과 동의어였지만, 오늘날에는 컨트리 바이올린을 뜻하는 말로 주로 쓰인다.
92 1960년대 후반 서독에서 생겨난 실험적인 록 음악 장르. 전통적인 록에서 벗어나 단순하면서도 초현실적인 음악을 추구한다.

그렇지만 그런 악기들과 편곡은 그저 조연에 지나지 않는다.

런던 북부의 부유한 유대계 집안에서 태어나 명문 사립학교를 다니고 일류 예술대학교인 첼시 칼리지 오브 아츠에 진학한 그는 예술계 도련님의 길을 착실히 걸으면서도 야생에서 생존 기술을 가르치는 강사, 그리고 벌레스크 burlesque[93] 댄서로 일한 적이 있다고 한다. "유두에 화려한 술을 매단 여자들에게 둘러싸여 분장실 탁자 아래에서 오래전 양치기들이 부른 노래를 외웠다."라고 「가디언」과 한 인터뷰에서 말한 샘 리는 자신에게 노래를 가르쳐준 85세의 루마니아계 트래블러 여성과 함께 인터뷰에 응했을 때 그 여성이 자신의 데뷔 앨범을 "너의 노래"라고 하는 것을 듣고 "아냐, 그건 여러분의 노래예요."라며 바로잡았다.

혐오의 대상으로 사람들에게 외면당하는 공동체의 음악이 한 중산층 청년의 손에 되살아났다. 이 나

---

[93] 본래는 성실하고 고귀한 것과 비속적인 것을 대비시키며 웃음을 불러일으키는 전통적 익살극을 가리켰지만, 오늘날 벌레스크는 공연 장르 중 하나로 노출 많은 화려한 의상을 입은 출연자들이 춤과 노래와 서커스 등을 선보이는 공연을 가리킨다.

라의 사회 계급적인 면을 고려하면 보통은 거의 있을 수 없는 특수한 이야기다. 음악에 대한 그들의 정열 덕분에 그런 일이 가능했을 텐데, 계급을 뛰어넘은 그 정열이야말로 이 앨범의 진정한 주연이라고 나는 생각한다.

(출처: 웹진 「에레킹」 2013. 4. 5)

교묘하고 대담하게 과거를 갖고 놀다:
폭시젠 『We Are the 21st Century Ambassadors of Magic』[94]

　최근 피스Peace[95]라는 밴드의 인기가 높다는 모양이다. "진짜 좋아."라고 직장의 젊은 동료들이 말하길래 「NME」에 실린 평을 보니 "이 곡은 큐어The Cure 같고, 이 부분은 샬러턴스The Charlatans고, 이건 블러Blur잖아.[96] 어차피 복제는 원본에 이길 수 없어. 이런 편협한 생각을 하는 청자가 되어서는 안 된다. 이 세상에 젊은 이들이 있는 한 그들은 눈을 반짝이면서 계속 '과거의 발견'이라는 체험을 한다."라는 주지의 긴 글이 실려

---

[94] 이 앨범의 전곡을 다음 주소 또는 QR 코드를 통해 들을 수 있다. https://m.site.naver.com/1qRjF
[95] 2012년부터 활동한 영국의 인디 록 밴드. 데뷔와 동시에 여러 매체에서 극찬을 받았다.
[96] 큐어, 샬러턴스, 블러 모두 1980~90년대에 활발히 활동한 영국의 록 밴드들이다.

있었고 이 편협하기 그지없는 아줌마도 좀 들어봐야겠다고 생각했다.

그렇지만 막상 들어보니 영국의 피스가 아니라 미국의 폭시젠Foxygen[97]에 대해 쓰고 싶어졌다.

폭시젠은 일단 앨범명부터 장난기가 넘친다. 뭐가 『위 아더 트웬티퍼스트 센추리 앰배서더스 오브 피스 앤드 매직We Are the 21st Century Ambassadors of Peace and Magic』(2013)이냐.[98] 마치 사춘기의 긱들 사이에서만 통하는 개그 같은, 아니면 지방을 순회하는 히피 마술사의 전단지에 쓰여 있을 법한 문구다.

게다가 "과거의 발견"을 한다는 점에서 폭시젠은 철면피라고 해도 무방할 만큼 방대한 과거를 베꼈다. 킹크스, 도어스The Doors, 벨벳 언더그라운드The Velvet Underground, 핑크 플로이드Pink Floyd, 비틀즈The Beatles, 롤링 스톤스, 데이비드 보위, 밥 딜런, 티 렉스T. Rex, 프린스Prince, 크램프스The Cramps, 픽시스Pixies. 록 역사 도감인가 싶을 만큼 이 앨범에는 과거의 밴드들이 담겨 있다.

---

[97] 2005년 결성한 미국의 인디 록 듀오. 1960~70년대의 록에서 영감을 받은 음악을 만든다.
[98] "우리는 평화와 마법의 21세기 대사다."라는 뜻이다.

"아리엘 핑크Ariel Pink[99]와 MGMT[100]도 같은 길을 탐구하고 있다. 하지만 폭시젠은 전부 처넣겠다는 열의가 느껴져 새롭다."라고 웹진 「피치포크Picthfork」에서 평했는데, 이만큼 총괄적으로 처넣는 것은 고도의 편집 기술이 있어야 가능하다.

「온 블루 마운틴On Blue Mountain」이라는 곡을 예로 들겠다. 시작은 도어스를 부르는 블랙 프랜시스Black Francis[101]구나 싶지만 금세 벨벳 언더그라운드가 되고 롤링 스톤스도 끼어들어서 '거 참, 변화가 풍부한 곡이네.'라고 생각하는데, 갑자기 하얀 점프슈트를 입은 엘비스 프레슬리가 등장해서 허리를 흔들며 "의심하는 마음이 있으면 우리는 계속 함께할 수 없어"[102] 하는 멜로디로 노래를 불러대는 바람에 이 밴드는 대체 뭐냐고, 장난치는 건가 싶어서 크게 웃음이 터진다. 여

---

[99] 미국의 싱어송라이터. 과거 음악을 모티브 삼은 작업을 왕성히 하고 있다.
[100] 2002년 결성한 미국의 록 밴드. 복고적이면서 실험적인 음악이 특징이다.
[101] 1980년대 후반 왕성히 활동한 미국 밴드 픽시스의 보컬, 작곡가. 파격적이고 실험적인 음악을 만드는 것으로 유명하다.
[102] 엘비스 프레슬리의 대표곡인 「서스피셔스 마인즈(Suspicious Minds)」의 가사 중 일부다.

기까지 불과 1분 30초다. 눈앞이 팽팽 돌아 어지러울 지경이다. 어지러운데, 실로 교묘하게 연결되어 있다.

「오 이어Oh Year」에서는 티 렉스와 프린스가 애절하게 헐떡이며 정교를 맺다가 스탠드 업 코미디를 펼치고, 「셔기Shuggie」는 스페셜스The Specials[103]를 노래하는 세르주 갱스부르Serge Gainsbourg[104]로 시작하더니 어째서인지 중반은 앤드루 로이드 웨버Andrew Lloyd Webber[105]의 「오페라의 유령」으로 변한다.

이처럼 지나치게 꾹꾹 눌러 담은 느낌에서 떠올린 것이 있으니 바로 영국 채널4의 명작 코미디 「스페이스드Spaced」[106]다. 이 프로그램을 만든 인물들이 훗날 영화 「뜨거운 녀석들」과 「황당한 외계인: 폴」 등을 세상에 내놓았는데, 그들이 세상에 나갈 수 있는 계기가 되어준 「스페이스드」와 폭시젠의 음악은 서로 비

---

[103] 1977년 결성하여 1980년대 초반에 활발히 활동한 영국의 밴드.
[104] 프랑스의 가수, 시인, 배우. 1960~70년대 프랑스의 대중문화를 상징하는 인물 중 한 명이다.
[105] 미국의 뮤지컬 작곡가, 제작자. 듣기 편한 음악과 화려한 무대 연출로 세계적 인기를 끈 뮤지컬을 다수 만들었다.
[106] 1999~2001년 동안 두 시즌 방영한 텔레비전 시트콤.

숫하다. 심지어 어지러운 장면들이 초현실적일 만큼 예술적으로 연결되는데, 그 교묘함 때문에 묘하게 웃기기도 하다는 공통점이 있다.

또한 폭시젠은 온갖 장르의 음악을 교미시켜 훌륭한 하이브리드 뮤직을 창조한 앨트제이의 복고판 같은 느낌을 주기도 한다. 두 밴드의 앨범을 들으면 다종다양한 음악을 발견해 눈을 반짝이며 모방하는 것에서 나아가 그 음악들을 갖고 놀겠다는 그들의 대범함을 느낄 수 있다.

나는 흔하디흔한 노동자라서 무언가 예술 운동에 참여할 필요도 없고 광고를 의뢰받을 일도 없기에 단언하는데, 이 나이가 되면 과거로 돌아간 듯한 끈적끈적하고 로맨틱한 록에는 관심이 없다. 허리를 붙잡고 "아이고, 아이고." 하는 나이 든 노동자의 생활에 비타민을 주는 것은 청자의 향수를 킥킥거리고 비웃는 재기 넘치는 젊은이다. 그런고로 인플루엔자와 요통으로 고생한 이번 겨울(지금도 계속되고 있지만), 내가 가장 자주 들은 것은 이 장난기 넘치는 앨범이었다.

참고로 마거릿 대처가 눈을 감은 영국에서 음원 순위를 역주행한 곡은 더 스미스 같은 것이 아니었다.

영화 「오즈의 마법사」 사운드트랙 중 「딩동! 마녀가 죽었다」가 아이튠즈 순위에서 10위 안에 들어갔는데, 그 역시 장난기가 넘친 현상이다.[107]

(출처: 웹진 「에레킹」 2013. 4. 11)

---

[107] 마거릿 대처의 보수적인 정책에 반감이 심한 사람들이 2013년 대처가 눈을 감자 그의 죽음을 비꼬기 위해 조직적으로 「딩동! 마녀가 죽었다」를 구매하는 운동을 벌였다.

나도 녹아내립니다:
멜트 유어셀프 다운 『Melt Yourself Down』[108]

섹스 피스톨즈의 음악을 듣다 머리통에 바람구멍이 뚫린 이후 그 구멍을 메우기 위해 필사적으로 착실하게 인생을 살아온 쉰 언저리의 인간이 과거 10년간 가장 인상적으로 들은 것은 어쿠스틱 레이디랜드Acoustic Ladyland[109]라는 재즈 쪽 사람들의 음악이었다. 그렇다는 것은 작년 말 잡지 「에레킹」에도 적었고, 그들의 음악을 방불케 한다는 이유만으로 트리오 VD Trio VD[110]의 『메이즈Maze』를 2012년 사적인 베스트 앨범 1위에 올리기도 했다. 그랬는데 드디어 어쿠스틱 레이디랜드의 리더였던 피트 웨어햄Pete Wareham이 귀환

---

108 이 앨범의 전곡을 다음 주소 또는 QR 코드를 통해 들을 수 있다. https://m.site.naver.com/1qUXC
109 2001~2010년 동안 활동한 영국의 재즈 펑크 밴드.
110 2006년부터 활동한 영국의 밴드. 록, 재즈, 일렉트로니카 등에 기초한 진보적인 음악을 선보이고 있다.

했다. 심지어 멜트 유어셀프 다운Melt Yourself Down이라는 대담무쌍한 밴드를 데리고.

네 자신을 녹여버려Melt Yourself Down라니, 이 사람들은 또 무슨 소리를 하는 것인가. 다 큰 어른이 녹아내리면 안 된다는 말입니다.

그렇지만 실제로 밴드명과 같은 앨범 『멜트 유어셀프 다운』(2013)에서는 수많은 것들이 녹아내린다. 일단 이게 재즈인지, 월드 뮤직인지, 록인지, 팝인지, 댄스인지, 도대체 장르를 전혀 알 수 없다. 서로 다른 장르를 섞어서 하이브리드를 만들었다, 하는 흔한 앨범평을 말하는 것이 아니다. 분야의 경계선이 흐물흐물하게 녹아 있는 것이다. 애초에 음반 가게에 가서 그들의 앨범을 어느 코너에서 찾아야 할지도 알 수 없다. (브라이턴의 음반 가게에는 재즈가 아니라 월드 뮤직 쪽에 있었다.)

"캡틴 비프하트Captain Beefheart[111] 같아."(음악 칼럼니스트 노다 쓰토무) "시부사시라즈渋さ知らズ[112]가 생각났어. 고양감이 있다는 점에서는 노르텍 컬렉티브

---

[111] 미국의 싱어송라이터, 시각예술가. 1967년부터 자신의 밴드를 거느리고 폭넓은 장르를 넘나들며 실험적인 음악을 선보였다. 대중적으로는 성공하지 못했지만 후대 음악가들에게 매우 큰 영향을 미쳤다.

Nortec Collective[113] 같고."(이와사 히로키) "살짝 캔Can[114] 같아. 그리고 존 케이지John Cage[115]도."(성인 대상 산수 교실 강사 R)

이처럼 내 지인 및 친구가 연상한 음악가들을 나열하기만 해도 국적이 일본부터 멕시코까지 제각각 다른데, 당사자인 밴드는 자신들의 앨범에 대해 "1957년의 카이로, 1972년의 쾰른, 1978년의 뉴욕, 2013년의 런던"이 키워드라고 말한다. 국경의 멜트다운도 일어난 것이다. 다국적이 지나쳐서 무국적이 되었다고 할까. 중동 지역의 클럽 DJ처럼 청중들을 선동하는 보컬 쿠샬 가야Kushal Gaya는 모리셔스[116] 출신이라 프랑스어와 모리셔스 크레올을 섞어 말하고, 거기에 자신이 만들어낸 무슨 언어인지 모를 단어를 외치

---

[112] 1989년 결성하여 재즈를 기반으로 다양한 음악을 만들고 연주하는 일본의 빅밴드.

[113] 1999년부터 멕시코에서 활동한 음악 그룹. 고정된 멤버 없이 많은 음악가들이 오갔으며 평단에서 극찬을 받고 있다.

[114] 1968년 서독에서 결성된 록 밴드. 크라우트록의 선구자로 일컬어진다.

[115] 미국의 작곡가. 전위적인 음악으로 세계적 명성을 얻었으며 백남준에게 큰 영향을 미치기도 했다.

[116] 아프리카 남동부에 있는 섬나라. 네덜란드, 프랑스, 영국의 식민지배를 받다가 독립했으며, 프랑스어와 프랑스어에서 비롯된 고유 언어인 모리셔스 크레올을 사용한다.

기도 한다니, 그야말로 언어까지 경계가 녹아내린 셈이다.

피트 웨어햄이 이끌었던 어쿠스틱 레이디랜드는 사실 탁월한 재즈 뮤지션들의 집단이었는데(나는 재즈에 문외한이라서 어느 문헌에 탁월이라 쓰여 있으면 그대로 베낄 수밖에 없다), 2005년 BBC 재즈 어워드에서 베스트 밴드로 선정되었다. 그들이 '펑크 재즈'를 확립한 두 번째 앨범 『라스트 찬스 디스코Last Chance Disco』(2005)는 영국의 재즈 잡지 「재즈와이즈Jazzwise」에서 2005년 최고의 앨범으로 꼽기도 했다. 그 무렵까지는 아직 재즈라고 불렸던 그들의 음악에는 무언가 정체 모를 폭발력이 있었다. 그 힘의 원천은 밴드 구성원 각자가 일류 음악가인 것에서 비롯되었다고 할지, 아니면 초보의 귀로도 엄청 대단하다고 알 수 있는 음악가들이 쾅쾅 그것을 파괴하려 한 것에서 비롯되었다고 할지, 그들은 악기로 소리를 낼 줄 몰라도 기합만으로 음악을 연주하려 했던 펑크와 정반대의 길을 나아갔지만 그와 비슷한 에너지를 분출했다.

어쿠스틱 레이디랜드의 드러머였던 셉 로치포드 Seb Rochford가 이끄는 재즈 밴드 폴라 베어Polar Bear와 앞서 언급한 트리오 VD를 포함해 요즘 영국 재즈계의 음악이 일본에 그다지 소개되지 않는 것은 대단히 아쉬운 일이다. 소규모 클럽의 공연에 가봐도 살짝 위험하게 분위기가 달아오를 만큼 영국 재즈계는 뜨겁기 때문이다.

하얀 펑크 재즈 밴드였던 어쿠스틱 레이디랜드가 갑자기 헤어스타일을 아프로afro[117]로 바꾸고 낙타와 함께 돌아온 것이 멜트 유어셀프 다운인 셈인데, 그런 변화는 그야말로 펑크에서 포스트펑크로 이어지는 흐름을 보여준다고도 할 수 있다. 이를테면 어쿠스틱 레이디랜드가 섹스 피스톨즈라면, 멜트 유어셀프 다운은 자메이카에서 휴가를 보내고 돌아온 존 라이든이 결성한 PiL이랄까. 36분에 이르는 데뷔 앨범은 격렬하게 춤출 수 있는 「픽스 마이 라이프Fix My Life」부터 성난 파도 같은 아라비안나이트를 방불케 하는 「캐멀Camel」까지, 재즈와 월드 뮤직은 어렵다고 생각하는 청자도 이 대중적이고 외설적인 음악의 난동에는 깜짝 놀랄 것이다.

국적도, 언어도, 분야도, 콘셉트조차도 녹아내리

---

[117] 머리카락을 촘촘하게 파마해서 복슬복슬하게 부풀린 헤어스타일로 아프리카계 미국인들이 많이 한다.

고 끈적끈적한 마그마처럼 섞여서 리듬을 타는 그들의 음악은 길거리에서 인종차별주의자와 그 반대자들의 시위가 부딪치고 세계 각지에서 정부를 향한 항의 시위가 확산되는 2013년 여름의 주제가로 어울린다. 배타, 충돌, 억압, 저항, 증오, 투쟁. 이것들이 되풀이되면서 세계가 녹아내려 결국 혼돈과 하나로 뒤섞이는 것은 그 누구도 막을 수 없다. 자, 우리 스스로 녹아내리자 Let's melt ourselves down.

(출처: 웹진 「에레킹」 2013. 6. 25)

그는 변함없지만 시대가 원한다:
모리시 『World Peace Is None of Your Business』

영어에는 '스왜거swagger'라는 말이 있다.

사전을 찾아보면 '으스대며 걷다'라든지 '뻐기며 걷는 모습'이라고 뜻풀이가 쓰여 있다. 내가 스왜거라는 말을 듣고 떠올리는 것은 경기장으로 입장하는 권투 선수다. 어깨를 으쓱거리고 상대를 위협하며 느릿느릿 걷는 모습.

들으면서 스왜거라는 단어를 떠올린 모리시의 앨범이 지금까지 두 장 있었다.

바로 『복스홀 앤드 아이Vauxhall and I』(1994)와 『유 아 더 쿼리You Are the Quarry』(2004)였다. 그리고 『월드 피스 이즈 논 오브 유어 비즈니스World Peace Is None of Your Business』(2014)가 세 번째 앨범이 되었다. 어디서든 덤벼봐. 그렇게 이죽거리면서 벼랑 끝에 서 있는 듯한 스왜거가 느껴졌던 것이다.

어째서일까. 모든 사람이 불안에 떨고 우익에 좌

익에 휘둘리며 말 그대로 우왕좌왕하는 이 시대에 모리시는 더욱 든든해졌다.

『월드 피스 이즈 논 오브 유어 비즈니스』라는 상징적인 제목[118]을 지닌(이라크 전쟁의 합법성이 다시금 주목받으며 연일 언론에서 토니 블레어 전 총리를 때리고 있는 영국에서는 장대한 빈정거림으로 들린다.) 이 앨범은 음악적인 면을 보면 잿빛 영국을 노래하는 모리시의 음악 세계에서 완전히 동떨어져 있다. 강렬하고 컬러풀한 것이다.

스페인의 플라멩코 기타, 터키 음악 특유의 가락, 포르투갈의 아코디언과 피아노 조합 등을 앨범 여기저기에 넣어서 '유럽 만세!'라고 외치는 것 같기에 마치 유로비전 송 콘테스트를 보는 듯한 느낌까지 든다. 반EU를 내세우는 우익 정당 UKIP가 세력을 넓히고 있는 오늘날 영국에서 모리시가 이토록 유럽적인 음악을 꺼내들다니 무척 흥미롭다.

그렇지만 그저 우연일 것이다. 왜냐하면 이 앨범을 녹음한 당시에 모리시가 지금으로부터 2개월 전의

---

[118] '세계 평화는 당신이 상관할 일이 아니다.'라는 뜻이다.

유럽의회 선거와 지방선거에서 벌어진 UKIP의 대약진을 예상했으리라 보기는 어렵고, 과거에 모리시가 직접 자신은 UKIP 지지자라고 밝혔기 때문이다.

그럼에도 2014년 7월에 이 앨범을 들으니 UKIP의 대약진과 배외주의를 향한 반대 성명처럼 느껴진다.

진짜 운 좋은 새끼Lucky bastard.

이렇게 말하고 싶지는 않지만, 모리시에게는 주기적으로 그런 시기가 찾아든다. 그가 하는 말은 30년 동안 전혀 달라지지 않았는데, 영국의 역사 쪽에서 그를 절실히 원하는 시기가 있는 것이다.

당연하지만 모리시는 그런 사실을 잘 알고 있다. 바로 그 때문에 이 앨범에 스왜거가 있는 것이다.

> 세계 평화는 당신이 상관할 일이 아냐
> 이미 정해진 합의를 깨뜨려서는 안 돼
> 열심히 일하고, 착하게 세금을 납부해
> 무엇 때문이냐고 묻지 마
> 오 오, 불쌍한 멍청이, 작은 멍청이
> 오 오, 너는 어리석은 멍청이[119]

---

[119] 「월드 피스 이즈 논 오브 유어 비즈니스」의 가사 중 일부다.

모리시가 "인류는 사이좋게 지낼 수 없다." "인간은 기본적으로 서로를 싫어한다." 같은 발언을 했을 때, 영국인은 웃었다. 다들 그렇게 생각했기 때문이다. 생각은 하지만, 굳이 대놓고 말할 필요는 없지 않나, 하는 우스움을 느끼기에 웃음이 나온 것이다. 모리시 유머의 본질은 바로 그런 점에 있다.

정의니, 평화니, 이데올로기니, 하며 소란스레 싸우는 네놈들 인간이야말로 가장 하찮다. 그런 노골적이고 직접적인 결론이 모리시의 특기다.

그렇지만 이라크 전쟁이든 제2차 세계대전이든 마찬가지다. 전쟁을 시작한 건 독재자도 정부도 총리도 아니었다. 잔뜩 흥분해서 "해버려!" "한 방 먹여!"라며 죽창을 들기 시작한 일반 시민들(모리시의 말을 빌리면 어리석은 멍청이)이 전쟁을 벌였다. 만약 또다시 전쟁이 일어난다면 같은 경위로 시작될 것이다.

정치를 노래하는 모리시는 무시무시하다. U2처럼 검지를 흔들며 '그러면 안 돼, 노, 노, 노.'라고 얄팍하게 잔소리하는 것이 아니라 인간의 근원적 추악함과 절망적 어리석음 같은 심층까지 헤집기 때문이다.

"노래 가사에 있어서 모리시와 어깨를 나란히 할

수 있는 뮤지션은 밥 딜런뿐이다."

이렇게 말한 사람이 러셀 브랜드 Russell Brand [120] 였나, 노엘 갤러거였나, 아니면 브라이턴 밑바닥 동네 주민이었나, 기억이 나지 않는다. 나는 오랫동안 영국인의 모리시 예찬에 반항해왔는데, 50대 중반의 남성이 "우리는 모두 패배한다."라고 되풀이하는 「마운트조이Mountjoy」를 들으니 이상한 기분이 들었다.

> 스왜거는 내면의 두려움을 숨긴다
> 이 규칙에 따라 우리는 숨 쉰다
> 그리고 지구상에는 아무도 없다
> 떠나는 것을 슬퍼하는 사람 따위[121]

모리시도 딜런처럼 예순이 되고 칠순이 되어도 대중음악계의 노회한 시인으로 계속 질주할까.

미국에 밥 딜런이 있듯이 영국에도 스티븐 패트릭 모리시가 있다. 나까지도 그런 생각을 하기 시작했다. (후자는 죽어도 노벨상 후보에 오르지 않겠지만.)

(출처: 웹진 「에레킹」 2014. 7. 25)

---

[120] 영국의 배우, 코미디언, 칼럼니스트.
[121] 「마운트조이」의 가사 중 일부다.

이 사람들이 나라에서 대체 무엇을:
앨트제이 『This Is All Yours』[122]

2012년 머큐리상을 수상한 앨트제이. 보통 앨트제이에 관한 평론은 이런 문구로 시작할 텐데, 좀 다르게 하면 2012년 「에레킹」 선정 베스트 앨범 16위, 나의 사적인 베스트 앨범 2위라고 쓸 수 있을 것이다. 그런 앨트제이의 데뷔 앨범 『언 어썸 웨이브』를 뒤잇는 두 번째 앨범이 『디스 이즈 올 유어스 This Is All Yours』(2014)다.

어? 그러면 내 베스트 앨범 1위는 뭐였지? 의문이 들어서 찾아보니 평소에 펑크 엄마니 록 아줌마니 운운했으면서 정작 1위는 재즈 앨범이었다. 하지만 그건 아무래도 최근 록보다 재즈 쪽 사람들이 훨씬 재미있기 때문일 것이다.

[122] 이 앨범의 전곡을 다음 주소 또는 QR 코드를 통해 들을 수 있다. https://m.site.naver.com/1r4sg

그렇지만 앨트제이는 변함없이 쿨하다. 그들은 재즈에도 뒤처지지 않는다.

애초에 일본의 지명을 곡명에 쓸 수야 있지만, 앨트제이는 하필이면 '나라奈良'다. 교토도, 오사카도, 고베도 아니다. 초록 풀밭에서 사슴이 편히 쉬는 일본의 옛 도읍 나라를 배경으로 보컬 조 뉴먼Joe Newman이 "할렐루야, 할렐루야."라고 특유의 얼빠진 애수가 깃든 목소리로 노래한다. 포크 스텝이라 불리는 음악을 만들어낸 밴드의 면모가 생생하게 드러나는 장면일 것이다. 실제로 두 번째 곡 「어라이벌 인 나라Arrival in Nara」와 세 번째 곡 「나라Nara」부터 마지막 곡 「리빙 나라Leaving Nara」까지, 이번 앨범에서 앨트제이는 시종일관 나라를 산책하는 것 같다.

기타 소리가 앞으로 나서 춤추고, 피아노, 플루트, 종 등의 소리가 인상적으로 새겨져 있는 이 앨범은 포크 스텝에서도 포크에 해당하는 부분이 전작보다 훨씬 강해졌다. 음악을 듣고 있으면 머릿속에 떠오르는 광경이 매우 드넓어진다. 아니, 청자의 의식이 드넓어진다고 해야 할까. 앨트제이가 이번 앨범에서 '머시룸mushroom[123] 스텝'으로 옮겨 갔다고 평하는 사람이 있는 것도 이해할 수 있다. 칠아웃chillout[124]이라고 부르기에는 뭐랄까, 그 눈앞에 펼쳐지는 밀림은 어쩐지 환각 같고 저속하다.

가사 또한 여전히 외설적이다.

할렐루야, 보베이, 앨라배마
세상 누구와도 다른 남자와 결혼할 거야[125]

앨범 첫머리에 동성혼을 위법으로 한 앨라배마주와 공화당 창설자 중 한 사람인 앨번 보베이Alvan E. Bovay를 언급하는 걸 보니 풀밭에서 쉬는 사슴을 바라보며 동성애 혐오에 대해 사색한 모양이다. 그래도 나라를 떠날 무렵에는 바람이 확실히 이뤄진 듯하다.

할렐루야, 보베이, 앨라배마
나는 손을 깊이 묻어
내 연인의 갈기 속으로[126]

---

123 머시룸은 버섯이라는 의미 외에 환각제를 뜻하기도 한다. 실제로 환각을 유발하는 버섯이 있으며 대부분 불법 약물로 규제받고 있다.
124 느리고 듣기 편해서 듣는 이를 차분하게 해주는 전자음악.
125 「나라」의 가사 중 일부다.
126 「리빙 나라」의 가사 중 일부다.

하지만 다음 가사를 보면 그들이 대체 나라에서 무엇을 한 것인지 모르겠다.

푹신한 소파에 파고드는 고양이처럼
당신 속으로 침입하고 싶어
당신을 뒤집어서 감자칩 봉지처럼 핥고 싶어[127]

눅눅하게 젖은 밀림 속에서 너드 nerd[128]의 섹시함이 피어오르는 것 같지 않은가.

앨트제이는 실험적인 음악을 한다는 점에서 종종 라디오헤드와 비교된다. 웹진 「피치포크」는 "라디오헤드의 재탕. 기타와 컴퓨터를 좋아하는 영국 밴드"라고 난폭하게 단정하는데, 내가 한마디 하자면 두 밴드는 전혀 비슷하지 않다.

앨트제이에는 독선적이지 않은, 소통 가능한 관능성이 있기 때문이다.

「피치포크」가 "기타와 컴퓨터를 좋아하는 영국 밴드"라고 부르는 음악, 즉 '너드 록'을 어른도 들을 수 있는 섹시한 음악으로 만든 밴드가 앨트제이다.

---

[127] 「에브리 아더 프레클(Every Other Freckle)」의 가사 중 일부다.
[128] 특정 분야에 푹 빠져 사회성이 떨어지는 사람을 가리키는 말이다.

앨트제이의 음악은 종종 1970년대의 프로그레시브 록 progressive rock[129]과도 비교된다. 하지만 내게는 프로그레시브 록도 앨트제이와 전혀 다르다. 냉정한 시선으로 바라보며 세세한 부분까지 전부 제어한 앨트제이의 음악은 자기 자신에게 탐닉하는 특성이 강한 프로그레시브 록과 다르기 때문이다.

앨트제이는 전위적인 인디 록도 깔끔하게 이성적인 팝 음악으로 만든 것이다.

올해 영국 록은 도토리 키 재기처럼 고만고만한 이들이 경쟁하고 있는 상태라고 표현할 수밖에 없다. 하지만 나는 앨트제이에는 큰 기대를 걸고 있다.

섹시함이란 지성이 아니라 이성이구나. 최근 불현듯 그렇게 생각하기 때문이다.

그리고 사족이지만 밴드든 솔로든 「피치포크」의 평가와 영국 대중의 평가가 극단적으로 다를수록 들을 만하다는 것은 이미 널리 알려져 있는 사실이다.

(출처: 웹진 「에레킹」 2014. 10. 29)

---

[129] 1960년대에 처음 등장하여 지금까지 이어지고 있는 록의 한 장르. 클래식과 재즈 등의 요소도 받아들이며 다양한 실험 끝에 만들어진 음악이다.

고무장갑 낀 주먹을 위하여:
슬리터키니 『No Cities to Love』[130]

전설적인 밴드의 복귀 앨범은 깔끔하고 꽉 찬 경우가 많다. 중년이 되어서도 건재하다, 하는 느낌을 주는 활기차고 알기 쉬운 노래가 잘 팔리기 때문일 것이다. 그래서 10년의 침묵 끝에 돌아온 슬리터키니 Sleater-Kinney[131]의 새 앨범 『노 시티스 투 러브 No Cities to Love』(2015)가 전작인 『디 우즈 The Woods』(2005)로 덮은 책의 바로 다음 면에서 그대로 이어질 리는 없었다. '아무튼 좋은 록을 만들자'는 기본으로 돌아간 새 앨범은 『디그 미 아웃 Dig Me Out』(1997)과 『올 핸즈 온 더 배드 원 All Hands on the Bad One』(2000)을 방불케 한다.

---

[130] 이 앨범의 전곡을 다음 주소 또는 QR 코드를 통해 들을 수 있다. https://m.site.naver.com/1r7ws
[131] 1994년 결성한 미국의 록 밴드. 1990년대 후반부터 2000년대 초반까지 인디 록에서 중요한 역할을 했으며, 페미니즘과 진보적 가치를 추구한 것으로도 널리 알려져 있다.

'깔끔하고 꽉 찬' 것도 지나치면 밴드 고유의 색깔이 흐릿해지게 마련인데, 슬리터키니의 경우에는 외려 반대로 농후해졌다. 곡예처럼 아슬아슬하게 높고 날카로운 불협화음을 내는 기타부터 스톤 로지스의 레니로 착각할 만큼 재기 넘치는 드럼과 허스키함에 배짱을 더해 블루스의 느낌도 나는 보컬까지, 멤버 개개인은 물론 밴드 전체도 스케일이 확 커져서 첫머리부터 "오." 하는 감탄이 나온다. 밴드의 예전 앨범 네 장에 참여한 프로듀서 존 굿맨슨John Goodmanson이 전보다도 실력을 발휘했다. 그래, 관계자를 포함해서 다들 나이를 먹은 덕일지도 모른다. 나이가 들면 쓸데없는 생각을 안 하게 되기 때문이다. 훌륭할 만큼 망설임도 군더더기도 없다.

다른 곳에 쓴 사족인데, 2015년에는 노동자 계급의 중년 여성들이 정치를 바꾼다는 설이 있다. (제창한 사람은 내가 아니다. 저널리스트 오언 존스Owen Jones다.) 지난해, 영국에서 풀뿌리 운동을 일으켜 성공시킨 사람은 하층의 여자들이었다. 보호소 운영이 중단되며 일방적으로 쫓겨나 홈리스가 된 싱글 맘들이 공영주택을 점거하여 스스로 보호소를 만들기도 했고, 살고 있던 공영주택이 투자 펀드에 팔려서 쫓겨날 위기에 처한 주부들이 항의 시위를 펼친 끝에 투자 펀드가 공영주택에서 손을 뗀 일도 있었다. 중년 여성들이 시민운동은 성공할 수 없다는 최근의 상식을 뒤집고 바람을 현실로 이룬 것이다.

그리고 현재 화제를 모으고 있는, 긴축 재정에 반대하는 급진 좌파가 정권을 잡고 (심지어 우익 정당과 연립해서) EU와 맞짱을 뜨는 터무니없이 펑키한 상황을 연출하고 있는 그리스에서도 선거 운동 기간에 좌파의 상징이 되었던 사람들은 아테네의 재무부 앞에 눌러앉아 투쟁한 전 청소노동자 여성들이었다. 일자리를 잃은 그들은 관청 앞에 캠프를 차리고 경찰의 위협에도 굴하지 않으며 끈질기게 권력을 향해 주먹을 내질렀다. (그들이 사용한 포스터에는 고무장갑을 낀 주먹이 그려져 있었다.)

하층에 있는 여성들의 분노와 저력. 그것은 미니스커트 차림의 테일러 스위프트 Taylor Swift나 파리 컬렉션에서 플래카드를 들고 행진한 슈퍼모델들이 몸소 보여준 '여성의 힘'과는 다르다. 새비지스 Savages 132 역시 지나치게 시적이다. 이토록 페미니즘을 운운하는 시대인데도 좀처럼 고무장갑을 낀 주먹의 배경음악으로 어울리는 곡은 눈에 띄지 않는다.

나는 찬가가 아냐
한때는 찬가였어
그건 나에 관한 노래였어
하지만 지금은 찬가가 없어
들리는 것은 메아리 그리고 울림[133]

메아리를 현실로 바꾸겠다는 로맨틱한 사명이 그 여성들에게 있지 않았을까.
타이틀곡 「노 시티스 투 러브」와 「서피스 엔비 Surface Envy」 등은 그야말로 당당한 록 찬가이고, 갱 오브 포 Gang of Four[134]의 부드러운 버전 같은 「어 뉴 웨이브 A New Wave」의 빈틈없는 리듬, 그리고 두 대의 기타와 드럼과 두 명의 보컬이 굵은 밧줄로 단단하게 엮인

---

[132] 2011년 영국에서 결성한 펑크 록 밴드. 멤버가 모두 여성으로 사상적 기반에 페미니즘이 있다.
[133] 「노 앤썸스(No Anthems)」의 가사 중 일부다.
[134] 1976년 결성한 영국의 포스트펑크 밴드. 활동 기간은 짧지만 급진적인 음악으로 후대에 큰 영향을 미쳤고, 슬리터키니 역시 갱 오브 포의 영향을 받았다고 직접 밝히기도 했다.

다섯 마리 뱀처럼 날뛰는 「베리 아우어 프렌즈Bury Our Friends」 등을 들으면 베이스가 없는 밴드인데 어떻게 이토록 묵직할 수 있을까 감탄이 나온다. 뭐랄까, 슬리터키니의 음악에는 각오가 있다. 슬리터키니는 젊은 시절 갖고 놀던 거침없는 소탈함을 묵직한 각오로 바꾸어 돌아온 것이다.

아들네 학교의 보호자 모임에 가면 흔히 보일 듯한 풍모가 된 3인조가 이런 음악을 연주하는 점도 좋다. 이걸 들었는데 올해 록을 더 들을 수 있을까, 하는 불안이 들 정도다. 2015년의 '고무장갑 주먹' 대상은 벌써 결정되었다.

(출처: 웹진 「에레킹」 2015. 2. 12)

진지하기 그지없는 말:
슬리퍼드 모즈 『Key Markets』[135]

'키 마켓츠Key Markets'란 슬리퍼드 모즈Sleaford Mods[136]의 제이슨 윌리엄슨Jason Williamson이 어린 시절 엄마와 함께 다녔던 슈퍼마켓의 이름이라고 하는데, 틀림없이 그 외에 다른 의미도 있을 것이다. 최근 영국 정계를 뒤흔드는 제러미 코빈Jeremy Corbyn[137]이라는 영감님이 있는데, 텔레비전에 출연한 평론가가 그에 관해 "그는 선전의 결과물이 아니지만, 마치 선전으로 공들여서 잘 만든 정치가 같다. 틀림없이 '키 마켓츠'

---

[135] 이 앨범의 전곡을 다음 주소 또는 QR 코드를 통해 들을
수 있다. https://m.site.naver.com/1sJ5o
[136] 2007년 결성한 영국의 포스트펑크 듀오. 긴축 재정
시대의 영국과 노동자 계급에 관한 노래를 발표하며
비평가의 극찬을 받았다.
[137] 영국의 정치인. 이 글이 쓰인 2015년, 노동당 대표 선거에 출마하여 사회주의적인 공약을 내세운 비주류 후보였음에도 돌풍을 일으키며 대표에 당선되었고 2020년까지 노동당을 이끌었다.

에 잘 먹힐 캐릭터다."라고 말한 적이 있다. 그걸 듣고 '이야, 마침내 정치가를 논할 때도 중심 시장 같은 용어를 쓰는 시대가 되었나. 이제는 정치가도 상품이구나.'라고 감탄했는데, 슬리퍼드 모즈의 『키 마켓츠』(2015)를 들으며 그런 세태를 바라보는 그들의 울분을 느꼈다.

그 일은 지난 5월의 총선 직전에 있었다. 한 신문이 노동당의 에드 밀리밴드 Ed Miliband 전 대표가 얼빠진 표정으로 베이컨 샌드위치를 먹는 사진을 1면에 크게 싣고 '이렇게 추한 남자가 총리가 되어도 괜찮냐'는 듯한 낙선 캠페인을 펼쳤다. 그 기사에 격분한 코미디언 러셀 브랜드는 "언론이 외모가 잘났네 못났네 하며 선거 전에 여론 조작을 꾀하는 멍청한 시대가 된 것이냐."라고 한탄하면서 '투표하지 않겠다'는 입장에서 극적으로 반전하여 노동당 지지를 공표했다. 영국의 일부 청년들은 망가진 표정으로 샌드위치를 먹는 자신의 사진을 스스로 찍고 트위터에 올려서 밀리밴드를 옹호했다.

그렇지만 제이슨 윌리엄스에게는 그런 자비심이 없었던 모양이다. 밀리밴드 역시 보수당 같은 정책만 내세우며 중도주의라는 '중심 시장'에서 판매를 노리는 (하지만 팔리지 않은) 상품이었기 때문이다.

밀리밴드가 못생겼다고 얻어맞았다
그게 어쨌다는 거냐
그 새된 소리로 지껄이는 새끼들이
나라를 누더기로 만들려는 것이 빤히 보인다[138]

기성 정치에 맞서는 정당. 그런 슬로건을 내세우며 10년 전 시민의 기대를 받았던 (음악가 브라이언 이노까지 기대했던) 자유민주당의 닉 클레그Nick Clegg가 5년 전 대수롭지 않은 듯 보수당과 연립하여 정권을 잡고 엘리트주의에 입각한 정책을 펼쳤던 것에 대한 원한 역시 제이슨 윌리엄스는 잊지 않았다.

닉 클레그는 기회가 더 필요하다네,
진심이야?[139]

오늘날 영국에서 총선에 관해 노래하는 것은 슬리퍼드 모즈밖에 없다. 언제나 비속어를 남발해서 주정뱅이 같은 인상이지만, 그들은 요즘 세상에 보기 드물게 직설적으로 정치적이다. (최근의 인터뷰를 읽어

---

[138] 「인 콰이어트 스트리츠(In Quiet Streets)」의 가사 중 일부다.
[139] 「페이스 투 페이시스(Face to Faces)」의 가사 중 일부다.

보니 제이슨은 선거에서 녹색당에 투표했지만, 결과를 보고 노동당에 표를 줄 걸 그랬다고 후회한다고.)

작년(2014년)까지 지방공무원이었던 제이슨이 어느 부서에서 일했는지 최근에야 알게 되었다. 「노팅엄 포스트」의 인터뷰 기사에 따르면 제이슨은 '베네핏 어드바이저benefit advisor'였다고 한다. 간단히 말해 생활보호와 장애인 수당 등을 받으려는 시민들이 찾아가는 상담 창구에 앉아 있었다는 것이다. (구직자 지원기관에서 일했던 이언 커티스Ian Curtis[140]가 떠오른다.) 그렇다면 제이슨 또한 이 책의 1장을 쓰던 시절 내가 경험했던 것과 비슷한 일상 속에서 엄청나게 열받거나 짜증을 내며 일했을 것이다. 5년 전에 보수당이 긴축 정책을 시작한 뒤로는 영국의 관청에서 섬멸 작전을 펼치듯이 민원인을 돌려보내고 있다 하니, 제이슨도 그런 일을 했을지 모른다.

이봐, 아무것도 안 하고 돈을 받을 수 있다고
그냥 이 서류를 쓰기만 하면 돼
모르겠으면 도와줄 테니까[141]

---

[140] 1970년대 후반에 활동한 영국 밴드 조이 디비전(Joy Division)의 보컬.
[141] 「페이스 투 페이시스」의 가사 중 일부다.

그 세계에서 일한 인간은 정치에 관해 생각하게 마련이다. 그건 나도 잘 안다.

파격적이라느니 자포자기했다느니 하는 평도 있지만, 내게 그들의 음악은 진지하기 그지없게 들린다. 그 이유를 이제야 이해할 수 있겠다.

음악적으로 전작보다 크게 도약했다, 하는 말이 어울리는 사람들이 아니라서 이번 앨범 역시 안정적으로 슬리퍼드 모즈답다. 「타란툴라 데들리 카고 Tarantula Deadly Cargo」를 듣고 더 폴The Fall[142]의 「드래그네트 Dragnet」 같은 곡을 떠올리고 마는 것은 역시 내가 나이 들어서겠지만, 앤드루 펀Andrew Fearn이 만든 곡을 듣고 있으면 1970년대 펑크 밴드가 도입부의 베이스와 드럼만 끝없이 계속한다고 할까, 보통 그런 부분은 몇 초 만에 끝나고 곧장 기타가 자자장 하며 요란하게 끼어드는데 아무리 지나도 기타는 등장하지 않고 리듬 부대만 영원히 같은 부분을 되풀이한다. 그럼 점에서 느껴지는 안티카타르시스는 안티펑크 같기도 하다.

뭐, 하지만 1970년대의 펑크만 해도 틀림없이 커

---

[142] 1976년 결성한 영국의 포스트펑크 밴드. 포스트펑크 밴드 중 이례적으로 장수하며 많은 앨범을 냈다.

다란 카타르시스를 줄 것 같았지만 실제로는 아무것도 주지 않은 운동이었고, 프로들이 만드는 록과 펑크는 여전히 여기서 기타가 자자장 하고 들어와야 한다는 고전적인 형식을 지키면서 '중심 시장'에서 잘 팔리고 있으니, 애초에 펑크란 떡집에서 만들지 않는 떡 같은 존재였다.

영국 정치에서는 그토록 빤한 전개가 중심 시장에서 통할 거라 얕보지 마, 하는 여론이 강해지고 있는데, 나는 음악은 과연 어떨까 궁금해하며 지켜보고 있다.

(출처: 웹진 「에레킹」 2015. 8. 17)

세계에 지금 필요한 것:
PiL 『What the World Needs Now』[143]

"PiL의 새 앨범은 슬리퍼드 모즈 같아."

이렇게 말한 사람은 음악 칼럼니스트 노다 쓰토무인데, 나는 그에게 다음처럼 답했다.

"달라. PiL은 귀여워."

『왓 더 월드 니즈 나우 What the World Needs Now』 (2015)는 전작보다 대중적인데, 때로는 마음을 뒤흔들고 때로는 살짝 감성에 빠지면서 인기 있을 법한 멜로디가 머릿속을 빙글빙글 맴돌고 떠나지 않는다. 「더 원 The One」은 티 렉스 같고, 「스파이스 오브 초이스 Spice of Choice」의 합창에서는 데이비드 보위를 신경 썼나 싶은 것이 마치 컬러풀한 주크박스 같은 앨범이다. 그러

---

[143] 이 앨범의 전곡을 다음 주소 또는 QR 코드를 통해 들을 수 있다. https://m.site.naver.com/1rk83

고 보면 전작인 『디스 이즈 필This is PiL』(2012)이 나왔을 때 존 라이든이 BBC 라디오에서 디제이를 맡은 적이 있는데, 그 방송에서도 티 렉스를 들려주며 정말 좋아한다고 했지. 그리고 팻시 클라인Patsy Cline, 짐 리브스Jim Reeves, 페툴라 클라크Petula Clark 등 한 시대를 풍미한 가수들의 노래를 실컷 들려주기도 했다.

흔히 1950년대 후반과 1960년대의 팝 음악이 펑크와 포스트펑크 세대 음악가들에게 큰 영향을 미쳤다고 하고, 어린 시절 들었던 음악을 기반으로 작곡한다는 말도 자주 듣는데, 라이든 역시 실은 모리시 못지않게 흘러간 옛 가요를 좋아한다는 점이 듣는 내내 느껴지는 앨범이다. (다만, 어디까지나 PiL치고 그렇다는 말이다. 그들이 느닷없이 밝게 행복을 노래하는 대중적인 앨범을 냈다고 기대하지 않길 바란다.)

작년(2014년) 발매한 모리시의 새 앨범은 '세계 평화 따위 네 알 바 아니잖아.' 하는 제목이었는데, 라이든의 새 앨범은 '세계에 지금 필요한 것'이다.

전대미문으로 많은 이주민들이 유럽으로 대이동을 하고, 캐머런 총리는 시리아에 드론을 날려서 영국인 이슬람 극단주의자를 죽이는, 그렇게 성난 파도처럼 요동치는 지금 이 세계에 필요한 것은 무엇인가요,

선생님. 그런 생각을 하며 라이든에게 귀를 기울였다.

> 변기가 또 망가졌어
> 고친 지 얼마나 됐다고
> 배관공을 다시 불러와
> 그리고 또 그리고 또
> 그리고 또 그리고 또
> 그리고 또 그리고 또[144]

> 네 말은 개소리
> 그건 전부 개소리
> 너의 망할 개소리
> 넌센스 너의 개소리
> 개소리에 똥 두 개
> 인간 따위 개소리
> 세계에 지금 필요한 건
> 또 다른 퍽 오프 fuck off[145]

---

[144] 「더블 트러블(Double Trouble)」의 가사 중 일부다.
[145] 「슘(Shoom)」의 가사 중 일부다. '개소리'는 원문에서 속어인 '볼럭스(bollocks)'로 '불알'이라는 뜻도 있다.

이 선생님은 아무래도 장난을 치시는 것 같다. ('볼럭스'를 남발하는 가사를 들은 아홉 살 아들과 그 친구가 방바닥을 구르며 웃었다.)

「언컷Uncut」이라는 중년 독자를 대상으로 하는 록 잡지에 실린 인터뷰에서 라이든은 다음처럼 말했다.

"극단적으로 말해서 PiL은 음악이 아니다. 계속해서 창작 활동을 집어넣는 항아리다. 그리고 내가 탐구하는 것은 나 자신의 내면. 자기 해부라고 할까."

록이나 펑크 같은 장르가 양식을 중시하는 예술의 한 형태가 되어갈수록, 그리고 그 장르가 음악을 뛰어넘는 힘을 지녔던 시대에 개척자로 활약했던 아저씨들의 근황을 볼수록, 나이를 먹으면 금세 '한물갔다'고 하며 누구나 안티에이징에 기를 쓰는 오늘날의 록이라는 것은, 즉 반골이라는 것은 '노쇠를 드러내는 것'이 아닐까, 그 외에 록 같은 건 이제 없지 않을까, 하는 생각이 든다.

그래서 존 라이든이 '자신을 해부하는 행위'라고 말한 음악이야말로 록 같다.

앨범 커버에 실린 존 라이든 화백의 그림을 보면 "What the World Needs Nowxxx"(xxx라고 쓴 것도 귀엽지 않은가)라는 문구 아래에 라이든의 자화상이 그려져 있는데, 오른손에는 지구를, 왼손에는 PiL의 마크를 들고 있다. 추측건대 지금 세계에 필요한 것은 PiL이다, 하는 것 같다.

그래서 현재 PiL이 지구에 제공하는 것이 유머와 귀여움이라고 한다면, 그것은 예를 들어 제러미 코빈의 새빨간 장미[146]와 그리 동떨어지지 않았을지도 모른다. 왜냐하면 귀여운 라이든 화백님은 이런 말씀도 하셨기 때문이다xxx.

> 지구촌은 없어
> 있는 건 하나의 지구
> 보잘것없이 작고 불쌍한 수없는 마을 중
> 21세기의 생존법을 배우는 곳은 없어
> 눈앞에는 제3차 세계대전
> 아무래도 인간은 인간애를 정말 싫어하는
> 모양이니까
> 오오 우리에게 연민을
> 우리는 다음 세기를 맞이할 수 있을까[147]
>
> (출처: 웹진 「에레킹」 2015. 9. 18)

---

[146] 붉은 장미는 영국 노동당의 상징으로, 제러미 코빈은 선거 운동 등에 붉은 장미를 가지고 다녔다.
[147] 「코퍼레이트(Corporate)」의 가사 중 일부다.

영국에 그치지 않는 비가 내린 아침:
데이비드 보위, 편히 잠들기를

어느 잡지의 기획으로 '지금 가장 많이 듣는 다섯 곡'이라는 조사에 응하게 되어서 메일로 답을 보낸 뒤에 술을 마시면서 데이비드 보위의 새 앨범을 들었다. '지금 가장 많이 듣는 다섯 곡'을 꼽을 때 보위의 새 앨범 『블랙스타 Blackstar』(2016)에 수록된 「티스 어 피티 쉬 워즈 어 호어 Tis a Pity She Was a Whore」도 넣었다. 과거와 현재의 음악을 칵테일 만들 듯 힘차게 섞으면서도 앞으로 나아간 것이 분명히 느껴지는 강한 힘이 있는 곡이다. 그런 평을 설문에 적었다.

그리고 보위의 새 앨범을 들으면서 나는 잠들었다.

그런데 새벽 5시에 잠에서 깼다.

마치 하늘 위에서 누군가 거대한 양동이로 물을 들이붓듯이 비가 쏟아졌기 때문이다. 빗소리 때문에 잠에서 깨는 건 그리 흔한 일이 아니다. 이렇게 폭포수처럼 비가 계속 쏟아지면 우리 집처럼 날림으로 지은 곳은 무너지지 않을까 진심으로 걱정했다. 이상하게 어둡고 심상치 않게 요란한 비가 내리는 새벽이었다.

얼마 지나지 않아 전화벨이 울렸다. 시계를 보니 6시가 조금 지난 시간이었다. 수화기를 귀에 대자 덤프트럭을 운전하고 있을 배우자의 목소리가 들렸다.

"보위가 죽었어."

"어? 보위가 누구야?"

배우자의 친구 중에 이름이 그렇게 이상한 사람이 있었나? 최근 죽은 사람이 너무 많아서 또 누가 떠났구나 생각했다.

"보위라고, 데이비드 보위."

배우자는 그렇게 말하고는 수화기에 대고 보위의 「스페이스 오더티Space Oddity」를 불렀다.

"뭐?"

나는 깜짝 놀라서 "언제?"라고 물었다.

"지금 라디오에서 나오고 있어. 공식 발표라고."

배우자가 알려주었다.

머리가 멍했다. 의미도 없이, 지금 영국에서 배우자처럼 「스페이스 오더티」를 부르는 사람이 몇 명이나 있을까 생각했다.

앞서도 말했지만, 나는 보위의 팬이 아니다. 애초에 나는 록 스타의 안티테제로 등장한 조니 로튼을 평생의 사부로 삼은 여자다. 그래서 보위의 음악은 '알 긴 알아야지.' 하는 느낌으로 들었을 뿐 내 또래의 다른 여성들처럼 아름다운 보위 님에게 반한 적은 없다.

오히려 내가 보위의 음악에서 본격적으로 무언가를 느끼기 시작한 것은 전작인 『더 넥스트 데이』였다.

안티에이징에 여념이 없는 록 스타들에 대한 안티테제로 누구보다도 록 스타였던 보위가 나선 것 같았기 때문이다.

나는 그가 노쇠라는 과정 자체를 록으로 하려 한다고 생각했다.

절대로 록이 되지 않을 것을 록으로 하려는 과감함과 총명한 방법론이 내게 큰 감명을 주었다. 그렇기 때문에 2013년 이후로는 "현재 가장 록다운 것은 보위."라고 술자리에서 계속 주장해왔다.

권력을 쓰러뜨리라는 둥 나는 반역자라는 둥 전쟁 반대라는 둥 섹스하고 싶다는 둥 그런 말들이 록이라는 예술의 양식에서 추임새 같은 필수 요소가 되고, 슈퍼마켓에 가지런히 놓인 공산품처럼 록이 판매되는 시대에 보위는 선진국 사람들이 모두 직시하지 못하는 '고령화'라는 공포 같은 진실을 홀로 외면하지 않고 똑바로 바라보고 있다. 나는 그런 느낌을 받았던 것이다.

심지어 보위는 그런 것을 쿨하게 해냈다.

『블랙스타』에 수록된 「래저러스Lazarus」의 뮤직비디오 속에서 죽은 자의 기운을 내뿜는 보위란 어찌나 멋지던지.

프로듀서인 토니 비스콘티는 "그의 죽음은 그의 인생과 전혀 다르지 않았다. 그 죽음도 작품이었다."라고 말했는데, 보위는 자신이 죽을 시기를 알고 작별 인사로 새 앨범을 만들었다고 한다. 앨범 발매 시점을 비롯해 모든 일이 치밀하게 계획된 것이었다.

돌이켜보면 2013년 보위가 10년의 침묵을 깨고 『더 넥스트 데이』로 돌아온 것은 '쿨'이라고 하는, 특정 세대까지는 그 무엇보다 중요했던 개념을 복권시키려던 것이 아니었을까.

그 개념이라고 할지 미의식이 흐물흐물하게 녹아내린 뒤로 이 세상은 무척 추악하고 어리석은 곳이 되었으니까.

보위의 '쿨'을 번역한다면, 바로 '긍지'일 것이다.

쏴쏴 멎지 않는 빗속을 뚫고 아들을 학교에 데려다주었다.

아들과 같은 반 아이의 엄마가 고등학생인 장남이 소식을 알고 충격을 받았다고 했다.

"그 아이에게는 정말 최악의 아침이에요. 일어나서 가장 처음 들은 소식이 자기가 얼마 전에 알게 된, 정말 좋아하게 된 히어로가 죽었다는 뉴스라니."

그 엄마가 말했다.

아아, 그러고 보니 일본에 보낸 설문지 답변의 보위에 관한 문장을 과거형으로 고쳐야겠네, 하는 생각이 들었다.

쏴쏴 멎지 않는 비가 내리는 하늘은 밝지도 어둡지도 않고, 그윽하다 할 만큼 새하얬다.

(출처: 웹진 「에레킹」 2016. 1. 12)

브렉시트 후의 영국을 노래하다:
제이크 버그 『On My One』[148]

EU 탈퇴를 결정하는 국민투표에서 영국 청년층의 약 75퍼센트가 잔류에 표를 던졌다는 사실은 전 세계에 보도되었다. 가난한 북부의 노동자 계급이 탈퇴에, 부유한 남부의 중산층이 잔류에 많은 표를 던졌다는 사실도 화제가 되었다.

'즉, 그런 것이군.' 전 세계 사람들은 생각했다.

하층 계급의 어리석은 중노년이 현실에 있지도 않은 '영국의 영광' 따위에 의지해서 보수 진영의 선전에 속아 배외주의로 치달았다. 하지만 그들이 저지른 어리석은 투표에 가장 큰 피해를 입은 것은 영국의 청년이다. 멍청한 어른들이 젊은이들의 미래를 빼앗았다.

---

[148] 이 앨범의 전곡을 다음 주소 또는 QR 코드를 통해 들을 수 있다. https://m.site.naver.com/1rmU4

그렇지만 그 뒤에 영국에서는 또 다른 사실도 명백하게 드러났다.

전국에서 18~24세 청년의 투표율은 불과 36퍼센트였다. '투표장에 간 청년'의 약 75퍼센트가 EU 잔류에 표를 던진 것은 사실이지만, 엄밀히 말해 전체 청년 중 36퍼센트의 75퍼센트에 지나지 않는다. (단순히 계산해보면 전체 청년 중 27퍼센트가 잔류에 투표했다는 말이다.)

18~24세의 영국 청년 중 64퍼센트는 아예 투표장에 가지도 않았다. 북부의 가난한 지역에서는 특히 청년층의 투표율이 낮았다는 사실도 밝혀졌다.

내가 제이크 버그를 처음 본 것은 2011년, BBC 「뉴스 나이트 News Night」의 문화계 소식에서 그가 노래했을 때였다. 최근 당시 방송을 다시 보고 뒤늦게 깨달았는데, 제이크 버그가 출연한 주에는 지식인들이 '런던 폭동과 청년 문화'에 관해 논쟁을 벌였었다.

시사평론가와 학자의 토론이 끝난 뒤, 마치 우리 동네의 10대 중 한 명 같은 소년이 기타를 들고 등장해서는 기묘하게 냉담한 눈빛으로 기타를 치면서 노래하기 시작했다. 나는 그의 노래에 충격을 받았다.

그리고 생각했다. '공영주택지의 밥 딜런이다.'

런던 폭동 특집인데 어째서 래퍼를 출연시키지 않았을까.

그런 의문도 들었지만 작년 발표되어 화제를 모은 캐나다 대학 교수의 연구 결과를 보니 이제 (인디 계열을 포함한) 록과 레게는 사회적 엘리트가 듣는 음악이 되었고, 하층민이 즐겨듣는 음악은 랩과 함께 컨트리라고 한다.

그렇군. 공영주택지에서 밥 딜런이 등장할 만했던 것이다.

올해(2016년) 6월에 발매된 제이크 버그의 세 번째 앨범 『온 마이 원 On My One』은 평단에서 엄청난 혹평을 받았다. 무척 인상적이었던 데뷔 앨범, 찬반이 나뉜 두 번째 앨범 뒤에 스스로 프로듀스를 맡아 만반의 준비를 하고 발표한 세 번째 앨범이었다. 사람들의 기대는 대단히 컸다. 그만큼 기대를 벗어난 느낌도 컸다.

"노력이 지나쳤다. 랩에 도전한 것은 음반사가 간섭했기 때문 아닐까."라고 「NME」는 평했고, "버그의 최신 앨범은 어린 청년이 어둠 속에서 필사적으로 자신의 정체성을 손에 넣으려고 하는 것 같은 인상을 준다. 최근 몇 년을 통틀어 음악계에서 가장 이해할 수 없는 곡 구성"이라며 「피치포크」도 의아해했다. "사랑할 만한 곡도 있지만, 몇몇 곡은 듣고 있기가 부끄럽다."라고 그간 제이크 버그를 진짜 노동자 계급 영웅이라 계속 예찬해온 좌파 언론 「가디언」도 호되게 평했다.

여러 방면에서 사정없이 혹평을 받고 있는 「에인트 노 라임Ain't No Rhyme」에서 제이크 버그는 랩에 도전했다. 「비터 솔트Bitter Salt」는 본 조비Bon Jovi[149], 「김미 더 러브Gimme the Love」는 카사비안Kasabian[150]이 아니냐는 말도 나왔다. 「네버 워너 댄스Never Wanna Dance」에 이르러서는 마빈 게이Marvin Gaye[151]의 궁상맞은 시골 마을회관 버전이라는 놀림까지 받았다.

솔직히, 나도 처음 들었을 때는 감탄하지 않았다. 하지만 6월 17일에 발매된 이 앨범을 일주일 뒤인

---

[149] 1983년 결성한 미국의 록 밴드. 상업적으로 가장 성공한 밴드 중 하나로 꼽힌다.
[150] 1997년 결성한 영국의 록 밴드. 영국에서 꾸준하게 대중적인 인기를 얻고 있다.
[151] 미국의 싱어송라이터. 1960~70년대에 활동하며 '소울의 왕자'라고 불렸고, 흑인 음악을 비롯한 여러 장르에 큰 영향을 미쳤다.

23일에 EU 탈퇴 투표를 치르고 들으니 전혀 다르게 다가왔다.

글래스턴베리 페스티벌 Glastonbury Festival[152]은 오늘날 '미들클래스 middleclass 턴베리'라고 불리며 중산층을 위한 행사로 여겨지고 있는데, 배우 부부의 아들이 이끄는 '더 나인티 세븐티 파이브 The 1975'[153]라는 밴드가 "어른들이 우리의 미래를 빼앗았다."라고 발언하여 빈민가 꼬맹이들은 꿈도 못 꿀 비싼 티켓을 구입해서 모인 청년들을 들끓게 했다.

신문은 그들이 영국 청년의 대변자라고 크게 보도했다.

27퍼센트에 불과한 청년의 의견을 대표하는 사람들이 어째서 전체 청년의 대변자인가. 언론의 편향성은 언제나 지역의 진실을 검게 덧칠하여 지워버린다.

---

[152] 영국 서머싯주의 농장에서 열리는 종합적인 현대 예술 페스티벌. 유럽에서 가장 큰 뮤직 페스티벌이지만, 그 외에 연극, 서커스, 코미디 등 여러 장르의 공연도 열린다.

[153] 2002년 결성한 영국의 팝 록 밴드. 데뷔와 동시에 영국과 미국에서 큰 인기를 얻었다. "배우 부부의 아들"이란 이 밴드를 이끄는 싱어송라이터 매티 힐리(Matty Healy)를 가리키는 것으로 영국의 저명 배우 데니스 웰치(Denise Welch)와 팀 힐리(Tim Healy) 사이에서 태어났다.

오히려 투표장에 가지 않은 사람들이야말로 영국 청년의 다수파이며, 그들의 의견을 대변하는 예술가야말로 이 시대의 음악을 연주한다고 할 수 있다. 본래 그런 음악을 들려줄 수 있는 젊은 팝 스타가 몇 명이나 있어야 하건만, 겨우 한 사람밖에 없다는 사실은 절망적일 만큼 계급이 굳어진 현대 영국을 상징한다.

영어권에서 살아가는 사람이라면 하루에도 몇 번씩 입에 담는 표현인 '온 마이 오운 on my own'에는 '스스로'와 '나 혼자서' 같은 의미가 있다.

영국에서 실업률이 가장 높은 지역 중 한 곳인 북부의 노팅엄 Nottingham 사투리로는 그 표현을 '온 마이 원 on my one'으로 말한다고 한다.

> 나는 그저 노팅엄 출신의 가난한 소년
> 내게는 꿈이 있었다
> 하지만 이 세상에서는
> 사라졌다 사라져버렸다
> 나는 그저 혼자서 너무 외로워[154]

[154] 「온 마이 원」의 가사 중 일부다.

브렉시트 후 영국 청년을 대변하는 노래를 한 곡 꼽으라면 나는 망설이지 않고 이 앨범의 타이틀곡을 고를 것이다.

(출처: 웹진 「에레킹」 2016. 9. 16)

문고판 마치며

저는 거의 반세기를 '글을 쓰지 않는 인간'으로 살아왔습니다. 그래서 작가가 저의 천직이라고 생각하지는 않습니다. 애초에 작가가 천직이었다면 훨씬 빨리 글을 쓰기 시작했을 텐데, 그러지는 않았으니 지금 제가 직업적으로 글을 쓰는 것은 '우연'일 뿐입니다.

글쓰기를 업으로 삼기 전까지 저는 이런저런 일을 했는데, 이 책에는 제가 보육사로 일하며 쓴 글들을 많이 수록했습니다.

그 글들은 제가 멋대로 '밑바닥 어린이집'이라 부르는 무료 보육시설과 그곳을 그만두고 취업한 다른 보육원에서 일하며 쓴 것입니다. 그 직장들에서 2교대로 근무했는데, 이 책에 수록된 글(「에레킹」의 종이 잡지와 웹진에 게재된 글, 혹은 저의 블로그에 남긴 글)의 대부분은 제가 늦게 근무하는 날 썼습니다.

근무를 시작하기 전까지 남는 시간 동안 공원 벤치에 앉아서, 혹은 맥도날드에 앉아 커피를 마시면서, 아니면 해변에 앉아 투실투실 살찐 갈매기를 보면서 글을 썼습니다. 그 무렵에는 전부 자유롭게, 좋아하는 걸 좋아하는 만큼 실컷 쓸 수 있었습니다. 이걸로 생계를 꾸리는 것도 아니고 언제든 그만두겠어. 그런 마음가짐으로 글쓰기를 즐겼습니다.

그렇게 예전에 쓴 글을 지금 다시 읽어보니, 제 글이지만 옥석이 혼재되어 있습니다.

'돌맹이' 같다고 여겨지는 것은 어설펐다고 웃으면 그만이지만, 당황스러운 점은 '보석'이 섞여 있다는 것입니다. 심지어 지금의 저는 어째서인지 그 '보석'을 보고 강한 질투를 느낍니다.

아마도 이제 이런 글은 못 쓸 것이라고 저 스스로 생각하기 때문이겠죠. (예를 들어 저는 이 책에 수록된 글을 썼을 때만 해도 쉼표가 들어가야 하는 곳에 마침표를 찍었습니다.[1] 하지만 더는 그렇게 쓰지 못합니다. 원고가 이런저런 사람의 손길에 닿을 때마다 "그

---

[1] 예를 들어 이 책의 원문에는 '…이다, 하는…'이 '…이다. 하는…' 식으로 문법에 어긋나게 쓰여 있다. 원서에서는 저자의 문장을 그대로 수록했는데, 한국어판에서는 가독성을 위해 문법에 맞게 옮겼다.

대로 두세요. 일부러 그런 거예요."라고 설명하는 게 귀찮아서 뭐, 상관없어, 써야 하는 원고도 많고, 하는 마음가짐으로 "그럼, 말씀하신 대로 고쳐주세요."라고 적당히 넘어가게 되었기 때문입니다.)

일본에는 '떡은 떡집에'라고, 자고로 일은 전문가에게 맡겨야 한다는 속담이 있습니다.

그렇지만 10대 시절 펑크의 DIY 정신에 흠뻑 물들었던 저에게는 떡집에서 만들지 않는 떡이야말로 중요했습니다.

그런데 저는 어느새 스스로 떡집을 차리려고 했던 것이 아닐까요. 정확히 말해 딱히 떡집을 차릴 생각은 없었지만 일일이 말싸움을 하는 것도 귀찮아져서 떡집의 상품다운 떡을 만들게 된 것은 아닐까요.

이 책에 실린 글을 읽고 저는 맹렬히 반성했습니다.

제가 마음대로 만든 떡은 가게에 진열된 상품처럼 먹기 좋지 않습니다. 야금야금 기분 좋게 먹다가 갑자기 딱딱한 것이 튀어나와 이빨이 아프거나 턱에 격통이 일어나서 이건 뭐냐며 한번 손가락으로 꺼내야 할 수도 있지요. 앞서 언급한 '보석'이란 틀림없이 갑자기 튀어나와 쉽게 삼킬 수 없는 단단한 무언가일 것입니다.

어쩌다 보니 저는 아직도 글로 돈을 벌며 살고 있

습니다. 이 일을 계속하는 이상 이따금씩 돌아와서 다시 읽을 글들이 이 책에 몇몇 실려 있습니다. 다시 읽을 때마다 저는 분명히 질투하며 '빌어먹을, 언제든 그만둘 거야. 미래란 없으니까 No future.'라고 생각하겠죠.

그리고 그 각오야말로 '보석'을 쓰기 위해 필요한 조건이라는 것을 기억해내고 출발점으로 돌아갈 것입니다.

2022년 3월
브래디 미카코

빌어먹을 어른들의 세계
: 때론 영화 같고, 때론 음악 같은

초판 1쇄 발행 2024년 10월 7일

지은이 브래디 미카코
옮긴이 김영현
펴낸이 김효근
책임편집 김남희
펴낸곳 다다서재
등록 제2023-000115호(2019년 4월 29일)
전화 031-923-7414
팩스 031-919-7414
메일 book@dadalibro.com
인스타그램 @dada_libro

한국어판 ⓒ 다다서재 2024
ISBN 979-11-91716-33-7 03300

✧ 이 책 내용의 전부 또는 일부를 재사용하려면 반드시 저작권자와 다다서재 양측의 동의를 받아야 합니다.
✧ 책값은 뒤표지에 표시되어 있습니다.